一本书读懂
税务筹划与风险控制

王美江 ◎ 编著

人 民 邮 电 出 版 社
北京

图书在版编目（CIP）数据

一本书读懂税务筹划与风险控制 / 王美江编著. -- 北京 : 人民邮电出版社, 2022.10
ISBN 978-7-115-59355-9

Ⅰ. ①一… Ⅱ. ①王… Ⅲ. ①企业管理－税收筹划②企业管理－税收管理－风险管理 Ⅳ. ①F810.423

中国版本图书馆CIP数据核字(2022)第103569号

内 容 提 要

企业纳税筹划是企业降低成本、增加利润的合理方式之一。本书从纳税筹划概述，纳税筹划的基本方法与基本途径，纳税筹划方案的设计，筹资、投资方式的纳税筹划，采购过程的纳税筹划，运营过程的纳税筹划，销售过程的纳税筹划，股权转让中的问题和纳税筹划，利润分配的纳税筹划，企业并购与重组的纳税筹划，企业转让定价的纳税筹划，企业其他税种的纳税筹划，税务稽查与风险分析，增值税常见涉税问题，企业利润表项目常见涉税问题，个人所得税稽查与风险控制，企业涉税风险自查，企业税务风险分析与化解对策，企业纳税风险控制等方面，对企业纳税筹划进行全面的梳理。

本书适合企业管理者、企业税务人员等学习和使用。

◆ 编　著　王美江
　　责任编辑　李士振
　　责任印制　周昇亮

◆ 人民邮电出版社出版发行　北京市丰台区成寿寺路 11 号
邮编　100164　电子邮件　315@ptpress.com.cn
网址　https://www.ptpress.com.cn
河北京平诚乾印刷有限公司印刷

◆ 开本：720×960　1/16
印张：21
字数：358 千字

2022 年 10 月第 1 版
2022 年 10 月河北第 1 次印刷

定价：98.00 元

读者服务热线：(010)81055296　印装质量热线：(010)81055316
反盗版热线：(010)81055315
广告经营许可证：京东市监广登字 20170147 号

前言

税收，是国家公共财政主要的收入形式和来源，是国家实施宏观调控的重要经济杠杆之一。适度的宏观税收水平、科学合理的税制结构和税收制度、规范的税收政策，可以有效地调节国民收入再分配，促进生产要素流动，引导资源优化配置，促进经济增长和产业发展。

同时，缴税也是个人和企业应尽的义务。个人和企业通过缴税，保证国家财政收入的稳定，国家由此进一步稳定经济与民生，为我们创造更好的发展环境。

伴随着"营改增"的全面展开，以及各类涉税政策的不断调整，企业税收呈现新的变化，所处地区、行业，以及企业性质等，都会影响企业适用的税种及税率。

对企业而言，在创造利润的同时，必须按照国家规定缴税。税负对企业而言，是必须支出的成本。

因此企业需要制定完善的纳税筹划方案，达到合理合法节税的目的。

所谓纳税筹划，是指纳税企业、个人在符合国家法律及税收法规的前提下，按照税收政策法规的导向，事前选择税收利益最大化的纳税方案处理自己的生产、经营和投资、理财活动的一种筹划行为。

通过纳税筹划，个人和企业可以实现依法税负减轻、税后利润最大化的目的，做出有利于税收利益最大化的决策。企业若能有效地将资金用于实际经营，将会促进企业的进一步发展、市场经济环境的进一步优化。

当然，需要特别提出的是：纳税筹划绝不是偷税、漏税。后者是纳税主体恶意钻法律空子，甚至主观上逃避缴税，以各种不法手段逃避缴税的义务，是非常严重的违法行为。而纳税筹划则是指纳税主体利用相关税法的规定，合理享受各种减税、免税、退税、延迟缴税政策，它是纳税主体利用国家给予的福利和支持，依法围绕相关税法的规定展开的。

纳税筹划并不是一件容易的事情，不同行业、不同规模、不同形式的企业，适用不同的税法、税种和税率，想要制定合理的纳税筹划方案，必须结合相关法律法规深入学习。本书全面剖析了纳税筹划的各种细节与操作办法，目的在于教会读者正确应对税务风险，帮助读者提升分析问题、解决问题的能力。

由于编者水平有限，书中难免存在疏漏和不足之处，恳请广大读者提出宝贵的意见和建议。

编者

2022 年 8 月

目录

第1章 纳税筹划概述

1.1 什么是纳税筹划 2
1.1.1 纳税筹划的含义 2
1.1.2 纳税筹划取得成功的条件 3

1.2 纳税筹划原理 8
1.2.1 会计凭证 9
1.2.2 法律凭证 9
1.2.3 税务凭证 9
1.2.4 "三证统一"对于纳税筹划的影响 10

1.3 如何正确认识纳税筹划 14
1.3.1 纳税筹划的特征 14
1.3.2 纳税筹划的意义和价值 16

第2章 纳税筹划的基本方法与基本途径

2.1 纳税筹划的基本方法 19
2.1.1 8种常见的纳税筹划方法 19
2.1.2 如何合理选择纳税方法 24

2.2 纳税筹划的基本途径 25
2.2.1 减免税处理 25
2.2.2 税率差异处理 26
2.2.3 扣除处理 27
2.2.4 延期纳税处理 28
2.2.5 退税处理 30

第3章 纳税筹划方案的设计

3.1 纳税筹划分类 34
3.1.1 地域范围 34
3.1.2 纳税人 35
3.1.3 征税对象 37

3.2 企业各阶段的纳税筹划 39
3.2.1 企业创立阶段 39
3.2.2 企业扩张阶段 41
3.2.3 企业融资、投资及利润分配阶段 ... 42

第4章 筹资、投资方式的纳税筹划

4.1 股权筹资、债券筹资的纳税筹划 45
4.1.1 税法依据 45
4.1.2 纳税筹划方案 48

4.2 企业租赁性筹资的税务筹划 50
4.2.1 纳税筹划分析 50
4.2.2 纳税筹划方案 51

4.3 企业投资的纳税筹划 52
　4.3.1 企业投资方向的纳税筹划 52
　4.3.2 企业投资领域的纳税筹划 53
　4.3.3 企业投资方式的纳税筹划 54

第5章　采购过程的纳税筹划

5.1 采购活动的纳税筹划步骤 58
　5.1.1 采购活动的纳税筹划 58
　5.1.2 如何确定产销结构和规模 60
　5.1.3 如何规划采购规模和结构框架 61
5.2 采购管理与节税 63
　5.2.1 采购管理的突出问题 63
　5.2.2 采购节税措施 64

第6章　运营过程的纳税筹划

6.1 合理的工资薪金总额的纳税筹划 70
　6.1.1 税法依据 70
　6.1.2 注意问题 72
　6.1.3 纳税筹划方案 73
6.2 薪酬方案纳税筹划 75
　6.2.1 税法依据 76
　6.2.2 纳税筹划方案 76
6.3 职工福利费纳税筹划 79
　6.3.1 税法依据 80
　6.3.2 注意问题 82
　6.3.3 纳税筹划方案 85
6.4 私车公用的纳税筹划 87
　6.4.1 税法依据 87

6.4.2 注意问题 88
6.4.3 纳税筹划方案 88
6.5 资产、财产损失的纳税筹划 89
　6.5.1 税法依据 89
　6.5.2 注意问题 91
　6.5.3 纳税筹划方案 95

第7章　销售过程的纳税筹划

7.1 利用优惠政策进行产品价格纳税
筹划 98
　7.1.1 税法依据 98
　7.1.2 注意问题 100
　7.1.3 纳税筹划方案 100
7.2 合理利用转让定价的纳税筹划 103
　7.2.1 税法依据 103
　7.2.2 注意问题 106
　7.2.3 纳税筹划方案 108
7.3 促销方式的纳税筹划 110
　7.3.1 税法依据 110
　7.3.2 注意问题 111
　7.3.3 纳税筹划方案 113
7.4 巧签合同的纳税筹划 118
　7.4.1 税法依据 118
　7.4.2 注意问题 120
　7.4.3 纳税筹划方案 122
7.5 销售返利政策的纳税筹划 124
　7.5.1 税法依据 124
　7.5.2 注意问题 125
　7.5.3 纳税筹划方案 127

7.6 混合销售的纳税筹划 128
　7.6.1 税法依据 128
　7.6.2 注意问题 129
　7.6.3 纳税筹划方案 130

第8章 股权转让中的问题和纳税筹划

8.1 股权转让过程中的问题 133
　8.1.1 股权转让没有及时办理过户纳税问题 133
　8.1.2 企业合并业务纳税问题 137
　8.1.3 股权转让溢价纳税问题 139
8.2 股权转让的纳税筹划 140
　8.2.1 税法依据 140
　8.2.2 注意问题 142
　8.2.3 纳税筹划方案 147

第9章 利润分配的纳税筹划

9.1 按利润分配顺序的纳税筹划 151
　9.1.1 企业利润分配顺序 151
　9.1.2 纳税筹划思路与步骤 152
9.2 利用股利与资本利得的差异进行纳税筹划 154
　9.2.1 利用股利与资本利得在企业所得税政策上的差异进行纳税筹划 154
　9.2.2 利用股利与资本利得在个人所得税政策上的差异进行纳税筹划 156
9.3 利用股利的处理方式进行纳税筹划 156
　9.3.1 税法依据 157
　9.3.2 纳税筹划策略 157
　9.3.3 纳税筹划方案与案例 159
9.4 利用财产股利与现金股利的差异进行纳税筹划 164
　9.4.1 税法依据 164
　9.4.2 纳税筹划策略 164
　9.4.3 纳税筹划方案与案例 165
9.5 利用股票股利与现金股利的差异进行纳税筹划 166
　9.5.1 税法依据 167
　9.5.2 纳税筹划策略 167
　9.5.3 纳税筹划方案与案例 167
9.6 亏损弥补的纳税筹划 168
　9.6.1 一般情况下亏损弥补的纳税筹划 169
　9.6.2 纳税筹划原则 170
　9.6.3 纳税筹划方案与案例 170

第10章 企业并购与重组的纳税筹划

10.1 什么是并购与重组 175
　10.1.1 企业并购 175
　10.1.2 企业并购的类别 176
　10.1.3 企业重组 177
　10.1.4 企业重组的类别 178
10.2 企业并购涉及的税收政策及纳税筹划方法 179
　10.2.1 企业并购相关企业所得税的税收政策及纳税筹划方法 179

10.2.2 企业并购相关增值税的税收政策及纳税筹划方法 184

10.3 企业重组涉及的税收政策及纳税筹划方法 186

10.3.1 企业重组有关企业所得税的税收政策及纳税筹划方法 186

10.3.2 企业重组相关增值税的税收政策及纳税筹划方法 189

第11章 企业转让定价的纳税筹划

11.1 关联企业与转让定价 193

11.2 纳税筹划的关键要素 198

11.2.1 转让定价之价格 199

11.2.2 转让定价之利润 199

11.2.3 转让定价与税收分配 200

11.2.4 其他应予考虑的因素 201

11.3 转让定价纳税筹划方法 201

11.3.1 税法中的调整规则 201

11.3.2 可使用的筹划空间 202

11.4 筹划中应考虑的问题 203

第12章 企业其他税种的纳税筹划

12.1 资源税的纳税筹划 206

12.1.1 资源税的征税范围与纳税筹划方法 206

12.1.2 煤炭资源税筹划 206

12.2 契税的纳税筹划 207

12.2.1 新免征契税政策 207

12.2.2 案例分析 209

12.3 土地增值税的纳税筹划 210

12.3.1 可进行土地增值税纳税筹划涉及的问题 211

12.3.2 土地增值税筹划案例 212

12.4 城镇土地使用税的纳税筹划 213

12.4.1 利用纳税人身份的界定进行筹划 213

12.4.2 利用经营用地的所属区域进行筹划 214

12.4.3 利用所拥有和占用的土地用途进行筹划 214

12.4.4 利用纳税义务发生时间进行筹划 215

12.4.5 利用纳税地点进行筹划 215

第13章 税务稽查与风险分析

13.1 企业应对税务稽查 217

13.1.1 税务机关的稽查流程与方法 217

13.1.2 应对税务稽查的基础工作 233

13.1.3 税务稽查前的准备事项 234

13.1.4 税务稽查接待技巧 234

13.1.5 应对税务稽查的策略 235

13.2 企业预防接受税务稽查 237

13.2.1 税务稽查的重点行业 237

13.2.2 税务稽查的重点内容 237

13.2.3 税务稽查的重点税种和环节 239

13.2.4 稽查案例分析 239

13.2.5 投资税务稽查 240

13.2.6 汇算清缴检查流程和检查方法 241

13.2.7 企业所得税风险指标分析 242

13.2.8 其他税种风险指标分析 243

13.2.9 "金税四期"大数据下税务机关关注的重点 246

13.2.10 如何降低国地税合并后的税务稽查风险 247

第 14 章 增值税常见涉税问题

14.1 增值税纳税常见涉税问题分析 250

14.1.1 纳税义务发生时间的常见问题 250

14.1.2 销售额申报的常见问题 250

14.1.3 账面隐匿销售额 251

14.1.4 收取价外费用的常见问题 251

14.1.5 利用关联企业转移计税价格的常见问题 251

14.1.6 以旧换新、还本销售的常见问题 251

14.1.7 出售、出借包装物的常见问题 252

14.1.8 应税固定资产出售的常见问题 252

14.1.9 账外经营的常见问题 252

14.2 销项税额常见涉税问题 252

14.2.1 与销项税额相关的常见涉税问题 252

14.2.2 主要行业的增值税平均税负率 253

14.3 进项税额常见涉税问题 254

14.3.1 购进环节的常见问题 254

14.3.2 存货的常见问题 254

14.3.3 在建工程的常见问题 254

14.3.4 返利的常见问题 255

14.3.5 运输费用的常见问题 255

第 15 章 企业利润表项目常见涉税问题

15.1 企业主营业务涉税问题 257

15.1.1 与收入项目相关的常见涉税问题 ... 257

15.1.2 与成本项目相关的常见涉税问题 ... 257

15.1.3 与费用项目相关的常见涉税问题 ... 258

15.2 其他业务涉税问题 259

15.2.1 与税金项目相关的常见涉税问题 ... 259

15.2.2 与营业外支出项目相关的常见涉税问题 260

第 16 章 个人所得税稽查与风险控制

16.1 个人所得税稽查项目 262

16.1.1 公司章程 262

16.1.2 增资来源 263

16.1.3 个人股东消费性支出和借款 263

16.1.4 个人所得税非应税项目 263

16.2 税务联查社保、个人所得税给企业带来的风险与应对措施 264

16.2.1 税务联查社保、个人所得税给企业带来的影响 265

16.2.2 企业应对税务联查社保、个人所得税风险的举措 266

第 17 章 企业涉税风险自查

17.1 企业涉税风险自查要点与报告 271

17.1.1 企业涉税风险自查要点 271

17.1.2 企业涉税风险自查报告 274

17.2 企业涉税风险自查涉及的主要税种 277
17.2.1 增值税 277
17.2.2 企业所得税与个人所得税 280

17.3 纳税人自查 285
17.3.1 纳税人自查的性质 285
17.3.2 纳税人自查补税行为是否缴纳滞纳金 286
17.3.3 纳税人自查补税行为是否应受行政处罚 286
17.3.4 纳税人自查补税行为是否应该承担刑事责任 287

第18章 企业税务风险分析与化解对策

18.1 企业税务风险分析 290
18.1.1 企业利润被人为操控引起的税务风险 290
18.1.2 企业依法纳税意识薄弱 290
18.1.3 税务工作人员的专业水平低下 291
18.1.4 企业整体管理效率方面的税务风险防范 291

18.2 企业税务风险化解对策 292
18.2.1 构建税务风险管控体系 292
18.2.2 提高企业税务相关工作人员的素质 292
18.2.3 强化企业税务风险意识 293

第19章 企业纳税风险控制

19.1 纳税风险的认识与理解 295
19.1.1 什么是纳税风险 295
19.1.2 企业可能存在的5种纳税风险 296

19.2 企业容易出现的纳税风险 300
19.2.1 法律制裁 300
19.2.2 财务损失 302

19.3 企业如何进行纳税风险控制 311
19.3.1 纳税风险管理的主要目标 311
19.3.2 建立企业纳税风险管控机制 313
19.3.3 企业纳税风险评估管控制度 319
19.3.4 企业纳税信息数据管控制度 320

19.4 税务稽查新方法和应对新理念 323

第 1 章

纳税筹划概述

想要做好纳税筹划,首先要了解纳税筹划的价值与意义。企业需要建立这样的思维:纳税筹划绝不是偷税、漏税,而是根据相关税法的规定合理节税,以减轻企业的税负压力。合法、合规、科学,是纳税筹划的核心。

1.1 什么是纳税筹划

在进行纳税筹划前,我们首先要了解什么是纳税筹划,以及它取得成功的条件。

1.1.1 纳税筹划的含义

纳税筹划是一种源自西方的经济管理理念,早在19世纪中叶就已经在意大利出现。当时,意大利已有专业的税务专家,为纳税人提供税务咨询,其中便包括为纳税人进行纳税筹划。

纳税筹划,就是专业税务人员对企业涉税业务进行策划,制定合理的纳税操作方案,达到合理合法节税的目的。简而言之,通过合理的手段为纳税人减轻税收负担、实现纳税零风险,这就是纳税筹划的目的。纳税筹划涉及企业的经营、投资、理财、组织、交易等各项活动,是指在税法允许的范围内进行筹划,以帮助企业合理降低税负、增加利润。很显然,纳税筹划是企业的一个基本经济行为。

纳税筹划分为短期纳税筹划与长期纳税筹划两种类型。

短期纳税筹划,是指企业通过对经营活动的安排,实现减少缴税、节约成本的目的,从而提高企业的经济效益。

从长期来看,纳税筹划的各个细节不断在企业内部体现,并形成员工操作习惯,而且企业也会自觉地把税法的各种要求贯彻到其各项经营活动之中,这样,企业的纳税观念、守法意识都得到强化。

所以无论是从短期来看，还是从长期来看，企业进行纳税筹划都是非常有必要和有意义的。

在发达国家，纳税筹划已经是一个非常完善的行业，专业化趋势非常明显。在日本，大部分企业将纳税筹划工作委托给专业税务代理人或代理机构。在美国，超过一半的企业将纳税筹划工作委托给专业机构。

目前，我国越来越多的企业也开始进行专业化的纳税筹划，尤其是如阿里巴巴、京东这样的大型企业，早已建立了完善的纳税筹划体系。但多数中小企业对纳税筹划的认识和风险控制还有一定欠缺，这是我国企业亟待解决的问题。

1.1.2 纳税筹划取得成功的条件

纳税筹划取得成功，一方面需要提前做好计划，即必须在应税行为或应税事实发生之前对企业的投资、经营和理财等活动进行筹划和安排，而非在纳税行为发生后；另一方面，要及时掌握国家税收法规政策的改革趋势和了解国家税收法规政策制定的动向，这是企业应当关注的重点。

1. 划清纳税筹划与偷税、避税的界限

首先要明白，纳税筹划是在法规允许的范围内对纳税行为进行优化。部分企业对此理解不深，往往因为筹划不当，而被税务机关按规定调整应纳税金额，未能达到节税目的。还有的企业为了节税而选择避税、偷税，不仅没有达到节税目的，反而受到行政处罚甚至被刑事制裁。

那么，我们该如何理解纳税筹划与偷税、避税之间的区别呢？

（1）偷税。关于偷税，《中华人民共和国税收征收管理法》第六十三条明确规定了以下内容。

> 纳税人伪造、变造、隐匿、擅自销毁账簿、记账凭证，或者在账簿

上多列支出或者不列、少列收入，或者经税务机关通知申报而拒不申报或者进行虚假的纳税申报，不缴或少缴应纳税款的，是偷税。

这个定义，同时明确了常见的偷税的手段，具体如下。

①伪造（设立虚假的账簿、记账凭证）、变造（对账簿、记账凭证进行挖补、涂改等）、隐匿和擅自销毁账簿、记账凭证。

②在账簿上多列支出（以冲抵或减少实际收入）或者不列、少列收入。

③不按照规定办理纳税申报，经税务机关通知申报仍然拒不申报。

④进行虚假的纳税申报，即在纳税申报过程中制造虚假情况，如不如实填写或者提供纳税申报表、财务会计报表及其他的纳税资料等。

《中华人民共和国刑法》中，针对以上行为，在"危害税收征管罪"中将其规定为"逃税罪"。对于逃税行为，《中华人民共和国刑法》第二百零一条有着明确说明，具体内容如下。

> 纳税人采取欺骗、隐瞒手段进行虚假纳税申报或者不申报，逃避缴纳税款数额较大并且占应纳税额百分之十以上的，处三年以下有期徒刑或者拘役，并处罚金；数额巨大并且占应纳税额百分之三十以上的，处三年以上七年以下有期徒刑，并处罚金。
>
> 扣缴义务人采取前款所列手段，不缴或者少缴已扣、已收税款，数额较大的，依照前款的规定处罚。
>
> 对多次实施前两款行为，未经处理的，按照累计数额计算。
>
> 有第一款行为，经税务机关依法下达追缴通知后，补缴应纳税款，缴纳滞纳金，已受行政处罚的，不予追究刑事责任；但是，五年内因逃避缴纳税款受过刑事处罚或者被税务机关给予二次以上行政处罚的除外。

（2）避税。对于避税，目前国际上尚未形成统一的概念。多数学者认为，避税是指纳税人在不违反税法规定的前提下，将纳税义务降至最低程度的行为。逃税是典型的违法行为，但避税并不一定属于违法行为，合理的避税是利用税法中的规定少纳税。

但需要注意的是，避税行为尽管不一定违法，但往往与税收立法者的意图相违背。常见的避税手段就是利用避税港实现少纳税的目的。

避税虽然可以降低缴税成本，但某种意义上来说它是对税法的滥用，所以多数国家对这种行为采取不接受或拒绝的态度。纳税人在进行纳税筹划前，必须掌握相关法规规定，才能保证纳税筹划的合理、合法性。

从目的上来说，纳税筹划、偷税、避税的目的一致，都是为了节税。但是从行为过程上来看，纳税筹划与后二者截然不同。纳税筹划严格按照法律法规开展税务工作，纳税人通过对纳税活动的安排，充分利用税收法规所提供的包括减免税在内的一切优惠，从而获得最大的税收利益。

例如，某地区大力发展高新产业聚集区，为区域内的高新企业制定了各种税收优惠政策。传统企业在这些政策的鼓励和扶持下，对落后的产业、生产线进行淘汰，变为高新企业，从而享受到了税收优惠，实现节税目的。这就是典型的纳税筹划，与偷税、避税截然不同。

从国家法规上来说，偷税是一种公然违法行为且具有事后性。避税和纳税筹划都具有事前有目的地谋划、安排特征，但避税获得的利益是钻法律空子得来的，虽然不违法，但是会对国家税务体系产生危害；而纳税筹划则完全合法，是完全符合政府的政策导向、顺应立法意图的。所以，企业要尽可能完善纳税筹划，杜绝偷税，避免避税行为，这样才能保证达到纳税筹划的目的。

2. 了解税务机关对"合理和合法"的解释

想要做好纳税筹划，必须了解相关法律法规内容，纳税筹划成功与否，由税务机关决定。

纳税筹划人员要深刻了解现行法律对于"合理和合法"的规定，熟悉区域内相关司法案件的审理过程与结果,依据宪法和相关法律规定理解"合理和合法"。纳税筹划人员还应从税法执行中仔细了解有代表性的案例以把握执法界限,并将其用于纳税筹划的实施过程中。

3. 建立纳税筹划体系,把握纳税筹划的尺度

(1)建立团队化的纳税筹划体系。纳税筹划是一项系统性工作,需要各个方面协调配合,一个人难以完成这项工作,它讲究"天时、地利、人和"。"天时"是指税收政策为纳税筹划创造的空间;"地利"是指所在地方的税收政策和税收观念对纳税筹划提供的环境支持;"人和"是指纳税筹划人员的税收政策应用水平和内外相关人员关系的协调。

所以,想要让纳税筹划成功,必须建立纳税筹划团队,其不仅要负责纳税筹划方面的工作,还要了解企业的管理、生产经营,与所有部门、人员协作,这样才能完成计划。企业如果只依靠1~2个财务人员进行纳税筹划,往往会陷入闭门造车的境地,既不能及时获取生产产生的缴税信息,也不能及时与税务部门取得联系,导致制定的方案只是空中楼阁,无法落地。

(2)不应忽视非税利益。很多企业进行纳税筹划时,往往只关心涉税利益,忽视非税利益。非税利益包括净利益、规模经济利益、结构经济利益、比较经济利益、广告经济利益等。做好涉税利益与非税利益的统一,对涉税利益较大但非税利益较小甚至有损的纳税筹划方案要避免使用,对涉税利益和非税利益都较小的纳税筹划方案要少用或不用,对涉税利益和非税利益都较大的纳税筹划方案要多用。

(3)了解税收优惠政策的隐性成本。当前,我国税制正处于日趋完善阶段,无论是国家层面还是地区层面,都颁布了一系列的税收优惠措施,这是企业进行纳税筹划的重点。

在了解税收优惠政策的同时,企业要充分考虑成本,它包括显性成本与隐性成本两方面。显性成本是筹划时花费的时间、精力、财力;隐性成本即机会成本,是指企业因采用拟定的纳税筹划方案,从事某项经营、生产某种产品而不能从事其他经营、生产其他产品放弃的潜在收益。隐性成本很容易被企业忽视。

例如，某地推出专项税收优惠政策，某企业为了享受这种优惠，对生产结构进行大幅度改造，这势必会造成较大的成本支出。然而，这一税收优惠政策期限较短，仅仅延续一年，该企业需要付出非常大的隐性成本。所以，在进行纳税筹划前，一定要认真进行成本效益分析，判断经济上是否可行、必要，能否给企业带来经济效益的增加。只有纳税筹划的显性成本加隐性成本低于筹划收益时，方案才可行，否则应放弃筹划。

想要做好这一点，纳税筹划人员必须要充分理解税收优惠条款，既不可曲解也不可滥用，要按规定程序申请享受税收优惠政策，避免因程序不当而使企业失去应有的权益。如果以欺骗手段骗取税收优惠，那么一旦东窗事发将会遭到非常严厉的处罚。

比如，2020年6月，中华人民共和国国家税务总局（以下简称"国家税务总局"）公布：自3月中旬开展打击骗取专项税收优惠等违法行为专项行动以来，截至5月底，共对1859户违法企业实施立案检查；移送公安机关1658户，抓捕虚开发票犯罪嫌疑人734名。

4. 提前制定纳税筹划方案，重视涉税风险

制定纳税筹划方案时，一定要在企业的经济行为发生前做好安排。税收具有一定的不确定性，这主要由全球经济环境、行业经济环境、区域经济环境决定，常常会出现无法预测的事件，所以必须提前制定方案，充分考虑不同方案的风险、价值，并根据实际情况进行灵活调整。

部分企业往往忽视涉税风险，纳税筹划方案看似非常完美，但它只适用于当下较短的一段时间，长期来看具有很大的风险。例如，在未来的一段时间内，国家可能调整税法、开征新税种、减少部分税收优惠等，这会导致企业制定的纳税筹划方案无法发挥应有作用。所以，企业进行纳税筹划时，必须充分考虑隐藏的涉税风险，采取措施分散风险，争取获得更大的节税收益。

5. 聘用专业的纳税筹划专家

纳税筹划不是简单地做账。纳税筹划是一项高层次的理财活动和系统工程，筹划人员不仅需要懂得基础的财务知识，还要精通税法、会计、投资、金融、贸易等专业知识，专业性、综合性较强。如果没有过硬的能力和丰富的经验，是无法胜任纳税筹划这一工作的。所以，企业如果没有这方面的人才，应该聘请纳税筹划专家，以提高纳税筹划的规范性和合理性，完成纳税筹划方案的制定和实施。对于纳税筹划，千万不要有尝试的心态，交由初级财务人员完成，否则很有可能会出现偷税、漏税行为，或制定的纳税筹划方案与企业发展完全不符，导致事与愿违。

1.2 纳税筹划原理

进行纳税筹划，必须严格遵循"三证统一"原理。所谓"三证统一"，就是指会计凭证、法律凭证和税务凭证相互统一，如图 1.2-1 所示。

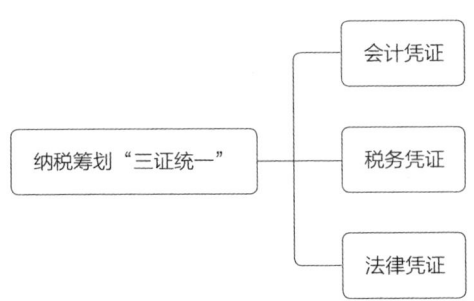

图 1.2-1 纳税筹划的"三证统一"

进行纳税筹划，一定要保证"三证统一"。法律凭证在降低企业成本中起关键的作用。同时，会计凭证和税务凭证上的数据必须与法律凭证上的数据保持一致，否则企业会面临成本增加的风险。

1.2.1 会计凭证

会计凭证是记录经济业务、明确经济责任、按一定格式编制的据以登记会计账簿的书面证明。会计凭证的主要作用，就是记载经济业务的发生，并明确这个过程中的经济责任，以作为书面证明。

会计凭证又分为记账凭证和原始凭证。所谓原始凭证，是在业务发生之初就要填写的原始书面证明，包括销货发票、款项收据等。记账凭证以原始凭证为根据，作为记入账簿内各个分类账户的书面证明，包括转账凭证、付款凭证、收款凭证等。

1.2.2 法律凭证

法律凭证是用来明确和规范有关当事人权利和义务的重要书面凭证或证据，包括合同、协议、法院判决或裁定书等法律文书和其他各种证书。

在实际经营过程中，企业涉及的土地使用权证、股权转让协议、资产转让（收购）协议、股权收购协议、采购合同、建筑合同等，都是典型的法律凭证。在经济合同签订过程中，法律凭证的使用将会对企业税收成本的控制起到关键作用。正确签订合同并向当地税务主管部门提供各种材料，有利于使企业实现合理纳税筹划。

1.2.3 税务凭证

税务凭证是一种在税法或税收政策性规章上明确相关经济责任的书面证据。税务凭证也是一种法律凭证，如税务行政处罚事项告知书等税务凭证，就是法律凭证。

1.2.4 "三证统一"对于纳税筹划的影响

法律凭证、会计凭证和税务凭证三者之间既有差异，但也存在一定的联系。例如，税务凭证与会计凭证都是明确相关经济责任的企业据以记账的书面证明。二者不同的是：会计凭证是依据中华人民共和国财政部（以下简称"财政部"）颁发的各项会计政策、财经制度而进行财务核算的记账凭证；税务凭证是根据相关税法和国家税务总局制定的各项税收政策而明确纳税义务的税收凭证。

二者虽都是对同一经济往来事件的核算，但前者主要依据会计准则，后者主要依据税法，各自的规定有一定差异，所以最终结论并不完全一致。因此，企业办理涉税事宜时，需要在会计记录基础上，根据税法进行纳税调整，否则将会受到税务主管部门的惩罚。

在企业的成本控制、纳税筹划过程中，必须保证法律凭证、会计凭证和税务凭证"三证统一"。"三证统一"是众多降低成本方法的核心与根源，读者可以从以下两个角度和相应案例中更加深入地了解这一点。

1. 法律凭证是决定企业成本的根源

企业成本涉及企业的各个方面，如设计、研发、生产、管理、销售、售后服务等各价值链环节，每一个环节都会对成本产生影响。想要控制好成本，就必须把控好合同的签订和管理，尤其要关注产品的价格。关于价格的条款是合同和协议中的重要条款，合同和协议中的价格是构成企业相关成本的重要部分。

例如，如果合同中没有明确价格，那么想要通过价格降低成本是不可能的。若企业不按照合同规定的价格付款、结款，就会承担相应的法律责任。同时，企业也要从其他方面降低成本，如从材料采购、物流运输、服务提供等方面着手。这些内容同样需要在合同中体现，其也将影响会计凭证、税务凭证。

2. "三证统一"是降低税负、成本的根本之策

在明确法律凭证是决定企业成本的根源后，还要保证法律凭证、会计凭证

和税务凭证的相互统一,这样降低成本才能落到实处。对于"三证统一",企业要建立以下思维:

(1)合同与企业的账务处理相匹配,否则,要么做假账,要么做错账;

(2)合同与企业的税务处理(税务处理在实践中主要涉及企业缴多少税和什么时候缴税两方面)相匹配,否则,要么多缴税,要么少缴税;

(3)合同与企业发票开具相匹配,否则,要么开假票,要么虚开发票。

部分企业在实际经营过程中,往往忽视了"三证统一"的原则,导致被相关部门处罚,造成更大的成本支出。

来看这样一则案例。

A公司开展业务,与B公司达成协议。双方在合同中约定开工保证金条款:在合同签订后2个工作日内,A公司需要向B公司支付100万元的保证金,此保证金未来可以用于抵扣A公司需要支付的工程款。

与此同时,A公司与C公司签订合同,并说明履约保证金条款:C公司在合同签订之后的7个工作日之内必须向A公司支付100万元的履约保证金。

如果A、B公司都选择一般计税方法计征增值税,且适用的增值税税率为9%,那么对于保证金条款,A、B公司应该如何进行账务处理?

这个案例中,合同就是法律凭证。根据合同约定,开工保证金是A公司支付给B公司的预付款项,而履约保证金是C公司支付给A公司的保证金或押金。据此,可以针对A、B公司做出以下分析。

(1)A公司的账务处理如下。

借:预付账款 [1 000 000 ÷ (1 + 9%)]　　　　　917 431.19

　　　　应交税费——应交增值税（进项税额）[1 000 000÷（1＋9%）×9%]
　　　　　　　　　　　　　　　　　　　　　　　　　　82 568.81

　　贷：银行存款　　　　　　　　　　　　　　　　　1 000 000

（2）B公司的账务处理如下。

借：银行存款　　　　　　　　　　　　　　　　　　1 000 000

　　贷：预收账款[1 000 000÷（1＋9%）]　　　　　　917 431.19

　　　　应交税费——应交增值税（销项税额）[1 000 000÷（1＋9%）
　　　　　　　　　　　　　　　　　　　　　×9%]　　82 568.81

《中华人民共和国增值税暂行条例》第十九条规定如下。

增值税纳税义务发生时间：

（一）发生应税销售行为，为收讫销售款项或者取得索取销售款项凭据的当天；先开具发票的，为开具发票的当天。

这就意味着，B公司在收到A公司的开工保证金后，发生了增值税纳税义务，必须向A公司开具增值税专用发票。如果B公司没有开具发票，就需要进行无票收入的增值税销项税申报。

再来看A公司与C公司的账务处理。

（1）A公司的账务处理如下。

借：银行存款　　　　　　　　　　　　　　　　　　1 000 000

　　贷：其他应付款——收到C公司履约保证金　　　　1 000 000

（2）C公司的账务处理如下。

借：其他应收款——支付A公司履约保证金　　　　　1 000 000

贷：银行存款　　　　　　　　　　　　　　　　1 000 000

　　C公司支付履约保证金没有发生纳税义务，A公司应向C公司开具收款收据。

　　从这个案例中可以看到，"三证统一"的背后是"三流统一"。所谓"三流统一"，即在货物交易环节中货流、资金流和发票流相互统一。收款方、开票方和货物销售方或劳务提供方必须是同一个经济主体，如果不能做到这一点，就会出现票款不一致的现象，涉嫌虚开发票，将被税务部门稽查判定为虚列支出、虚开发票，相关主体要承担一定的行政处罚，甚至会有遭到刑事处罚的法律风险。

　　实际经营过程中，虚开发票是很多企业面临的风险，一旦被税务部门查出，轻则处以补税、罚款和缴纳滞纳金；重则相关的主要负责人员将会承担一定的刑事处罚。《中华人民共和国发票管理办法》第二十二条对于虚开发票有着明确规定，具体如下。

　　任何单位和个人不得有下列虚开发票行为：

　　（一）为他人、为自己开具与实际经营业务情况不符的发票；

　　（二）让他人为自己开具与实际经营业务情况不符的发票；

　　（三）介绍他人开具与实际经营业务情况不符的发票。

　　同时，2011年2月25日，第十一届全国人大常委会第十九次会议通过的《中华人民共和国刑法修正案（八）》对刑法做出了重要修改和补充，其中第三十三项和第三十五项分别如下。

　　在刑法第二百零五条后增加一条，作为第二百零五条之一："虚开本法第二百零五条规定以外的其他发票，情节严重的，处二年以下有期徒刑、拘役或者管制，并处罚金。

"单位犯前款罪的，对单位判处罚金，并对其直接负责的主管人员和其他直接责任人员，依照前款的规定处罚。"

在刑法第二百一十条后增加一条，作为第二百一十条之一："明知是伪造的发票而持有，数量较大的，处二年以下有期徒刑、拘役或者管制，并处罚金；数量巨大的，处二年以上七年以下有期徒刑，并处罚金。

"单位犯前款罪的，对单位判处罚金，并对其直接负责的主管人员和其他直接责任人员，依照前款的规定处罚。"

由此可知，如果不做好"三证统一"，企业将会面临巨大的经营风险。国家税务总局对"三查活动"不断深化，即"查税必查票""查账必查票""查案必查票"。企业如果出现虚开发票的问题，将会受到刑事处罚。所以，想要做好纳税筹划，就必须做好"三证统一"，这是纳税筹划的基础。

1.3 如何正确认识纳税筹划

想要实现纳税筹划，需要进一步认识纳税筹划，建立正确的纳税筹划思维。

1.3.1 纳税筹划的特征

纳税筹划有其固有的特征，在进行纳税筹划时，必须围绕以下几个特征展开，才能实现风险控制的目的。

1. 合法性

首先，纳税筹划不是简单的避税，更不是逃税，而是在合法的条件下，对国家制定的税法进行比较、分析、研究后，进行纳税优化选择。纳税筹划的前提，就是不违反国家现行的税收法律法规，若不遵循前提，就不是真正的纳税筹划。

所以，企业的纳税筹划人员必须具备丰富的法律知识，尤其是税收法律法规知识，知道哪些行为是不被允许的。只有确保行为的合法性，才能保证纳税筹划运用的手段是符合现行税收法律法规的，与国家现行税收法律法规不冲突，而不是采用隐瞒、欺骗等违法手段。

2. 双向性

税收是国家实现宏观调控的一个重要的经济杠杆，企业通过纳税筹划实现成本降低的同时，国家可以通过税收优惠政策，减征税收，引导纳税人采取符合政策导向的行为。所以，纳税筹划具有双向的特点，即国家通过纳税筹划进行宏观调控，企业通过纳税筹划实现成本降低。因此如果只有企业一方获得收益，那么便违背了纳税筹划的原则。

3. 目的性

纳税筹划具有很强的目的性，即企业围绕财务管理目标进行纳税筹划，其一切行为都以实现价值最大化和使其合法权利得到充分保障和行使为中心。纳税筹划不仅是理财活动，也是策划活动，在施行前就有明确的目标和意图，而不是随意性、机动性的。

4. 专业性

纳税筹划是一项具有专业性的活动，纳税人不仅要精通国家的税收法律法规，还要熟悉财务会计流程与制度，以制订合理、合规的纳税计划，并且清楚如何在既定的纳税环境下，实现企业财务管理目标。相关人员不仅要掌握财税技巧，还要懂得企业节约税收成本的技巧。

5. 时效性

国家和地区的税收政策法令具有一定的时效性，会根据外部环境的变化而不断调整。企业必须适应，而不是改变它。当国家税收法令变动时，纳税筹划方案也应及时调整。所以，企业纳税筹划人员必须积极掌握动态信息，根据税收政策法令的调整不断对纳税筹划方案进行升级、改善。

1.3.2 纳税筹划的意义和价值

企业进行纳税筹划的意义和价值如下。

1. 提高企业经济效益

通过合理、科学的纳税筹划，企业可以有效降低税收负担，减少纳税支出，提升经济效益。企业作为市场经济的主体，在产权界定清晰的前提下，总是致力于追求自身经济利益的最大化。要实现经济利益的最大化，就要使总成本最小化。

2. 形成自觉纳税的意识

纳税是企业应尽的义务。企业建立合理的纳税筹划体系，有利于形成自觉纳税意识。纳税筹划的本质与偷税、逃税、漏税、抗税等违法行为完全不同，它是对即将发生的经济活动或行为、资产处理的方式、时间以及数量等所预先进行的合理的规划与设计。自觉纳税是企业责任感的积极体现，企业的经营活动都在合法合规的情况下进行。

3. 节约企业成本费用

企业纳税筹划是一种事前安排的行为，而非产生利益后再进行的经济行动。纳税筹划具有前瞻性，在项目开展前就进行税收的合理规划，不仅使企业承担了缴纳税款的义务，而且减少了企业的成本支出，为企业继续扩大再生产提供了资金保障。这样一来，企业的成本将得到合理控制，有利于企业竞争力的有效提升。

4. 提高企业经营管理水平

纳税筹划涉及的工作不仅包括税务，还涉及生产、销售等诸多环节。纳税筹划能够使企业的投资行为合理、合法，也能够使企业内部的财务活动健康有序地开展，从而进一步提高企业经营管理水平。

5. 获取资金时间价值

资金时间价值是一个容易被忽视的价值，但是在纳税筹划体系中，它也起到了非常重要的作用。企业通过合理的纳税筹划，控制好缴纳的税款的时间，从而获得资金时间价值，这是纳税筹划目标体系的有机组成部分之一。

企业的资金是非常宝贵的，若能获得资金的时间价值，则可使资金的利用率提高。纳税筹划方案越科学，所获得的资金的时间价值就会越高。

第 2 章

纳税筹划的基本方法与基本途径

纳税筹划，必须按照规范的方法进行，依据相关税法的规定享受相关减税、退税或延期纳税等优惠。只有了解纳税筹划的基本方法和基本途径，企业才能结合自身的业务特点，开展纳税筹划。

2.1 纳税筹划的基本方法

想要做好纳税筹划,首先要了解其基本方法,为接下来的工作做好铺垫。

2.1.1 8种常见的纳税筹划方法

企业在进行纳税筹划时,通常会选择以下8种纳税筹划方法。

1. 纳税人筹划法

所谓纳税人筹划法,就是利用纳税人的身份进行纳税界定,让税负尽量降低,避免成为直接纳税人。

例如,房产税的征税范围是城市、县城、建制镇和工矿区的房产,而此处的房产被界定为房屋,即有屋面和围护结构,能够遮风挡雨,可供人们在其中生产、学习、娱乐、居住或者储藏物资的场所;独立于房屋之外的建筑物,如围墙、停车场、室外游泳池、喷泉等,不属于房产,若企业拥有以上建筑物,则不成为房产税的纳税人,就不需要缴纳房产税。

基于这一点,企业在进行纳税筹划时,应提前将停车场、室外游泳池等露天建筑物分列,并且将这些建筑物的造价同厂房和办公用房等分开,实行单独核算。这样,室外游泳池等独立于房屋之外的建筑物就不在房产税的征税范围内。

2. 税基筹划法

税基筹划法的步骤如下。

（1）控制或安排税基的实现时间，包括税基推迟实现、税基均衡实现和税基提前实现。

（2）分解税基。分解税基，使税基从税负较重的形式转化为税负较轻的形式。

（3）将税基最小化，合法降低税基总额。

3. 税收优惠筹划法

税收优惠筹划法是常用的纳税筹划方法之一。

（1）税收优惠的类型主要有特殊行业、特定区域、特定行为、特殊时期的税收优惠。

（2）税收优惠的形式：免税、减税、免征额、起征点、退税、优惠税率、税收抵免。

企业可通过创造条件享受税收优惠政策。用案例来解析这种方式。

2018年，某款文化产品极为畅销，其企业法人为了扩大业务，在他地注册公司，任法人。因该地出台了文化类公司的税收优惠政策，即文化行业企业的企业所得税五年之内全免。

根据税法，企业所得税应纳税额的计算公式如下。

$$应交企业所得税 = 企业利润 \times 25\%$$

依据当地的政策，该企业在该地注册的公司所产生的企业所得税在规定年限内能全免，通过这种方式，该企业就能节省一定的税费。

需要特别提醒的是，通过这种方式进行纳税筹划，必须保证实质与形式相吻合，否则企业就会面临更大的税务风险。

企业对国家和地区的税法非常熟悉，才能享受到税收优惠政策。

4. 会计政策筹划法

会计政策筹划法也是常见的纳税筹划方式，主要分为以下两种形式。

（1）分摊筹划法。所谓分摊筹划法，是指通过无形资产摊销、待摊销费用摊销、固定资产折旧、存货计价方法、间接费用分配等进行纳税筹划。

（2）会计估计筹划法。多数企业在实际经营中，存在各种不确定因素，一些项目在正式执行前无法做到精准计算，所以应采用会计估计筹划法进行纳税筹划。在会计核算中，对尚延续、结果未确定的交易或事项需要估计入账。需要注意的是，这种估算并不精准，会影响特定时期的收益或费用的数额，从而对企业的税负产生影响，因此必须尽可能对所有细节进行估计，将风险降至最低。

5. 税负转嫁筹划法

所谓税负转嫁筹划法，是指利用价格浮动、价格分解来转移或规避税收负担。这种方法更加灵活，主要分为以下两类。

（1）税负前转筹划法。所谓税负前转筹划法，是指纳税人通过提高商品或生产要素价格的方式，将其所负担的税款转移给购买者或最终消费者。

（2）税负后转筹划法。所谓税负后转筹划法，是指纳税人通过降低生产要素购进价格或其他方式将其负担的税款转移给提供生产要素的企业。

以案例的形式进行说明。

某工厂推出了一款特殊的消费品，需要缴纳消费税。为了保证利润，该厂家打算提高出厂价，但这种方式导致产品单价过高，影响市场销量，并导致增值税的攀升。

该工厂为了解决这个问题，设立了独立的销售公司，这样一来，该产品的消费税仅在生产环节计征，即按产品的出厂价计征消费税，后续的分销、零售环节不再计征消费税。

这就是典型的税负转嫁筹划法。该工厂采用设立独立销售公司的模式，用"前低后高"的价格转移策略，先以相对较低的价格将产品卖给自己设立的销售公司，然后再由销售公司以合理的价格进行层层分销。这样一来，在整体收入没有降低的同时，消费税也得到了有效控制。

6. 递延纳税筹划法

递延纳税筹划法主要有提前支付费用和推迟确认收入两种。其中，后者主要利用不同的结算方式进行递延，如委托代销等，案例如下。

某玩具厂家8月向某省玩具城销售价值113万元（含税价格）的玩具，货款结算采用销售后付款的方式。11月，该玩具城只汇来货款33.9万元。

为了制定合理的纳税筹划方案，该玩具厂家采用推迟确认收入的方式。由于购货方是商业企业，并且货款结算采用销售后付款的方式，因此可以选择委托代销模式，即按委托代销结算方式进行税务处理：该玩具厂家8月的出厂的玩具不计算销项税额，11月按照收到代销单位（该玩具城）的销货清单后确认销售额，并计算销项税额：[33.9÷（1+13%）]×13%=3.9（万元）。对尚未收到销货清单的货款可以暂缓申报、计算销项税额。

如果不按委托代销结算方式处理，则应计提销项税额：[113÷（1+13%）]×13%=13（万元）。

最终，该玩具厂家通过选择委托代销结算方式，实现了递延纳税的目的。

7. 规避平台筹划法

通常，企业会把税法规定的若干临界点称为规避平台。通过规避平台筹划法，也可以实现纳税筹划的目的。其原理在于，临界点会由于量的积累而引起质的突破，它是一个关键点。当突破某些临界点时，所适用的税率会降低或享受的优惠会增多。采用这种方式时，必须关注以下两点。

（1）税基临界点，包括起征点、扣除限额、税率跳跃临界点。

（2）优惠临界点，包括绝对数临界点、相对比例临界点、时间临界点。

8. 资产重组筹划法

资产重组筹划法主要分为以下两类。

（1）合并筹划法。所谓合并筹划法，是指企业利用并购及资产重组手段，改变其组织形式及股权关系，实现税负降低的纳税筹划方法。其优点如下。

①企业合并可以使存续企业进入新的领域、行业，享受新领域、新行业的税收优惠政策。

②企业合并可能改变纳税主体的性质，如由小规模纳税人变为一般纳税人，由内资企业变为中外合资企业。

③企业合并可实现关联性企业或上下游企业流通环节的减少，合理减少流转税和印花税。

④企业合并可以使存续企业利用免税重组优惠政策，规避资产转移过程中的税收负担。

⑤企业合并可以使存续企业实现盈亏补抵、低成本扩张。

（2）分立筹划法。所谓分立筹划法，是指企业将部分或全部资产分离转让给现存或新设立的企业，被分离企业股东换取分立企业的股权，实现企业的依法拆分。

分立筹划法的优势在于有效改变企业规模，降低企业整体负担，具体如下。

①企业分立将混合销售中的低税率或零税率业务独立出来，单独计税，有利于降低税负。

②企业分立有利于形成有关联关系的企业群，实施集团化管理和系统化筹划。

③企业分立增加了一道流通环节，有利于增值税抵扣及转让定价策略的运用。

④企业分立使适用累进税率的纳税主体分化成两个或多个适用低税率的纳税主体，税负自然降低。

2.1.2 如何合理选择纳税方法

纳税筹划的方法有很多，企业该如何选择适合自身情况的方法呢？

首先，企业要建立这样的思维，即不能曲解、滥用税收优惠条款，以欺骗手段骗取税收优惠，否则会承担更大的法律责任。企业必须充分了解各类税收优惠条款的规定，严格按照法定程序进行申报，避免因为程序不当，失去了应有的权益。节税与偷税虽仅仅一字之差，但本质完全不同，企业必须充分了解相关政策，否则会事与愿违。

其次，要根据行业进行细化。目前，我国针对企业的税种主要包括增值税、企业所得税、附加税费三大税种。企业所得税基本税率为25%，我国现行增值税属于比例税率，根据应税行为一共分为13%、9%、6%三档税率及5%、3%两档征收率。所以，制定纳税筹划方案前，要了解每个行业的增值税规定，结合企业的需求与特征，制定相应的纳税筹划方案，达到合理节税的目的。

最后，在选择纳税筹划方案时，要将目光放得长远，不能只关注某一时期内应纳税额的高低，而应当结合企业的长远发展战略，选择对企业能够形成整体优化、长远优化的方案，合理利用税收优惠政策。

2.2 纳税筹划的基本途径

企业主要通过以下 5 个途径进行纳税筹划。

2.2.1 减免税处理

所谓减免税,是指对提供应税服务的某个环节或者全部环节直接减税或免税。减免税又分为核准类减免税和备案类减免税两种类型。核准类减免税项目是指法律、法规规定应由税务机关核准的减免税项目,备案类减免税项目是指不需要税务机关核准的减免税项目。

减免税是国家税务机关给予的特别扶持,纳税企业享受核准类减免税,应当提交核准材料,提出申请,经依法具有批准权限的税务机关按《税收减免管理办法》规定核准确认。纳税人享受备案类减免税,应当具备相应的减免税资质,并履行规定的备案手续。

1. 减免税的类型

减免税主要有以下几类。

(1) 法定减免。凡是由各种税的基本法或暂行条例规定的减税、免税都称为法定减免。这类减免,会以法律条文的形式,在法规中明确列举减免税项目、减免税的范围和时间。

(2) 临时减免。它是为了照顾纳税人某些特殊困难而制定的税收减免政策。通常,它是法定减免和特定减免以外的其他临时性减税、免税。例如,当纳税企业遭遇风、火、水等自然灾害或其他特殊原因,纳税有困难的,纳税企业进行申请,经税务机关批准后,可给予定期的或一次性的减税、免税照顾。

(3) 特定减免。它是指税务机关根据社会经济情况的实际变化而采取的减免政策,具有税收调节作用。一般来说,有以下两种情况时会进行特定减免:

① 税收的基本法确定以后,随着国家政治经济情况的发展变化所做的新的

减免税补充规定；

②税收基本法不能或不宜一一列举，而采用补充规定的减免税形式。

特定减免，通常由中华人民共和国国务院（以下简称"国务院"）或作为国家主管业务部门的财政部、国家税务总局、中华人民共和国海关总署（以下简称"海关总署"）做出规定，分为有限期的特定减免和无限期的特定减免两类。有限期的特定减免，到了规定期限后就会恢复征税。所以，企业纳税筹划人员要时刻关注相关行业的税收政策，使企业在规定时间内享受相关待遇。

2. 减免税的申请流程

无论选择哪一类减免税，企业都要向主管税务机关提供以下书面资料。

（1）减免税申请报告。其包括减免税的依据、范围、年限、金额，以及企业的基本情况等。

（2）政策性减免税申请表等相关减免税申请表。

（3）纳税人的财务会计报表。

（4）营业执照的复印件。

（5）根据不同减免税项目，税务机关要求提供的其他材料。

需要注意的是，纳税企业提供应税服务适用免税、减税规定的，可以放弃免税、减税，依照规定缴纳增值税。一旦放弃免税、减税，36个月内不得再申请免税、减税。放弃免税权应当以书面形式提交放弃免税权申明，报主管税务机关备案。纳税人提供应税服务同时适用免税和零税率规定的，优先适用零税率规定。适用零税率规定的，可以放弃适用零税率规定，选择免税或按规定缴纳增值税。放弃适用零税率规定后，36个月内不得申请适用零税率规定。

2.2.2 税率差异处理

所谓税率差异，是指性质相同或相似的税种适用税率的不同。

出现税率上的差异，与财政政策和不同国家（地区）的规定都有关系。例如，某国家对不同企业组织形式规定不同的所得税税率，公司适用的税率为50%，经济合作社适用的所得税税率为45%；而另一国家则对不同地区的纳税人设定了不同的所得税税率，一般地区的纳税人适用的所得税税率为35%，某一个特区的纳税人适用的所得税税率为20%。

在纳税筹划中，借助税率差异实现节税是常用的方法之一。因为，税率差异是普遍存在的现象，为了鼓励某种类型的企业、某个地区的发展，国家及地方税务机关通常都会制定鼓励政策。借助税率差异，企业可以实现有效节税的目的。

进行税率差异处理，关键原则就是找到适用的最低税率。在合法、合理和其他条件相同的前提下，按不同税率缴纳的税额是不同的，税额之间的差异，就是节减的税收，寻求适用税率的最低化，可以达到节税的最大化。

同时，企业还需要注意营改增后增值税税率的规定，在进行纳税筹划时，要注意各个方面的变化。

2.2.3 扣除处理

所谓扣除，是指所得税税前扣除项目，包括企业所得税、个人所得税税前可以扣除的项目。扣除处理，需要针对合法的项目进行，主要包括与取得收入有关的、合理的、实际发生的支出，包括成本、费用、税金、损失和其他支出。《中华人民共和国企业所得税法》第八条明确规定以下内容。

企业实际发生的与取得收入有关的、合理的支出，包括成本、费用、税金、损失和其他支出，准予在计算应纳税所得额时扣除。

具体来说，税前扣除项目如下。

1. 税金

（1）六税两费：城镇土地使用税、房产税、耕地占用税、资源税、印花税、城市维护建设税、教育费附加、地方教育附加等。

（2）增值税为价外税，不包含在计税价格中，计算应纳税所得额时不得扣除。

2. 其他支出

其他支出指除成本、费用、税金、损失外，企业在生产经营活动中发生的与生产经营活动有关的、合理的支出。

需要特别提示的是，企业发生与生产经营有关的手续费及佣金支出，不超过规定计算限额的部分准予扣除，其余部分不能享受扣除。

2.2.4 延期纳税处理

所谓延期纳税，是指税务机关允许纳税人将其应纳税款延迟缴纳或分期缴纳，它又被称作为税负延迟缴纳，也是一种纳税筹划途径。

不过，相对于其他途径，延期纳税有着更加严格的规定。《中华人民共和国税收征收管理法》第三十一条明确规定以下内容。

> 纳税人因有特殊困难，不能按期缴纳税款的，经省、自治区、直辖市国家税务局、地方税务局批准，可以延期缴纳税款，但是最长不得超过三个月。

所谓特殊困难，《中华人民共和国税收征收管理法实施细则》第四十一条规定如下。

纳税人有下列情形之一的，属于税收征管法第三十一条所称特殊困难：

（一）因不可抗力，导致纳税人发生较大损失，正常生产经营活动受到较大影响的；

（二）当期货币资金在扣除应付职工工资、社会保险费后，不足以缴纳税款的。

具体来说，以下情况都属于特殊困难。

①水、火、风、雹、海潮、地震等人力不可抗拒的自然灾害。

②可供纳税的现金、支票以及其他财产遭遇偷盗、抢劫等意外事故。

③国家调整经济政策的直接影响。

④短期贷款拖欠。

⑤其他经省级税务机关明文列举的特殊困难。

《中华人民共和国税收征收管理法实施细则》第四十一条所述的"当期货币资金"应如何理解？《国家税务总局关于延期缴纳税款有关问题的通知》（国税函〔2004〕1406号）规定如下。

规定中的"当期货币资金"是指纳税人申请延期缴纳税款之日的资金余额，其中不含国家法律和行政法规明确规定企业不可动用的资金；"应付职工工资"是指当期计提数。

例如，某企业近期经营不善，2020年1月在发放员工工资后，当期货币资金不足3 000元。但是，当期应缴纳的税费共计3万元。在这种情况下，企业可以申请延期纳税，但最长不得超过三个月。

企业如果符合延期纳税的规定，那么需要按照规定，提交书面材料。《中华人民共和国税收征收管理法实施细则》第四十二条规定如下。

纳税人需要延期缴纳税款的，应当在缴纳税款期限届满前提出申请，并报送下列材料：申请延期缴纳税款报告，当期货币资金余额情况及所有银行存款账户的对账单，资产负债表，应付职工工资和社会保险费等税务机关要求提供的支出预算。

税务机关应当自收到申请延期缴纳税款报告之日起 20 日内作出批准或者不予批准的决定；不予批准的，从缴纳税款期限届满之日起加收滞纳金。

2.2.5 退税处理

所谓退税，是指因某种原因，税务机关将已征税款按规定程序，退给原纳税人。企业进行纳税筹划时，实现退税处理，主要原因是政策性退税，即税收政策变动而产生的退税。想要获得退税，纳税企业需要向税务机关提出退税申请，税务机关审批后，根据不同情况予以办理。

具体而言，退税主要分为以下 3 类。

1. 即征即退

所谓即征即退，是指税务机关依据有关规定将纳税人的增值税应纳税额及时、足额征收入库，再由税务机关将已征收入库的增值税税款全部或部分退还给纳税人。

对于这类减免税，企业处理时，应开具增值税专用发票，并照常计算销项税额、进项税额和应纳税额。在收到税务机关退回的税款后，财务人员应将其记入"营业外收入"科目,这是应当注意的。

A公司为增值税一般纳税人,主营业务为软件开发。2020年4月,A公司对自行开发的某款软件进行销售,取得不含税收入500万元,同时取得进项税额30万元。

根据规定,增值税一般纳税人销售其自行开发生产的软件产品,按13%税率征收增值税后,对其增值税实际税负超过3%的部分实行即征即退政策。

A公司财务人员所做的账务处理如下(分录金额单位:万元)。

(1)销售软件产品时:

借:银行存款　　　　　　　　　　　　　　565

　　贷:主营业务收入　　　　　　　　　　500

　　　　应交税费——应交增值税(销项税额)　65

(2)计算即征即退税额:

当期应交增值税 =500×13%-30=65-30=35(万元)。

当期销售该软件产品实际税负率 =35÷500×100%=7%。

当期该软件产品实际税负率超过3%,其增值税实际税负超过3%的部分可享受即征即退政策。

即征即退税额 =35-500×3%=35-15=20(万元)。

A公司在收到税务机关即征即退税款时,做以下会计处理:

借:银行存款　　　　　　　　　　　　　　20

　　贷:营业外收入　　　　　　　　　　　20

2. 先征后退

所谓先征后退，是指按税法规定缴纳的税款，由税务机关征收入库后，再由税务机关按规定的程序给予部分或全部退款或返还已纳税款的一种税收优惠。

企业如果可以享受先征后退，那么应开具增值税专用发票，计算销项税额、进项税额和应纳税额。相对于即征即退，先征后退的退款时间稍微滞后，在收到税款时，企业财务人员同样应将其记入"营业外收入"科目。

3. 先征后返

所谓先征后返，是指税务机关正常将增值税征收入库，然后由财政机关按税收政策规定审核并返还企业所缴纳入库的增值税，并照常计算销项税额、进项税额和应纳税额。

相对于先征后退、即征即退，先征后返的退税速度最慢。企业财务人员在收到税款后，与即征即退、先征后退一样，均应将其记入"营业外收入"科目。

2018年10月8日，国家领导人主持召开国务院常务会议，确定完善出口退税政策加快退税进度的措施，为企业减负、保持外贸稳定增长。所以，企业纳税筹划人员应当重点关注各类退税政策的变化，及时实现纳税筹划。

第3章

纳税筹划方案的设计

对于纳税筹划方案的设计,相关人员要明确纳税筹划的分类和范围,确定企业能否符合相关税法的规定。只有做好前期规划,才能制定出符合企业实际的纳税筹划方案。

3.1 纳税筹划分类

在制定纳税筹划方案前，企业要先做好纳税筹划分类，分类标准主要有地域范围、纳税人与征税对象。

3.1.1 地域范围

按地域范围划分，纳税筹划分为境内纳税筹划与境外纳税筹划两大类。企业无论是在境内还是在境外开展业务，都需要根据当地的税收要求进行纳税。不同地区的纳税规定有所不同，所以，纳税筹划人员必须了解企业所在地的税收要求，进行合理的纳税筹划，深入了解境内税法、企业所在国（地区）税法的规定，利用差异实施纳税筹划。

1. 利用不同经济性质企业税负的差异实施纳税筹划

多数国家（地区）对于内、外资企业所得税税负都有差异化的规定，比如内资和外资企业所得税税负就有差异。不同行业通常会以行业为制定标准，如对计算机软件和硬件生产企业实行"先征后退"的规定。企业可以根据当地的税收规定进行纳税筹划，以享受税收优惠。

2. 利用地区税负差异实施纳税筹划

目前，我国针对税收政策提出了差异化的规定，尤其对设在经济特区、经济开发区、高新技术开发区和保税区等区域内的纳税人规定较多的税收优惠。例如，经济特区企业与其他地区企业适用的所得税税率有区别。此外，很多地方优惠区也设定了一定的税收优惠措施。企业只要在特定区域内注册，且投资方向与经营项目符合要求,那么就可以享受税收优惠。所以,企业也可以利用这样的地域范围差异,进行合理的纳税筹划。

更多的地区性优惠政策如下。

(1)国家规定到国家确定的革命老根据地、少数民族地区、边远地区和贫困地区投资新办企业,经主管税务机关批准,可在三年内减征或免征企业所得税。

(2)国家规定到高新技术产业开发区新办高新技术企业,可减按15%税率缴纳企业所得税。

(3)国家规定到沿海经济开放区、经济技术开发区和上海浦东新区等地投资办厂,可享受减征税款的扶持。

3.1.2 纳税人

按纳税人划分,纳税筹划分为个人或家庭纳税筹划和企业纳税筹划。其中,企业纳税筹划是重点,尤其是企业所得税纳税筹划。

多数企业都属于一般纳税人,所谓一般纳税人,是指年应税销售额超过财政部规定标准的企业、企业性单位及个体工商户等。《增值税一般纳税人资格认定管理办法》第三条规定如下。

增值税纳税人(以下简称纳税人),年应税销售额超过财政部、国家税务总局规定的小规模纳税人标准的,除本办法第五条规定外,应当向主管税务机关申请一般纳税人资格认定。

一般纳税人的特点就是增值税进项税额可以抵扣销项税额,也就是俗称的抵税,这也是进行纳税筹划的重要内容。

企业作为纳税人,在履行纳税缴税的义务时,同时还享受以下权利。

延期申报或缴款。纳税人因特殊困难不能按照税法规定办理纳税申报或按期缴纳税款，需要延期的，可以提出申请，经税务机关核实批准，可延期申报或缴款。

委托代理权。纳税人出于某种需要，可以委托规范的税务代理机构依法代办税务事项。

申请减免权。符合条件的纳税人在法律、行政法规规定的范围内，可向税务机关书面申请减税或免税。

拒绝合作权。税务机关检查人员在进行税务检查或处罚时，必须着装上岗或向当事人出示"税务检查证"；采取强制执行措施或税收保全措施时，必须开具收据或开列清单。否则，纳税人有权拒绝合作。

申请听证权。当税务机关就纳税人行为做出的处理意见可能影响到纳税人正当权益时，纳税人有权事先得知处理事项并提出听证申请。

企业纳税人在进行纳税筹划时要特别注意以下两点。

1. 必须合法

无论是在我国还是在其他国家（地区）进行纳税，制定的纳税筹划方案必须合法，企业应在法律允许的范围内进行合理节税，否则就要承担相应的法律责任。企业所得税纳税筹划的关键是一定要合法，企业制定的纳税筹划方案一定是在法律允许的范围内进行的。如果为了节税而选择逾越法律，那么企业无论在何处都会接受严厉的处罚。所以，企业相关人员必须深入了解每一个业务开展国（地区）的税法规定，严格在法律允许的范围内进行纳税筹划。

2. 提前制定纳税筹划方案

纳税筹划是一种事前行为，必须提前根据业务、法律法规进行筹划，这样才能保证采购业务、生产业务、销售业务通过合理的手段开展。企业如果不提前制定纳税筹划方案，就很难将企业所得税纳税筹划工作做好。

3.1.3 征税对象

按征税对象划分,纳税筹划可分为流转税纳税筹划、所得税纳税筹划、财产税纳税筹划和资源税纳税筹划等。根据不同税种,企业需要进行合理筹划,同时注意必须纳税税种的计算方式。

1. 流转税

所谓流转税,即对流转额的征税,又称为商品税或劳务税,是对销售商品或提供劳务的流转额征收的一类税收。

商品交易是一种买卖行为,一旦出现交易,就会产生相应的税款。如果税法规定卖方为纳税人,商品流转额即为商品销售数量或销售收入;如果税法规定买方为纳税人,商品流转额即为采购数量或采购支付金额。

非商品的流转额同样需要缴税。例如,各种社会服务性行业提供劳务所取得的业务或劳务收入金额同样需要征税。

流转税的征税范围较为广泛,只要产生流动就会进行流转税的计征。流转税都采用比例税率或定额税率,计算简便,易于征收。目前,我国开征的流转税主要有增值税、消费税和关税等,而营业税则在 2017 年 10 月 30 日召开的国务院常务会议上全面取消。

2. 所得税

所得税主要包括企业所得税和个人所得税,此处主要介绍企业所得税。

企业所得税,是对我国境内的企业和其他取得收入的组织的生产经营所得和其他所得征收的一种所得税。

企业合法获得的收入都需要缴税,它们都属于企业所得税的范畴。企业所得税是对纳税人在一定时期(通常为一年)的合法收入总额减除成本费用和法定允许扣除的其他各项支出后的余额征收的一种税,即按应纳税所得额征收的税。

与流转税根据流转额征税不同,所得税按照纳税人负担能力的大小和有无来确定税收负担,实行"所得多的多征,所得少的少征,无所得的不征"的原则。

3. 财产税

所谓财产税,即对纳税人所拥有或属其支配的财产数量或价值额征收的税,包括对财产的直接征收和对财产转移的征收。我国开征的财产税主要有房产税、契税、车船税等。

4. 资源税

如果企业的业务涉及应税自然资源,那么还会产生资源税。资源税就是国家对国有资源,如我国宪法规定的城市土地、矿藏、水流、森林、山岭、草原、荒地、滩涂等,根据国家的需要,对使用某种自然资源的单位和个人,为取得应税资源的使用权而征收的一种税。1984年,为了逐步建立和健全我国的资源税体系,我国开始征收资源税。鉴于当时的一些客观原因,资源税税目只有煤炭、原油和天然气三种,后来又扩大到对铁矿石征税。

5. 一般纳税人常见的需要缴纳的税费

一般纳税人常见的需要缴纳的税费如下。

(1)增值税。

(2)城市维护建设税。

(3)教育费附加。

(4)地方教育附加。

(5)印花税。

(6)城镇土地使用税。

(7)房产税。

(8)车船税。

（9）企业所得税。

（10）发放工资时代扣代缴的个人所得税。

3.2 企业各阶段的纳税筹划

企业各阶段的纳税筹划，包括创立阶段，扩张阶段，融资、投资及利润分配阶段的纳税筹划等。

3.2.1 企业创立阶段

创立阶段的企业往往面临较大的经济压力，除了需要关注市场、原材料、技术、资本、人力资源等，还必须建立合理的纳税筹划方案，保证企业实现利润最大化，让企业的资金调度更加灵活，快速走上规模化的经营道路。

企业创立阶段纳税筹划首先要做的是选择正确的企业组织形式。企业的组织形式有合伙企业、股份有限公司、有限责任公司和个人独资企业。不同组织形式所适用的税收政策是不同的，选择什么样的组织形式是纳税筹划的重要组成部分。

以案例的形式进行说明。

刘先生与郭先生均为中国公民，两人想要开设一家餐饮门店。两人就这家餐饮门店的组织形式进行讨论，有两种方案：方案一是成立有限责任公司；方案二是建立合伙企业。

两种方案会产生两种不同的效果。如果选择方案一，那么业务收入和其他收入应缴纳企业所得税。税后分配给个人的部分按"股息、利息和红利所得"征收个人所得税。

如果选择方案二，那么企业的经营收入按照投资比例或其他方式确定为合伙人的收入，然后按照个体工商户的生产经营收入征收个人所得税。

无论是选择方案一还是方案二，两人都要进行流转税和附加税的缴纳。仅仅从所得税筹划来看，方案二似乎更有利。

但事实上合伙企业在经营中存在无限责任风险。这就意味着，未来正式经营中产生的风险需要两人无限承担。所以，合理的选择是成立有限责任公司，在保证纳税合理的同时，还能够降低经营风险。

其次要做的是选择合理的纳税人身份。纳税人身份主要有小规模纳税人和一般纳税人两种。

所谓小规模纳税人，是指年销售额在规定标准以下，并且会计核算不健全，不能按规定报送有关税务资料的增值税纳税人。一般纳税人是指超过财政部、国家税务总局规定的小规模纳税人标准的企业和企业性单位。

多数人认为小规模纳税人的税负比一般纳税人更重。事实上这两种纳税人身份各有利弊。从增值税进项税额的扣除来看，一般纳税人可以扣除外购商品的进项税额，而小规模纳税人不能扣除进项税额，只能将进项税额计入成本，从而增加了商品的采购成本；从销售的角度来看，试点行业的小规模纳税人可自行开具增值税专用发票，也可找税务机关代开，但商品的销售价格普遍较低。

那么，企业该如何选择纳税人身份，以实现纳税筹划，促进企业发展呢？

企业需要进行两种纳税人税负的比较，再做出最终决定。相关计算如下。

纳税人应纳税额＝当期销项税额（不含税销售额×税率）－当期

进项税额

计算平衡点：销售额×13%　升值率＝销售额×3%

获得：增值率＝3%÷13%×100%=23.08%

从上述计算中可以看到：当增值率等于 23.08% 时，一般纳税人和小规模纳税人的税负是相同的；当增值率低于 23.08% 时，一般纳税人的税负低于小规模纳税人，此时一般纳税人是较好的选择；当增值率高于 23.08% 时，一般纳税人的税负高于小规模纳税人，此时选择小规模纳税人更有利于企业的发展。

3.2.2　企业扩张阶段

企业进行扩张时，同样需要做好纳税筹划，尤其是选择成立子公司还是分公司，将会产生截然不同的纳税效果。

所谓子公司，是指一定比例以上的股份被另一公司持有或通过协议方式受到另一公司实际控制的公司。子公司虽受母公司的控制，但在法律上，子公司仍是具有法人地位的独立公司，拥有自己的名称和章程，且财产独立，与母公司互不连带。

分公司则是指在业务、资金、人事等方面受总公司管辖而不具有法人资格的分支机构。分公司隶属于总公司，不具有企业法人资格，对总公司的资产债务承担法律责任，没有自己的财产。

那么，企业扩张期，选择哪一种类型更有利于纳税筹划呢？

这个问题没有绝对标准的答案，需要根据企业发展的现状和未来规划做决定。如果企业可以在较短时间内实现盈利，实现正向发展，那么设立子公司的优势更加明显，既可以得到独立法人经营的便利，也可以享受未分配利润递延纳税的好处。所谓未分配利润递延纳税，是指公司当年度产生利润后当年度先不分配利润给股东，而是在后续年度分配，从而实现递延纳税。如此一来，企业的运营资金有效增加，为企业的生产经营提供便利。

3.2.3　企业融资、投资及利润分配阶段

企业进入融资、投资及利润分配阶段，同样需要做好纳税筹划。

1. 企业融资过程中的纳税筹划

企业进行融资，目的是为了增强市场竞争力、扩大规模，主要手段是内源融资和外源融资两个渠道。多数情况下，外源融资是主要渠道。这时候，企业应当选择成立子公司。子公司不仅可以享受税收上的福利，还可以进行独立融资，母公司只要掌握最终控制权即可。如果成立分公司，分公司由于没有独立的法人资格，所以无法申请外部融资，而且融资时一切手续都需要经过总公司同意并且以总公司的名义来申请，一方面会造成公司税务压力的增大，另一方面也会导致融资的难度增大。

2. 企业投资过程中的纳税筹划

所谓投资，即企业对外进行权益性投资和债权性投资。在这个过程中，同样需要做好纳税筹划。《中华人民共和国企业所得税法》第十四条规定如下。

企业对外投资期间，投资资产的成本在计算应纳税所得额时不得扣除。

根据以上规定，投资也应缴税。那么，该如何进行合理的纳税筹划呢？

首先，纳税筹划人员要确认投资方式，尤其需要对直接投资特别关注。所谓直接投资，是指直接开厂设店从事经营，或者投资购买企业相当数量的股份，从而对该企业具有经营上的控制权的投资方式。

直接投资涉及非常多的税收问题，例如流转税、财产税和行为税等方面的问题。所以，进行直接投资时，纳税筹划人员必须进行严格的资产评估，被投

资企业可按经评估确认的价值，明确有关资产的计税成本。

3. 企业利润分配过程中的纳税筹划

企业获得利润，同样需要进行纳税筹划。例如，企业被其他企业（个人）直接投资，如获得相应收入，就应按照规定分配并纳税。

进行利润分配时，纳税筹划人员需要重点关注国家、企业、个人之间的分配。首先，企业应将利润总额在国家与企业两个主体之间进行分配，根据相应的税率计算出应缴纳的企业所得税；其次，企业应将净利润向个人进行分配，个人获得利益后，应按个人所得税税法规定申报缴纳个人所得税。

第4章

筹资、投资方式的纳税筹划

筹资、投资,是企业发展过程中会频繁出现的行为。对于这些行为,税法有着怎样的规定呢?企业需要如何进行合理的纳税筹划呢?这些内容,都是本章探讨的重点。

4.1　股权筹资、债券筹资的纳税筹划

股权筹资是指企业以发行股票的方式进行筹资，是企业经济运营活动中一个非常重要的筹资手段。债券筹资则是指企业通过发行债券来筹集资金的方式。债券筹资是企业一种重要的筹资方式，其筹资范围很广。发行的债券若符合国家有关规定，则可以在市场上自由转让、流通。

企业无论是进行股权筹资还是债券筹资，都需要进行纳税筹划，这样才能让筹资活动实现目标，让宝贵的资金真正用于企业经营之中。

4.1.1　税法依据

股权筹资、债券筹资过程中，会有很多涉税问题，纳税筹划人员必须根据相关税法，制定相应的纳税筹划方案。

《国务院中华人民共和国企业所得税法实施条例》第三十八条规定如下。

企业在生产经营活动中发生的下列利息支出，准予扣除：

（一）非金融企业向金融企业借款的利息支出、金融企业的各项存款利息支出和同业拆借利息支出、企业经批准发行债券的利息支出；

（二）非金融企业向非金融企业借款的利息支出，不超过按照金融企业同期同类贷款利率计算的数额的部分。

其中，所谓金融机构，是指各类银行、保险公司及经中国人民银行批准从事金融业务的非银行金融机构，包括国家专业银行、区域性银行、股份制银行、外资银行、中外合资银行以及其他综合性银行；还包括全国性保险企业、区域性保险企业、股份制保险企业、中外合资保险企业以及其他专业性保险企业；城市信用社、农村信用社、各类财务公司以及其他从事信托投资、租赁等业务的专业和综合性非银行金融机构。非金融机构，是指除上述金融机构以外的所有企业、事业单位以及社会团体等企业或组织。

鉴于目前我国对金融企业利率要求的具体情况，企业在按照合同要求首次支付利息并进行税前扣除时，应提供金融企业的同期同类贷款利率情况说明，以证明其利息支出的合理性。

金融企业的同期同类贷款利率情况说明中，应包括在签订该借款合同时，本省任何一家金融企业提供的同期同类贷款利率情况。该金融企业应为经政府有关部门批准成立的可以从事贷款业务的企业，包括银行、财务公司、信托公司等金融机构。同期同类贷款利率是指在贷款期限、贷款金额、贷款担保以及企业信誉等条件基本相同的情况下，金融企业提供贷款的利率，既可以是金融企业公布的同期同类平均利率，也可以是金融企业对某些企业提供的实际贷款利率。

《中华人民共和国企业所得税法》第四十六条规定如下。

企业从其关联方接受的债权性投资与权益性投资的比例超过规定标准而发生的利息支出，不得在计算应纳税所得额时扣除。

《国务院中华人民共和国企业所得税法实施条例》第一百一十九条规定如下。

企业所得税法第四十六条所称债权性投资,是指企业直接或者间接从关联方获得的,需要偿还本金和支付利息或者需要以其他具有支付利息性质的方式予以补偿的融资。

企业间接从关联方获得的债权性投资,包括:

(一)关联方通过无关联第三方提供的债权性投资;

(二)无关联第三方提供的、由关联方担保且负有连带责任的债权性投资;

(三)其他间接从关联方获得的具有负债实质的债权性投资。

企业所得税法第四十六条所称权益性投资,是指企业接受的不需要偿还本金和支付利息,投资人对企业净资产拥有所有权的投资。

企业所得税法第四十六条所称标准,由国务院财政、税务主管部门另行规定。

《财政部、国家税务总局关于企业关联方利息支出税前扣除标准有关税收政策问题的通知(财税〔2008〕121号)》通知如下。

一、在计算应纳税所得额时,企业实际支付给关联方的利息支出,不超过以下规定比例和税法及其实施条例有关规定计算的部分,准予扣除,超过的部分不得在发生当期和以后年度扣除。

企业实际支付给关联方的利息支出,除符合本通知第二条规定外,其接受关联方债权性投资与其权益性投资比例为:

(一)金融企业,为5∶1;

(二)其他企业,为2∶1。

二、企业如果能够按照税法及其实施条例的有关规定提供相关资料,并证明相关交易活动符合独立交易原则的；或者该企业的实际税负不高于境内关联方的，其实际支付给境内关联方的利息支出，在计算应纳税所得额时准予扣除。

三、企业同时从事金融业务和非金融业务，其实际支付给关联方的利息支出，应按照合理方法分开计算；没有按照合理方法分开计算的，一律按本通知第一条有关其他企业的比例计算准予税前扣除的利息支出。

四、企业自关联方取得的不符合规定的利息收入应按照有关规定缴纳企业所得税。

进行相关纳税筹划时，必须注意以上税法依据，避免产生偷税、漏税行为。

4.1.2　纳税筹划方案

选择股权筹资还是债券筹资，并制定相应的纳税筹划方案，需要根据实际情况进行，只有对比两种模式，才能找到最佳方案。

以案例说明相关情况。

A 公司面临巨大的资金周转风险，为了筹资，决定向公司职工进行融资。财务人员建议，可以使用股权筹资或债券筹资两种方式进行融资。前者是公司职工投资入股，后者是债权性筹资方式，也就是向职工借款。那么，该公司应如何进行纳税筹划呢？

针对此案例，我们需要进行以下分析。

对于职工应缴纳的税款，《中华人民共和国个人所得税法》规定：职工分红所得，应按"利息、股息、红利所得"代扣代缴 20% 的个人所得税。

对于企业应缴纳的税款,《中华人民共和国企业所得税法》规定：向投资者支付的股息、红利等权益性投资收益款项，不允许税前列支。

这就意味着，如果选择股权筹资的方式向职工融资，那么 A 公司的职工如果入股 1 000 万元，假设年底 A 公司盈利 1 000 万元，年终职工分红 100 万元，那么 A 公司应缴纳企业所得税 250 万元，应代扣代缴个人所得税 20 万元，合计税负为 270 万元。

接下来，再看债券筹资方式。《国家税务总局关于企业向自然人借款的利息支出企业所得税税前扣除问题的通知》（国税函〔2009〕777 号）的规定如下。

一、企业向股东或其他与企业有关联关系的自然人借款的利息支出，应根据《中华人民共和国企业所得税法》（以下简称税法）第四十六条及《财政部、国家税务总局关于企业关联方利息支出税前扣除标准有关税收政策问题的通知》（财税〔2008〕121 号）规定的条件，计算企业所得税扣除额。

二、企业向除第一条规定以外的内部职工或其他人员借款的利息支出，其借款情况同时符合以下条件的，其利息支出在不超过按照金融企业同期同类贷款利率计算的数额的部分，根据税法第八条和税法实施条例第二十七条规定，准予扣除。

（一）企业与个人之间的借贷是真实、合法、有效的，并且不具有非法集资目的或其他违反法律、法规的行为；

（二）企业与个人之间签订了借款合同。

按照此规定，假设年底 A 公司盈利 1 000 万元，发生个人借款的利息支出为 100 万元，应纳增值税 5 万元，城市维护建设税、教育费附加 5 000 元，代扣代缴个人所得税 18.9 万元。因税前可扣除利息支出 100 万元，所以应纳企业所得税 225 万元，合计税负为 249.4 万元。

由此可见，在综合税负上，此案例中股权筹资方式的税负要高于债券筹资方式。需要注意的是企业向个人借款，向其支付利息，取得的收据不能作为税前扣除的适当凭据，因此所发生的费用不能在企业所得税前扣除。如果想要进行抵扣，那么企业应要求个人前往税务机关代开发票，获得正规发票后才能进行税前扣除。

4.2 企业租赁性筹资的税务筹划

租赁大致可分为两大类：经营性租赁和融资性租赁。这两种租赁方式都能达到通过租金的平稳支付而减少企业利润、减轻税负的目的。

4.2.1 纳税筹划分析

就经营性租赁来说，承租人可获得双重好处：一是可以避免因长期拥有机器而承受负担和风险；二是可以在经营活动中，以支付租金的方式冲减企业利润，从而减轻税负。当承租人和出租人同属一个大的利益集团时，租赁可使这两个主体分别作为出租人和承租人，直接、公开地将资产从一个企业向另一个企业转移，并根据本集团整体利益的需要收取适当的租金，最终达到在集团内部转移利润、减轻税负的目的。这就是典型的租赁避税效应。

融资租赁作为一种特殊的筹资方式，可以及时取得资产的使用权，而且能够避免资产所有权所带来的风险。融资租赁费用中承租方支付的手续费及安装交付使用后支付的利息，可以在支付当期直接从应纳税所得额中扣除，因此筹资成本较权益资金成本要低。同时，对于融资租入设备的改良支出可以作为递延资产，在不短于 5 年的时间内摊销。而企业自有固定资产的改良支出，则作为资本性支出，增加固定资产的原值，且固定资产的折旧年限一般长于 5 年，这样融资租赁还可以达到快速摊销固定资产改良支出的目的，具有节税效应。

4.2.2 纳税筹划方案

某企业因扩大生产经营规模的需要，准备引进一套固定资产。该固定资产价格为 52 万元，估计使用年限为 10 年。企业管理层通过研究，讨论出两种方案。

方案一：选择长期借款方式购置，估计借款需要 52 万元，借款期限为 8 年，年利率为 12%，固定资产使用期间每年还要支付维修费 1 000 元。

方案二：通过融资租赁方式购置，预计租赁期为 8 年，每年年底支付租金 10.2 万元。

（1）对比两种方案的资金成本和现金流出量。根据资料，借款平均年利率为 12%，所以举债购置的资金成本为 12%。租金年金贴现系数 = 520 000÷102 000=5.098，查年金贴现值系数表得年利率为 11.27%。显然，采用融资租赁方式筹资的成本相对较小。

融资租赁的年租金为 102 000 元；举债购置的年还本付息额 = 债款额 × 投资回收系数 =520 000×0.2 013=104 676（元），年维修费为 1 000 元。因此，举债购置时，年现金流量为 105 676 元。显然，融资租赁方式的年现金流量小于举债购置方式的年现金流量。

（2）结合税收收益等因素对比分析两个方案的现金流出量。假定资金成本平均为 11%，使用直线法计提折旧，所得税税率为 25%。融资租赁的年现金流出量为 102 000 元，考虑税收因素后的租金年流出量现值 =102 000×（1-

25%）×5.146=76 500×5.146=393 669（元）。举债购置的税后现金流出量经逐年计算、逐年贴现后，其现值为 393 669 元。不难看出，举债购置的税后现金流出量现值远大于融资租赁税后现金流出量现值，表明融资租赁支出少，经济效益好，应为首选方案。

4.3 企业投资的纳税筹划

投资分为直接投资和间接投资。直接投资涉及企业应缴纳的所有税种，如增值税、所得税、财产税、行为税等，因此，企业考虑的税收因素较多。

间接投资一般仅涉及对股息和利息征收的所得税和对证券交易征收的印花税，因此，企业考虑的税收因素较少。因而在进行税务筹划时，直接投资有更大的筹划空间。企业投资的主要目的是盈利，在追求盈利的过程中，由于投资领域、投资方向、企业组织形式、投资方式等存在差异，企业税负也不尽相同。由于税收因素的存在，企业在投资决策中应注重运用税务筹划策略，因此，税务筹划日益成为企业投资决策过程中的一项重要工作。我们主要从直接投资的角度分析投资决策的税务筹划策略。

企业投资方面的纳税涉及很多方面，如投资方向、投资领域、企业投资方式等，都会影响企业的纳税筹划。

4.3.1 企业投资方向的纳税筹划

国家根据不同时期的社会发展规划及产业导向，对不同产业制定了差别税收政策，以实现对整个国家或地区的产业布局，达到宏观调控的目的。对于国家支持的行业、商品类别等，在制定税收政策时往往能给予比较优惠的税收政策，企业可以通过对投资产业的选择，达到减轻税负的目的。

这些方向大体上涉及这些层面，内容如下。

（1）农、林、牧、渔业项目。

（2）环保、节能节水项目。

（3）软件企业。

（4）高新技术企业。

（5）其他鼓励类产业，如养老、托育、家政等社区家庭服务业。

由于国家税收产业优惠政策具有时效性，我们就不做具体案例分析，大家可以多关注国家政策。

4.3.2 企业投资领域的纳税筹划

投资领域从宏观上讲就是投资产业或投资区域，从微观上讲就是确定企业的经营范围，即具体的生产经营产品。我国税法规定了一些区域性和产业性的税收优惠政策，对一些特定企业给予税收优惠待遇。另外，纳税人生产经营的产品不同，缴纳的税种尤其是流转税也不相同。由此看出，投资者的投资领域是影响税负的重要环节。

企业所得税法倡导"以产业优惠为主、区域优惠为辅"的原则，利用税收优惠的税务筹划可以考虑以下策略：投资可享受减免税优惠的行业或项目，包括农林牧渔业、国家重点扶持的公共基础设施项目、符合条件的环境保护和节能节水项目等；投资建立国家重点扶持的高新技术企业，建立符合条件的小型企业，建立创业投资企业并从事国家重点扶持和鼓励的创业投资。

对于国家支持发展的地区，政府往往制定一些比较优惠的税收政策以扶持原有企业，吸引新企业的投资。企业要充分利用这些税收优惠政策，在其他条件相同的情况下，尽可能地在这些地区投资，实现减轻企业税负的筹划目的。

考虑经济发展程度和地理位置等因素，我国经济区域可分为东、中、西三个地区。其中西部地区包含西藏自治区、重庆市、甘肃省、四川省、贵州省、广西壮族自治区、青海省、陕西省、内蒙古自治区、云南省、新疆维吾尔自治区、宁夏回族自治区。此外，湖南省湘西土家族苗族自治州、吉林省延边朝鲜族自治州、湖北省恩施土家族苗族自治州可执行西部税收政策。根据《关于深入实施西部大开发战略有关税收政策问题的通知》（财税〔2011〕58号），对西部地区内资鼓励类产业、外商投资鼓励类产业及优势产业的项目在投资总额内进口的自用设备，在政策规定范围内免征关税。自2011年1月1日至2020年12月31日，对设在西部地区的鼓励类生产企业减按15%的税率征收企业所得税。对2010年12月31日前建立的、按照《财政部 国家税务总局 海关总署关于西部大开发税收优惠政策问题的通知》（财税〔2001〕202号）第二条第三款规定可以享受企业所得税"两免三减半"优惠的电力、邮政、交通、水利与广播电视企业，其享受的优惠政策能一直延续到期满。

《财政部 税务总局 国家发展改革委关于延续西部大开发企业所得税政策的公告》（财政部公告2020年第23号）规定，自2021年1月1日至2030年12月31日，对设在西部地区的鼓励类产业企业减按15%的税率征收企业所得税。本条所称鼓励类产业企业是指以《西部地区鼓励类产业目录》中规定的产业项目为主营业务，且其主营业务收入占企业收入总额60%以上的企业。公告所称西部地区包括内蒙古自治区、广西壮族自治区、重庆市、四川省、贵州省、云南省、西藏自治区、陕西省、甘肃省、青海省、宁夏回族自治区、新疆维吾尔自治区和新疆生产建设兵团。湖南省湘西土家族苗族自治州、湖北省恩施土家族苗族自治州、吉林省延边朝鲜族自治州和江西省赣州市，可以比照西部地区的企业所得税政策执行。

4.3.3 企业投资方式的纳税筹划

投资方式主要指通过投资形成的资本结构、出资方式、投资形式等。不同的投资方式会形成不同的税收负担。在选择投资方式时可从以下几个方面进行筹划，以减轻税负。

第一，在投资总额中压缩注册资本比例。在企业设立之初，应通过在投资总额中压缩注册资本的比例实现税务筹划。注册资金的比重低，低于投资总额的差额可通过债务筹资的方式解决，所增加的借款利息可以在税前扣除，从而节省所得税支出，同时还可以减少股东投资风险，获取财务杠杆收益。

第二，尽可能选择分期出资。企业设立时，在确定注册资本后，投资者既可选择一次性投资，使企业的实收资本与注册资本相等，也可选择分期出资。分期出资时，企业所需资金仍然以负债形式从外部筹措，发挥利息减税的作用。

第三，尽可能用实物、无形资产出资。《中华人民共和国公司法》（以下简称《公司法》）规定，股东可以用货币出资，也可以用实物、知识产权、土地使用权等可以用货币估价并可以依法转让的非货币资产作价出资。选择以实物、无形资产出资的好处如下。

（1）可以享受减免关税和进口环节增值税。我国税法规定，以下实物资产投资可免征关税和进口环节增值税：按照中外合资经营企业的中外双方所签订的投资合同中的作为外方出资的机械设备、零部件及其他物件；合营企业以投资总额内的资金进口的机械设备、零部件及其他物件；经审批，合营企业以增加资本方式新进口的国内不能保证供应的机械设备、零部件及其他物件。

（2）以无形资产投资，可以节减税款。当投资者以非货币资产投资时，须进行资产评估。尽管我国《公司法》规定，对作为出资的非货币资产应当评估作价，核实资产，不得高估或低估作价，但是投资者仍然可以选择估价方法等手段高估资产价值。这样既可以节省投资成本，又可以使高估的资产价值通过多列折旧费和摊销额的方式缩小所得税计税依据。

（3）合理筹划固定资产购置时机。在购置固定资产时，企业应充分利用税收优惠期的相关规定。企业进行固定资产投资可以获得折旧抵税的好处，当企业能够享受所得税定期减免税待遇时，企业就应当合理选择固定资产的购置时机。如果企业从获利年度起享受定期减免税待遇，应尽量在生产经营的前期购置固定资产，尽量推迟获利年度的实现，延长企业享受减免税的优惠期。

（4）优惠期外购置也有好处。企业在优惠期外购置固定资产，可以使企业在高税率下多扣除折旧额。例如，某企业在定期减免优惠期即将结束时想购置固定资产，由于正常纳税期的税率要高于优惠期内的税率，所以企业应等到优惠期结束后再购置固定资产，这样企业在高税率下就可以多提折旧，减少企业的税收成本。

第5章

采购过程的纳税筹划

采购活动是企业重要的生产经营活动之一,它受企业的生产规模、生产特点和销售规模影响。采购涉及大量的资金往来,因此会产生复杂的税负。分析采购的方法和特点、优化采购过程,以此制定纳税筹划方案,这样才能在符合税法规定的前提下,实现节税的目的。

5.1 采购活动的纳税筹划步骤

要做好采购活动的纳税筹划，需要对产销结构和规模进行梳理，做好采购规模和结构框架规划，保证纳税筹划的合理性。

5.1.1 采购活动的纳税筹划

采购活动涉及大量的资金往来，所以它是纳税筹划的重点内容。进项发票的管理与增值税纳税人类型的选择，则是重点中的重点。

1. 做好进项发票的管理

在制定纳税筹划方案前，企业领导必须建立这样的思维：采购一定要按照规范进行，并开具发票。部分企业，尤其是中小企业，往往由创始人负责采购事宜，其会认为向个人采购价格更便宜，即便没有发票。但是，随着我国营改增的全面展开及"金税四期"的进一步推行，税务管控越来越严格，尤其是大数据系统已经在税务机关得到广泛应用，其凭借强大的数据分析能力和自动化税务监管能力，能够快速分辨和识别出纳税人的各种不合规行为。

部分企业为了采购压价选择不收取正规发票，但在未来通过购买发票、虚增成本、虚增员工等逃税、避税。税务机关一旦发现这种行为，企业就会承担严重的后果。

从税务方面的问题来看，这类企业没有对采购活动进行纳税筹划，选择不要发票，最直接的结果就是要多缴税。

以采购固定资产为案例说明相关情况。

A公司购买了一项固定资产，其价值为2 000万元。为了压低价格，其中1 000万元公司最终没有要求开票。因此，这项固定资产的账面价值就是1 000万元。几年后，固定资产应报废，总的应提折旧原本应该是2 000万元，但由于没有发票而减少了1 000万元的账面价值，总的折旧就变为1 000万元，账面上的税前利润也因此虚增1 000万元。结果，企业不得不多缴纳250万元的企业所得税，企业的股东对其所得的分红也要多缴纳150万元的个人所得税。

除了对税务方面产生影响，没有取得正规发票也会导致账务处理不规范，对企业上市造成严重的阻碍。企业增资或创始人转让股权时，也会受此影响。

所以，采购活动的纳税筹划前提，是合法合规地进行采购，并如实取得进项发票。只有做好这一点，才能进行下一步的纳税筹划。这也是企业制定纳税筹划方案、实现节税目的的最关键一步。

2. 增值税纳税人的类型

在做好进项发票管理的基础上，纳税筹划人员还要谨慎选择增值税纳税人的类型。我国现行的增值税纳税人分为一般纳税人和小规模纳税人，两类纳税人的适用税率和税款抵扣制度各不相同，从哪类纳税人处采购将直接影响到增值税的税负。

通常来说，对于一般纳税人，建议从一般纳税人处采购，这样可以索取增值税专用发票，并按购进货物的适用税率抵扣进项税额。如果选择从小规模纳税人处采购，对方虽然可以找税务机关代开增值税专用发票（试点行业内的小规模纳税人可选择自愿自行开具），但可以抵扣的税款很少。如果对方开具的是增值税普通发票，或从个体工商户处采购，那么就无法进行进项税额抵扣，这将不利于采购活动的纳税筹划。

5.1.2 如何确定产销结构和规模

所谓产销,即生产和销售的总称,是企业获得利润的过程。产品生产和销售的结构与规模,会影响到纳税筹划的合理性。生产与销售的结构和规模不匹配,例如生产的产品不能得到有效销售,那么企业不仅不能获得利润维持企业正常运转,还会因为各类物料采购、人员工资等支出产生负担,导致企业的发展遭遇制约。

所以,在采购活动纳税筹划之前,要确定和优化企业的产销结构与规模,维持生产与销售的平衡,这样才能保证采购的原材料不断用于生产,没有产生浪费和闲置。

那么,企业该如何进行产销结构和规模的确认呢?最佳的方式是以销定产,即按需生产。

企业为了控制税负率与行业税负率持平,通常需要在给定税负率的情况下,确定当期需要认证的进项税额以及企业的产销规模。

增值税税负率 = 应纳税额 ÷ 不含税销售额 = (销项税额 − 进项税额) ÷ 不含税销售额 = (不含税销售额 × 适用税率 − 采购不含税金额 × 适用税率) ÷ 不含税销售额 = 毛利率 × 适用税率

在税负率一定的情况下,企业本期应认证抵扣的进项税额 = 不含税销售额 × 适用税率 − 增值税税率 × 不含税销售额 = (适用税率 − 增值税税负率) × 不含税销售额。

比如,某一般纳税人企业2021年第二季度销售额为600万(不含税),对外销售货物适用税率为13%,该企业所在行业平均税率为3%,为了使得企业税负率和行业平均税负率持平,该企业需要勾选认证多少进项税额?

第二季度该应勾选认证进项税额 = (13%-3%) × 600=60(万元)。

如果企业实际当期取得进项税额大于应勾选抵扣税额，可以留待下期认证抵扣，如果进项长期有剩余，企业应考虑企业对外销售定价是否合理，是否低于行业平均水平。

此外，供应商的选择也会影响进项税额，比如企业采购原材料时，供应商为一般纳税人，其可以开具13%税率的专票。而供应商如果为小规模纳税人，其只能开具3%（优惠税率为1%，2022年特殊优惠为免税）征收率的专票，同为含税报价113万元的原材料，一般纳税人原材料不含税金额为100万元，进项税额为13万元；而小规模纳税人原材料实际不含税价款为109.7万元，进项税额为3.3万元。

所以，如果企业某些采购活动无法取得进项专票，企业可以考虑将相关业务外包来解决进项不足问题；如果是供应商问题，可以考虑更改供应商。

总之，企业通过推算出当期需要的进项税额，就可以推算出企业当期需要采购原材料数量以及当期的产量。

有了恰当的产销结构和规模，才能保证企业最大限度地获得利润，并符合税务机关的要求。所以，企业必须结合自身的生产能力、资金周转速度和税负等因素，确定企业的生产量和销售方式。由于增值税、企业所得税以及折旧的共同作用，因而合理安排企业的产销结构，会让企业减轻税负。

5.1.3 如何规划采购规模和结构框架

确定产销结构和规模后，企业还要规划采购规模和结构框架。但这一点企业往往容易忽视。事实上，企业的采购活动和产销活动是紧密相连的。企业采购为生产经营准备原材料、生产工具甚至是劳动力。不同的采购规模与结构形成不同的产销规模与结构，同时也享受不同的税收待遇。

所以，企业要做好采购规模和结构框架的规划。在这个过程中，必须重视以下4点。

1. 固定资产的采购

企业的大宗货物采购，一般为固定资产的采购。固定资产的采购，不仅关系着企业的生产规模、生产效率，还对企业税负有着重要的影响。

这是因为，固定资产计提折旧，会对企业所得税税基产生影响。固定资产折旧多，则企业利润少，需缴纳的企业所得税相应减少。

在产权重组时，固定资产也会对其产生影响。质量越好的固定资产，如大型设备等，它的耐用程度越高，这会让资产评估向有利于企业的方向发展。如果评估价值较高，那么在清算时抵扣的也就较多，从而实现节税的目的。

2. 技术引进

除了固定资产的采购，技术引进也是企业经常进行的采购行为。技术引进也属于采购，只是采购的商品与固定资产相比较为特殊。企业在进行技术引进时，一般可以改变自身身份，通过挂靠途径来享受技术引进的优惠。所以，企业进行技术引进，如国内企业转让技术的采购，会对纳税筹划产生积极的影响，这是采购活动纳税筹划中非常重要的一环。

3. 劳动力的购置

企业劳动力的购置规模和结构，也会对采购活动纳税筹划产生影响。在进行劳动力购置的过程中，要遵循两个原则。

（1）节省费用，即劳动力配置应尽量避免造成极大的财务支出。劳动力配置不合理，可能导致企业需要缴纳较多税款。

（2）有效生产。购置的劳动力应当在短时间内即可投入生产、创造价值，否则也会造成成本浪费、税费增加。

4. 购货规模与结构

购货规模与结构应合理。市场需求会影响企业的产销规模与结构；而产销规模与结构又制约着企业的采购规模与结构。

我国的增值税属于生产型增值税，购买固定资产的资金是需要计征增值税的，每次采购前，一定要设定合理的购货规模和结构，无计划地采购，会导致企业应交增值税不断增加。企业应该依据市场需求及自身的生产营运能力，确定每一次的购货规模和结构，保证采购的货物可以直接应用于生产，最大限度地避免浪费。

5.2 采购管理与节税

做好采购管理，有利于实现节税的目的。

5.2.1 采购管理的突出问题

目前我国企业的采购管理往往会出现以下问题。它们不仅会导致企业的税负重，还会导致企业内部管理混乱，影响企业的正常生产工作。

1. 采购规模与结构混乱

采购的规模与结构，需要通过生产计划确定。而生产计划的制订，依赖于两个方面的信息，需求与资源。需求信息，同样来自两个方面，一个是用户订单，另一个是需求预测。只有结合这几方面的信息，才能制订精准的生产计划。

我国多数中小企业，尤其是制造业企业，生产方式大多是依订单生产，不注重市场需求的预测，即在订单高峰期前大量进购原材料、固定资产等。这种方式主要依赖经验，如往年 7 月是高峰期，那么今年 5 月就开始大量采购。

这种忽视市场需求的采购方式，一旦遭遇行业大变革，如市场需求转换、市场技术和产品被淘汰，会造成采购的浪费，大量物料、固定资产被限制。在这种情况下，采购活动不仅没有有效地促进生产，反而导致资金消耗、税负变重，企业无力运转。

2. 合同存在的陷阱

企业采购时，通常会以合同的形式与对方达成协议。多数采购合同都会有这样一条条款：全部款项付完后，由供货方开具发票。

表面上看，这样的条款没有问题，但在实际生活中，这种条款有陷阱。实际生活中，由于质量、标准等方面的原因，采购方往往不会完全付款，这种情况下，根据这种条款采购方将无法取得发票，不能抵扣增值税，从而影响税负。

其实，解决这个问题的方法很简单。将该条条款改为：根据实际支付金额，由供货方开具发票。

3. 采购合同核心交易不清

签订采购合同要判断对方是生产企业、销售企业还是施工企业。三类不同的企业，产生的经济往来很有可能截然不同。

不同的采购销售行为适用不同的税率，财务人员如果没有提前确认，很有可能导致税收方面的风险。尤其对于房地产行业，这一点尤为明显。房地产采购合同和施工合同中的核心交易一般分为销售、施工、销售及施工这三种。如果核心交易是销售及施工，那么对于生产企业来说，提供的是材料与施工或者是设备与施工，销售及施工的价款是否在合同中分开列示，会让企业的税负产生明显变化。

所以，财务人员在进行采购管理时，一定要注意三个方面的细节：

（1）对方是生产企业还是销售企业，或是施工企业；

（2）合同价款是否清晰，是否分开表述；

（3）采购的货物是材料还是设备。

5.2.2　采购节税措施

在采购过程中，企业要引入科学的方法，实现采购合理、有效节税。

1. 利用物资需求计划科学编制采购计划

不少企业进行管理时，会引入企业资源计划（Enterprise Resource Planning，ERP）系统。ERP 系统是建立在信息技术基础上，集信息技术与先进管理思想于一身，以系统化的管理思想，为企业员工及决策层提供决策手段的管理平台。ERP 系统从供应链范围优化企业的资源，为企业的运转带来帮助。

ERP 系统非常先进和科学，但是多数企业无法成功应用。这是因为我国多数企业管理基础薄弱，无法全局把控规模庞大、操作专业的 ERP 系统。尤其在采购方面，该系统涉及的专业内容过多，企业很难在短时间内掌握这些技巧。

所以，这部分企业，应引入更基础、更简洁的物资需求计划（Material Requirement Planning，MRP）系统。MRP 系统是面向采购工作，依据主生产计划、物料清单、现有存量和已定未交订单等资料，经由计算而得到各种依赖性需求物料的需求状况，同时提出各种新订单补充的建议，以及修正各种已开出订单的一种实用技术。MRP 系统模型如图 5.2-1 所示。

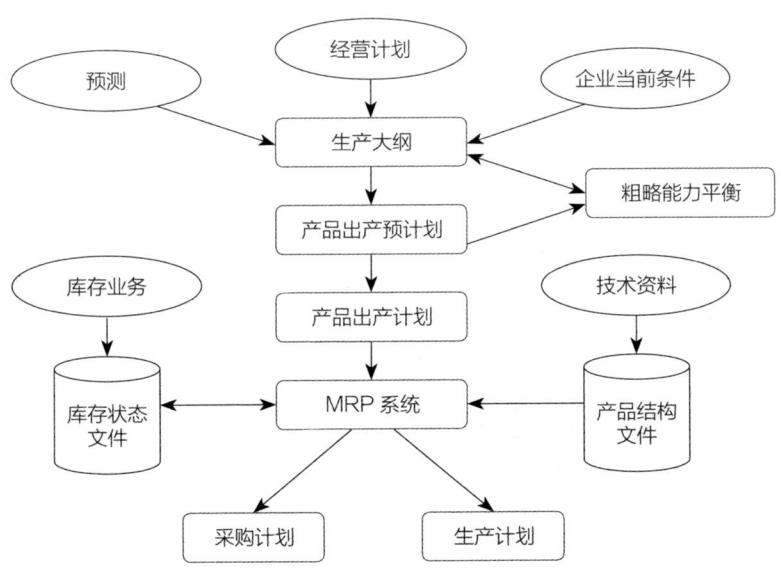

图 5.2-1　MRP 系统模型

引入 MRP 系统，企业的采购管理将会得到有效优化。MRP 系统在运转时，会通过以下步骤对采购工作进行指导。

（1）计算总需用量。

（2）计算净需求量。计算出总需用量后，再复核现有库存量（减项）、已订未交量（减项）、已指派用途量（加项，即应领用未出库余量），得到净需求量。

（3）提出请购。根据外购的既定决策，对确定净需求量的料品提出请购的要求。

（4）决定应入库日期。在订购作业中，交货期和完工日期是两个关键因素。由于要保证在规定时间内交货和生产不间断，应提前一天或数日入库材料以备用。

（5）资源优化。企业将这种先进且实用的管理系统引入后，会发现采购规模与结构框架得到明显优化。企业可通过订单数量与市场预测确认采购计划，保证采购处于合理范畴，规避风险，有效实现节税，提升企业活力。

2. 利用进项税额转出的纳税筹划

采购的纳税筹划，重点围绕增值税销项税额、进项税额、进项税额转出以及应纳税额展开。

企业在采购过程中，如果可以确认进项税不能抵扣，则应当将该进项税直接计入有关货物成本。但如果不能判断，就可以采用先抵扣后转出的做法来进行纳税筹划。以下3种情况适宜采用这种方法。

（1）纳税人发生其他不予抵扣的项目（如生产免税产品领用的材料或基建工程领用生产材料等），购进时企业可以先将其全部抵扣，待确认为不予抵扣项目时再转出。

（2）购进货物既用于应税项目，又用于免税、非应税项目的，购进时企业可以先将其用于免税的部分抵扣，达到推迟纳税时间的目的。

（3）非正常损失的在产品、产成品的外购货物或劳务的进项税额，必须做进项税额转出处理，应于期末确认后结合企业有关成本资料进行还原计算。

3. 优化采购流程

合理有效的采购流程，会大大节约企业所得税、增值税和关税成本。企业需要结合不同区域的税率和税费，实现采购过程中的节税。

以案例说明企业如何优化采购流程。

A 公司为我国企业，主要业务为东南亚地区的基础建设，需要从国内和其他国家采购大量的工程材料。

通常情况下，A 公司会与合作的境外 B 公司分别寻找境内外的供应商签订合同，B 公司在境外采购自己需要的原材料，A 公司则是把境内购买的材料转卖给 B 公司。但如果采用这种模式，材料采购环节的增值额就会留在 A 公司和 B 公司。

为了有效节税，A 公司与 B 公司针对采购流程进行了优化：A 公司在中国香港成立了一家关联公司 C，C 公司全权负责集团所有材料的采购。C 公司采购完材料之后，以比较高的价格转售给 B 公司。这样，增值额就留在了 C 公司。

这种采购流程涉及供应链管理，它是采购节税的有效方法。在使用这种方式时，企业一定要认真分析各个国家、地区的税费管理制度，合理、合法地安排集团内关联企业的交易，在降低整体税负的同时，降低相关的税务风险。

4. 选择合理的结算方式

多数企业进行采购时，采用现金采购或赊购。结算方式主要取决于采购方与销售方两者间的谈判。如果产品供应量充足，再加上采购方信用度高、实力强，采购方就能够获得赊购的权利。赊购，是有利于节税的结算方式。

赊购从本质上来说，就是延迟付款，相当于企业获得了一笔无息贷款，且可以延迟缴税。赊购的具体方式有很多，在采购谈判时要选择利于己方的类型。

常用的结算方式纳税筹划如下。

（1）使销售方接受托收承付与委托收款结算方式，尽量让销售方先垫付税款。

（2）在支付货款前，取得对方开具的发票。

（3）采取赊销和分期付款方式，使销货方先垫付税款，而自身获得足够的资金调度时间。

需要注意的是，赊购虽然可以延迟货款交付与缴税，但是在进行相关筹划时不能有损企业自身的商誉，如长期恶意欠款等，这样会使销售方丧失对企业的信任，反而给企业带来更多负面影响。

第6章

运营过程的纳税筹划

企业运营涉及的内容非常多,包括员工的工资薪金及福利、不动产和动产的使用与损失等。这些行为,根据不同的税法规定,会产生不同的税负。企业必须明确运营过程中相关行为的类型,结合税法,制定合理的纳税筹划方案。

6.1 合理的工资薪金总额的纳税筹划

合理的工资薪金总额有利于提高纳税筹划的科学性。

6.1.1 税法依据

针对企业的工资薪金,税法做出了以下规定。

《中华人民共和国企业所得税法实施条例》第三十四条规定如下。

企业发生的合理的工资薪金支出,准予扣除。

前款所称工资薪金,是指企业每一纳税年度支付给在本企业任职或者受雇的员工的所有现金形式或者非现金形式的劳动报酬,包括基本工资、奖金、津贴、补贴、年终加薪、加班工资,以及与员工任职或者受雇有关的其他支出。

《国家税务总局关于企业工资薪金和职工福利费等支出税前扣除问题的公告》(国家税务总局公告2015年第34号)第一条规定如下。

列入企业员工工资薪金制度、固定与工资薪金一起发放的福利性补贴,符合《国家税务总局关于企业工资薪金及职工福利费扣除问题的通知》(国税函〔2009〕3号)第一条规定的,可作为企业发生的工资薪金支出,按规定在税前扣除。

《中华人民共和国企业所得税法实施条例》第四十条规定如下。

企业发生的职工福利费支出，不超过工资薪金总额 14% 的部分，准予扣除。

《中华人民共和国企业所得税法实施条例》第四十一条规定如下。

企业拨缴的工会经费，不超过工资薪金总额 2% 的部分，准予扣除。

《中华人民共和国企业所得税法实施条例》第四十二条规定如下。

除国务院财政、税务主管部门另有规定外，企业发生的职工教育经费支出，不超过工资薪金总额 2.5% 的部分，准予扣除；超过部分，准予在以后纳税年度结转扣除。

《财政部 税务总局关于企业职工教育经费税前扣除政策的通知》（财税〔2018〕51号）规定如下。

企业发生的职工教育经费支出，不超过工资薪金总额 8% 的部分，准予在计算企业所得税应纳税所得额时扣除；超过部分，准予在以后纳税年度结转扣除。

《国家税务总局关于企业工资薪金及职工福利费扣除问题的通知》（国税

函〔2009〕3号）规定如下。

《实施条例》第四十、四十一、四十二条所称的"工资薪金总额"，是指企业按照本通知第一条规定实际发放的工资薪金总和，不包括企业的职工福利费、职工教育经费、工会经费以及养老保险费、医疗保险费、失业保险费、工伤保险费、生育保险费等社会保险费和住房公积金。

6.1.2 注意问题

进行合理的工资薪金总额的纳税筹划时，有一个问题需要特别注意，就是正确界定工资薪金总额与合理工资薪金总额。

对于工资薪金总额，《国家税务总局关于企业工资薪金及职工福利费扣除问题的通知》（国税函〔2009〕3号）规定，工资薪金总额是指企业按照本通知第一条规定实际发放的工资薪金总和，不包括企业的职工福利费、职工教育经费、工会经费以及养老保险费、医疗保险费、失业保险费、工伤保险费、生育保险费等社会保险费和住房公积金。

这条规定是对工资薪金总额的明确规定。其还说明：属于国有性质的企业，其工资薪金，不得超过政府有关部门给予的限定数额；超过部分，不得计入企业工资薪金总额，也不得在计算企业应纳税所得额时扣除。

而对于合理工资薪金总额，《国家税务总局关于企业工资薪金及职工福利费扣除问题的通知》（国税函〔2009〕3号）规定如下。

《实施条例》第三十四条所称的"合理工资薪金"，是指企业按照股东大会、董事会、薪酬委员会或相关管理机构制订的工资薪金制度规定实际发放给员工的工资薪金。税务机关在对工资薪金进行合理性确认时，可按以下原则掌握：

（一）企业制订了较为规范的员工工资薪金制度；

（二）企业所制订的工资薪金制度符合行业及地区水平；

（三）企业在一定时期所发放的工资薪金是相对固定的，工资薪金的调整是有序进行的；

（四）企业对实际发放的工资薪金，已依法履行了代扣代缴个人所得税义务；

（五）有关工资薪金的安排，不以减少或逃避税款为目的。

工资薪金总额与合理工资薪金总额虽然只有两字之差，但对于两者的税负，有不同的规定，所以，在制定纳税筹划方案时，一定要注意这一点。税务机关对"工资薪金总额"进行合理性判断，一是防止企业的股东以工资名义分配利润，二是防止企业的经营者不适当地为自己开支高工资。如果不属于合理工资薪金总额，那么企业就需要按照工资薪金总额的纳税方式缴税。所谓合理，是由不同的行业、不同的企业、不同的岗位、不同的地区环境等决定的，实践中由税务机关根据具体的情况予以把握。

6.1.3 纳税筹划方案

根据《中华人民共和国企业所得税法》，企业在计算应交企业所得税时，最高可以扣除计税工资薪金总额 14% 的职工福利费，即该部分费用支出可以免税。这是针对工资薪金总额纳税筹划的重点。企业需要在这个限度内最大限度地保障职工福利，增加职工福利支出，从而降低所得税。

具体来说，企业可以采用以下方式。

1. 提供免费餐饮或餐补

目前，不少企业都会为员工提供免费午餐，但是这种服务在实际工作中会遇到诸多问题，如个人口味不一、饮食习惯不同等，反而引起员工的抱怨。这时，企业可以通过发放误餐补助的方式降低税负。

根据规定，员工因公在城区、郊区工作，不能在工作单位或返回就餐，确实需要在外就餐的，可根据实际误餐顿数，按特定标准领取误餐补助。但需要注意的是：如果不符合规定标准，那么企业同样需要缴税。

2. 提供接送服务或交通工具

随着我国各个城市的迅速发展，员工的通勤时间和交通费迅速增加。同时，员工出差时也会遇到类似的问题。所以，企业可以通过一定的规划，提供免费的接送服务；或者将企业的车租给员工用，再相应地从员工的工资中扣除部分费用。

这种方式，可减少员工的名义工资，员工能够少缴部分税款。这样做的好处还有一点：企业统一用车，通常会标明企业名称等，这样还能够提升企业的知名度。

3. 以工会名义提供免费外出旅游的机会

很多企业会为员工提供免费外出旅游的福利，这也可以进行纳税筹划。部分企业采用的方式是先把钱发给员工，再由员工自己掏钱去旅游，这种方式会产生个人所得税。

所以，企业应调整为员工提供外出旅游福利的方式，以工会的名义定期为员工提供外出旅游的机会。这样，员工并没有取得实际收入，也没有得到实物和有价证券，因此就不用缴税。

4. 提供医疗、培训等福利

部分企业会提供医疗福利，这也属于职工福利的范畴。除此之外，企业对员工开展培训、为员工子女教育提供福利等，都是可以进行纳税筹划的。

例如，企业可以成立自己的培训中心，或者委托其他培训中心进行培训，也可以采取由员工自己选择、单位统一管理支出的方式。在进行培训的过程中，企业可以适当提高员工工资，由员工自行安排培训的方式；也可以提供相应的培训课程。相对来说，后者的节税效果更加明显。

同时，企业还可以成立员工子女教育基金等，为员工的子女提供奖学金、助学金等教育上的保障。这些方面的支出由企业统一核算，按实际开支数目从员工的工资、薪金所得中以一定的比例扣除。通过这样的模式，员工的实际工资不会改变，甚至会有所提高，但由于名义工资降低，所以需要纳税的部分也将有效减少。

5. 提供有关住房的设施和设备

为了增加员工的福利，企业可以根据员工要求，批量定制家具、家用设备，并将其以较低的价格租给员工，同时调整员工的工资等。有条件的企业还可以为员工配备相应的公共设施。这些费用即便企业不支出，员工也需要自行支出，但是当企业提供时，员工名义工资减少，有利于减少税款，有效对成本进行控制。

合理的工资薪金总额，会对企业的纳税筹划产生深远影响。企业支付给员工工资、薪金，应为其代扣代缴个人所得税；对于超过职工福利费、职工教育经费等扣除限额的部分，企业也不允许在税前扣除。所以，企业要根据实际情况，替员工个人支付相关支出，这样，不仅企业可以把这些支出作为费用，减少企业所得税应纳税所得额，而且员工在实际工资并没有下降的情况下可以减少个人所得税，可谓一举两得。

6.2 薪酬方案纳税筹划

为了保证纳税筹划的合理性和科学性，企业需要进行最优薪酬的设计。

6.2.1 税法依据

针对薪酬方案的纳税筹划,企业要根据以下法律法规进行。

《中华人民共和国个人所得税法》第三条规定如下。

个人所得税的税率:

(一)综合所得,适用百分之三至百分之四十五的超额累进税率;

(二)经营所得,适用百分之五至百分之三十五的超额累进税率;

(三)利息、股息、红利所得,财产租赁所得,财产转让所得和偶然所得,适用比例税率,税率为百分之二十。

《中华人民共和国个人所得税法》第六条规定如下。

应纳税所得额的计算:

(一)居民个人的综合所得,以每一纳税年度的收入额减除费用六万元以及专项扣除、专项附加扣除和依法确定的其他扣除后的余额,为应纳税所得额。

(二)非居民个人的工资、薪金所得,以每月收入额减除费用五千元后的余额为应纳税所得额;劳务报酬所得、稿酬所得、特许权使用费所得,以每次收入额为应纳税所得额。

6.2.2 纳税筹划方案

针对薪酬方案的纳税筹划,企业可以从以下几个角度入手,实现节税的目的。

1. 针对研发人员的纳税筹划

针对研发费用，《财政部 国家税务总局 科技部关于完善研究开发费用税前加计扣除政策的通知》（财税〔2015〕119号）相应的规定如下。

一、研发活动及研发费用归集范围。

本通知所称研发活动，是指企业为获得科学与技术新知识，创造性运用科学技术新知识，或实质性改进技术、产品（服务）、工艺而持续进行的具有明确目标的系统性活动。

（一）允许加计扣除的研发费用。

企业开展研发活动中实际发生的研发费用，未形成无形资产计入当期损益的，在按规定据实扣除的基础上，按照本年度实际发生额的50%，从本年度应纳税所得额中扣除；形成无形资产的，按照无形资产成本的150%在税前摊销。研发费用的具体范围包括：

1. 人员人工费用。

直接从事研发活动人员的工资薪金、基本养老保险费、基本医疗保险费、失业保险费、工伤保险费、生育保险费和住房公积金，以及外聘研发人员的劳务费用。

…………

4. 无形资产摊销。

用于研发活动的软件、专利权、非专利技术（包括许可证、专有技术、设计和计算方法等）的摊销费用。

5. 新产品设计费、新工艺规程制定费、新药研制的临床试验费、勘探开发技术的现场试验费。

6. 其他相关费用。

与研发活动直接相关的其他费用，如技术图书资料费、资料翻译费、专家咨询费、高新科技研发保险费，研发成果的检索、分析、评议、论证、鉴定、评审、评估、验收费用，知识产权的申请费、注册费、代理费，差旅费、会议费等。此项费用总额不得超过可加计扣除研发费用总额的10%。

7. 财政部和国家税务总局规定的其他费用。

根据此条款，企业可提高研发人员在研究开发期间的工资、奖金（包括全年一次性奖金）等，从而更多地享受加计扣除。当然需要注意的是：增加的工资和奖金也会产生相应的个人所得税，所以不要超过加计扣除部分减少的企业所得税负担，否则会产生更多的税负。

2. 合理安排在职残疾人员

企业为残疾人员提供岗位，也可以享受相应税收优惠。

《中华人民共和国企业所得税法》第三十条规定如下。

企业的下列支出，可以在计算应纳税所得额时加计扣除：

（一）开发新技术、新产品、新工艺发生的研究开发费用；

（二）安置残疾人员及国家鼓励安置的其他就业人员所支付的工资。

《中华人民共和国企业所得税法实施条例》第九十六条规定如下。

企业所得税法第三十条第（二）项所称企业安置残疾人员所支付的工资的加计扣除，是指企业安置残疾人员的，在按照支付给残疾职工工资据实扣除的基础上，按照支付给残疾职工工资的100%加计扣除。

为残疾人员提供岗位，不仅对薪酬设计非常有帮助，还会对企业其他方面产生积极的影响，具体如下。

（1）残疾人员个人提供的劳务，免征增值税。

（2）残疾人员所得，由纳税人提出申请，报税务局审核批准，暂免征收个人所得税。

（3）对民政部门举办的福利工厂和街道办的非中途转办的社会福利生产单位，凡安置"四残"人员占生产人员总数35%（含35%）以上，暂免征收所得税。凡安置"四残"人员占生产人员总数的比例超过10%未达到35%的，减半征收所得税。

（4）对民政部门举办的福利工厂用地，凡安置残疾人员占生产人员总数35%（含35%）以上的，暂免征收城镇土地使用税。

3. 为员工购买补充保险

企业还可以为员工购买补充保险，这样也能有效降低企业所得税税负。

《中华人民共和国企业所得税法实施条例》第三十五条规定如下。

企业为投资者或者职工支付的补充养老保险费、补充医疗保险费，在国务院财政、税务主管部门规定的范围和标准内，准予扣除。

6.3 职工福利费纳税筹划

所谓职工福利费，是指用于增进职工物质利益，帮助职工及其家属解决某些特殊困难和兴办集体福利事业所支付的费用。通常来说，企业的职工福利费主要如下。

（1）职工医药费。

（2）职工的生活困难补助。其指对生活困难的职工实际支付的定期补助和临时性补助，包括因公或非因工负伤、残疾需要的生活补助。

（3）职工及其供养直系亲属的死亡待遇。

（4）集体福利的补贴。其包括职工浴室、理发室、洗衣房、哺乳室、托儿所等集体福利设施支出与收入相抵后的差额的补助，以及未设托儿所的托儿费补助和发给职工的修理费等。

（5）其他福利待遇。其主要是指上下班交通补贴、计划生育补助、住院伙食费等方面的福利费开支。

职工福利费也会产生相应的税负，所以应当制定纳税筹划方案。

6.3.1　税法依据

对于职工福利费，相关法律法规做出了以下规定。

《中华人民共和国个人所得税法实施条例》第十一条规定如下。

个人所得税法第四条第一款第四项所称福利费，是指根据国家有关规定，从企业、事业单位、国家机关、社会组织提留的福利费或者工会经费中支付给个人的生活补助费；所称救济金，是指各级人民政府民政部门支付给个人的生活困难补助费。

《财政部关于企业加强职工福利费财务管理的通知》（财企〔2009〕242号）规定如下。

一、企业职工福利费是指企业为职工提供的除职工工资、奖金、津贴、纳入工资总额管理的补贴、职工教育经费、社会保险费和补充养老保险费（年金）、补充医疗保险费及住房公积金以外的福利待遇支出，包括发放给职工或为职工支付的以下各项现金补贴和非货币性集体福利：

（一）为职工卫生保健、生活等发放或支付的各项现金补贴和非货币性福利，包括职工因公外地就医费用、暂未实行医疗统筹企业职工医疗费用、职工供养直系亲属医疗补贴、职工疗养费用、自办职工食堂经费补贴或未办职工食堂统一供应午餐支出、符合国家有关财务规定的供暖费补贴、防暑降温费等。

（二）企业尚未分离的内设集体福利部门所发生的设备、设施和人员费用，包括职工食堂、职工浴室、理发室、医务所、托儿所、疗养院、集体宿舍等集体福利部门设备、设施的折旧、维修保养费用以及集体福利部门工作人员的工资薪金、社会保险费、住房公积金、劳务费等人工费用。

…………

七、企业按照企业内部管理制度，履行内部审批程序后，发生的职工福利费，按照《企业会计准则》等有关规定进行核算，并在年度财务会计报告中按规定予以披露。

在计算应纳税所得额时，企业职工福利费财务管理同税收法律、行政法规的规定不一致的，应当依照税收法律、行政法规的规定计算纳税。

《国家税务总局关于企业工资薪金及职工福利费扣除问题的通知》（国税函〔2009〕3号）规定如下。

四、关于职工福利费核算问题

企业发生的职工福利费，应该单独设置账册，进行准确核算。没有单独设置账册准确核算的，税务机关应责令企业在规定的期限内进行改正。逾期仍未改正的，税务机关可对企业发生的职工福利费进行合理的核定。

6.3.2 注意问题

针对职工福利费的纳税筹划，有以下注意事项。

1. 确认不属于职工福利费的开支

以下内容不属于职工福利费，在制定纳税筹划方案时要注意规避。

（1）退休职工的费用。

（2）被辞退职工的补偿金。

（3）职工劳动保护费。

（4）职工在病假、生育假、探亲假期间领取的补助。

（5）职工的学习费。

（6）职工的伙食补助费（包括职工在企业的午餐补助和出差期间的伙食补助）。

2. 确保职工福利费合理

企业必须保证职工福利费合理，没有出现超范围、超标准的情况。

《中华人民共和国企业所得税法》第八条规定如下。

企业实际发生的与取得收入有关的、合理的支出，包括成本、费用、税金、损失和其他支出，准予在计算应纳税所得额时扣除。

《中华人民共和国企业所得税法实施条例》第二十七条规定如下。

企业所得税法第八条所称合理的支出，是指符合生产经营活动常规，应当计入当期损益或者有关资产成本的必要和正常的支出。

《中华人民共和国企业所得税法实施条例》第三十四条规定如下。

企业发生的合理的工资薪金支出，准予扣除。

前款所称工资薪金，是指企业每一纳税年度支付给在本企业任职或者受雇的员工的所有现金形式或者非现金形式的劳动报酬，包括基本工资、奖金、津贴、补贴、年终加薪、加班工资，以及与员工任职或者受雇有关的其他支出。

《国家税务总局关于企业工资薪金及职工福利费扣除问题的通知》（国税函〔2009〕3号）第二条如下。

《中华人民共和国企业所得税法实施条例》第四十、四十一、四十二条所称的"工资薪金总额"，是指企业按照本通知第一条规定实际发放的工资薪金总和，不包括企业的职工福利费、职工教育经费、工会经费以及养老保险费、医疗保险费、失业保险费、工伤保险费、生育保险费等社会保险费和住房公积金。属于国有性质的企业，其工资薪金，不得超过政府有关部门给予的限定数额；超过部分，不得计入企业工资薪金总额，也不得在计算企业应纳税所得额时扣除。

职工福利费作为企业的支出，自然也需要符合上述规定。如果职工福利费不合理，那么将导致企业承担更多的税费。

可以看到，相关规定已明确了工资薪金总和不包括职工福利费等，如果企业超过规定的范围和相关标准发放不合理的职工福利费，税法则不允许税前扣除。所以，针对职工福利费的纳税筹划，一定要保证其在合理的范围内，否则就必须进行相应的纳税调整。

3. 注意职工福利费核算的账册设置

除了职工福利费的范围外，账册设置也很重要。

《国家税务总局关于企业工资薪金及职工福利费扣除问题的通知》（国税函〔2009〕3号）规定如下。

四、关于职工福利费核算问题

企业发生的职工福利费，应该单独设置账册，进行准确核算。没有单独设置账册准确核算的，税务机关应责令企业在规定的期限内进行改正。逾期仍未改正的，税务机关可对企业发生的职工福利费进行合理的核定。

《财政部关于企业加强职工福利费财务管理的通知》（财企〔2009〕242号）规定如下。

六、企业职工福利费财务管理应当遵循以下原则和要求：

（四）核算规范。企业发生的职工福利费，应当按规定进行明细核算，准确反映开支项目和金额。

可以看到，相关规定说明职工福利费需要单独设置账册，但没有明确说明如何单独设置账册，以及如何准确核算职工福利费。对于企业来说，必须按照财政部门的规定，规范财务开支；同时，还要按照税务部门的规定，规范涉税问题。

在如何核算职工福利费的问题上，企业应该按照财企〔2009〕242号文的规定执行。

所以，企业虽然没有得到单独设置账册的明确做法，但必须做好相应的统计工作。首先，企业应该单独设置核算职工福利费的专门账户，完整记录职工福利费的各项明细内容。

其次，企业还应当做到真实、清晰、规范和准确地核算与统计。企业应当对发生的职工福利费从支出的预算计划审批，到原始凭证的审核和会计凭证的记载、复核，再到对有关职工福利费账户的登载和日常核算等严格按照真实、清晰、规范和准确的要求进行，以达到便于企业进行纳税申报和税务部门日常监督、检查的要求。

6.3.3　纳税筹划方案

针对职工福利费的纳税筹划，可以把职工福利费适当转化为工资、劳动保护支出，最重要的原则就是符合相关法律法规的规定，从而减轻企业所得税税负。

以案例进行说明。

A公司每年会为员工发放60元的防暑降温费用。该防暑降温费属于职工福利费，只能按工资薪金总额的14%以内扣除；但是，如果企业改为为职工发放防暑降温用品，则相关支出属于劳动保护支出，可以100%扣除。

较好的纳税筹划方案，就是为员工提供弹性福利。员工弹性福利又称自助餐式福利，这是一种新型的员工福利模式，员工可以从企业所提供的一份列有各种福利项目的"菜单"中自由选择其所需要的福利。采用这种模式，一方面员工可以得到实用的福利，另一方面企业也可享受到税收优惠。

为员工提供的弹性福利可以简单地分为按照工资薪金正常计入应纳税所得额的福利，以及员工可以享受的税前福利。例如，各类非货币性和货币性福利，包括节假日礼品、购物卡、各种交通补贴、通信补贴等，这些都将纳入当月应纳税所得额，有利于企业从工资薪金的角度节税。

企业也可以将各类文体项目、劳动保护项目纳入弹性福利方案中。

此外，针对个别员工，企业还可以采用福利费资产化处置的方式进行纳税筹划。例如，企业为个别员工提供住房、汽车、笔记本电脑等个人消费品。

以案例说明。

为了表彰上一年度优秀员工，A公司购买了小轿车作为福利奖励。小轿车的所有权归公司，使用权归员工。A公司与该员工签订合同，在约定汽车费用和责任保险的归属问题后，进一步议定5年年限。5年后，该名员工可以以较低的价格购买该小轿车。

这样做的好处就在于，在企业与员工的约定期内，小轿车所有权属于企业，小轿车是企业的固定资产，可以计提折旧和列支相关费用。5年后，员工通过较为低廉的价格购买该车，获得了其所有权，享受到了价格实惠。这种方式既减轻了企业的负担，又使员工个人得到真正的奖励实惠。

6.4 私车公用的纳税筹划

私车公用也是很多企业常见的现象。由于企业的自有车辆不够，或员工工作岗位较为特殊，员工必须将个人自有车辆用于企业公务活动，企业承担由此产生的油费、路桥费、汽车维修费等。对于这类行为，企业应该如何进行纳税筹划呢？

6.4.1 税法依据

对于私车公用，企业在进行纳税筹划时，需要依据以下法律法规。

《中华人民共和国企业所得税法》第八条规定如下。

企业实际发生的与取得收入有关的、合理的支出，包括成本、费用、税金、损失和其他支出，准予在计算应纳税所得额时扣除。

《中华人民共和国企业所得税法实施条例》第三十条规定如下。

企业所得税法第八条所称费用，是指企业在生产经营活动中发生的销售费用、管理费用和财务费用，已经计入成本的有关费用除外。

《国家税务总局关于个人因公务用车制度改革取得补贴收入征收个人所得税问题的通知》（国税函〔2006〕245号）规定如下。

因公务用车制度改革而以现金、报销等形式向职工个人支付的收入，均应视为个人取得公务用车补贴收入，按照"工资、薪金所得"项目计征个人所得税。

6.4.2 注意问题

进行私车公用纳税筹划时,需要结合法律法规,确认税前列支的条件。

根据《中华人民共和国企业所得税法》第八条的规定,私车公用发生的费用可以在企业所得税前列支,但必须满足以下条件。

(1)在租赁合同中约定使用员工汽车所发生的费用由企业承担。

(2)企业与员工签订租赁合同。如果无偿使用,则会产生税务风险,税务机关可能会核定租金,要求纳税。

(3)租赁支出和承担的费用能取得发票。员工取得租金可以向税务机关申请代开动产租赁发票。

(4)费用支出属于使用汽车发生的,应该由员工个人负担的费用不能在企业所得税前列支。

对于私车公用产生的费用,可以在税前列支的有油费、过路过桥费、停车费。但如车辆保险费、维修费、车辆购置税和折旧费等,则不能在税前列支。

6.4.3 纳税筹划方案

对于私车公用的纳税筹划,必须遵循以下3个原则。

1. 要签订协议

如果企业需要进行私车公用,那么一定要与拥有所有权的员工签订用车书面协议,协议中明确说明车辆的相关情况、使用情况和费用分摊方式。如果缺少协议,那么就无法进行合理节税。

2. 建立规范的制度

对于私车公用，企业必须建立规范的用车制度，明确记录车辆使用情况，分清是个人费用还是企业费用。同时，员工应向企业提供汽车租赁发票。

3. 规范核算

明确私车公用费用税前扣除范围，不要将超出范围的内容，如车辆保险费、维修费、车辆购置税和折旧费等列入税前扣除范围。这些费用应当由员工个人承担。

此外，除了上述私车公用情况，目前随着共享网约经济的发展，使用网约车有利于进一步规避风险，实现节税。网约车平台开具的电子普通发票可以按照发票上注明的税额，抵扣进项税。而且出行也有记录可查，能有效避免虚假报销。部分网约车平台已经推出企业出行业务，可以直接与企业对接，员工不需要垫付交通费，也免去了报销流程，更便捷高效。所以，使用该种私车公用方式是更好的选择。

6.5 资产、财产损失的纳税筹划

企业在正常经营过程中，会因为各种问题出现一定资产、财产损失。对于资产、财产损失，该如何进行纳税筹划呢？

6.5.1 税法依据

进行资产、财产损失的纳税筹划时，要依照相关法律法规进行。

《企业资产损失所得税税前扣除管理办法》的相关规定如下。

第二条 本办法所称资产是指企业拥有或者控制的、用于经营管理活动相关的资产，包括现金、银行存款、应收及预付款项（包括应收票据、各类垫款、企业之间往来款项）等货币性资产，存货、固定资产、无形资产、在建工程、生产性生物资产等非货币性资产，以及债权性投资和股权（权益）性投资。

第三条 准予在企业所得税税前扣除的资产损失，是指企业在实际处置、转让上述资产过程中发生的合理损失（以下简称实际资产损失），以及企业虽未实际处置、转让上述资产，但符合《通知》〔指《财政部 国家税务总局关于企业资产损失税前扣除政策的通知》（财税〔2009〕57号）〕和本办法规定条件计算确认的损失（以下简称法定资产损失）。

第四条 企业实际资产损失，应当在其实际发生且会计上已作损失处理的年度申报扣除；法定资产损失，应当在企业向主管税务机关提供证据资料证明该项资产已符合法定资产损失确认条件，且会计上已作损失处理的年度申报扣除。

第五条 企业发生的资产损失，应按规定的程序和要求向主管税务机关申报后方能在税前扣除。未经申报的损失，不得在税前扣除。

第六条 企业以前年度发生的资产损失未能在当年税前扣除的，可以按照本办法的规定，向税务机关说明并进行专项申报扣除。其中，属于实际资产损失，准予追补至该项损失发生年度扣除，其追补确认期限一般不得超过五年，但因计划经济体制转轨过程中遗留的资产损失、企业重组上市过程中因权属不清出现争议而未能及时扣除的资产损失、因承担国家政策性任务而形成的资产损失以及政策定性不明确而形成资产损失等特殊原因形成的资产损失，其追补确认期限经国家税务总局批准后可适当延长。属于法定资产损失，应在申报年度扣除。

企业因以前年度实际资产损失未在税前扣除而多缴的企业所得税税款，可在追补确认年度企业所得税应纳税款中予以抵扣，不足抵扣的，向以后年度递延抵扣。

企业实际资产损失发生年度扣除追补确认的损失后出现亏损的，应先调整资产损失发生年度的亏损额，再按弥补亏损的原则计算以后年度多缴的企业所得税税款，并按前款办法进行税务处理。

6.5.2 注意问题

企业资产、财产损失涉及的内容有很多，所以在制定纳税筹划方案时往往容易忽视一些关键问题。以下关键点，都是必须特别注意的。

1. 注意申报时间

税务部门对于资产、财产损失的申报时间有明确规定，如果提前或延后，都无法进行扣除。

以案例说明。

A 企业于 2018 年 12 月 16 日发生一起严重的事故，价值 140 万元的生产线被毁坏，但未发生人员伤亡事故。该生产线已计提折旧 20 万元，所以企业实际发生的固定资产损失为 120 万元。

相关数据，企业在 5 天内已经统计完毕。但是，随后出于各种各样的原因，直到 2019 年 2 月，企业的鉴定和审核才结束，并报主管税务机关确认和审批。最终，税务机关没有通过这一申报。

税务机关之所以做出这样的决定，正是因为《企业资产损失所得税税前扣除管理办法》第四条明确说明，企业发生资产损失时，必须在作损失处理的年度进行申报。案例中的 A 企业，应当于 2018 年 12 月 31 日前做出鉴定和审核并提交申请，这样才符合标准。由于没有及时申报，最终 A 企业将损失相当数额的资金。

即便企业因为各种问题无法按照规定按时提交申请,也应及时向税务机关说明,申请适当延期申报。

《企业资产损失所得税税前扣除管理办法》第十三条规定如下。

属于专项申报的资产损失,企业因特殊原因不能在规定的时限内报送相关资料的,可以向主管税务机关提出申请,经主管税务机关同意后,可适当延期申报。

2. 准备好各类材料

资产、财产损失申报,企业需要根据资产、财产损失的具体类型向税务机关提供各类材料。所以,企业必须提前做好准备,以免因为材料不足而无法正常申报。

(1) 货币资产损失的申报。企业货币资产损失包括现金损失、银行存款损失和应收及预付款项损失等。企业需要准备以下证据材料。

①现金保管人确认的现金盘点表(包括倒推至基准日的记录)。

②现金保管人对短缺的说明及相关核准文件。

③对责任人管理责任造成损失的责任认定及赔偿情况的说明。

④涉及刑事犯罪的,应有司法机关出具的相关材料。

⑤金融机构出具的假币收缴证明。

(2) 固定资产报废、毁损损失,为其账面净值扣除残值和责任人赔偿后的余额,应依据以下证据材料确认。

①固定资产的计税基础相关资料。

②企业内部有关责任认定和核销资料。

③企业内部有关部门出具的鉴定材料。

④涉及责任赔偿的，应当有赔偿情况的说明。

⑤损失金额较大的或自然灾害等不可抗力造成固定资产毁损、报废的，纳税人应留存备查自行出具的有法定代表人、主要负责人和财务负责人签章证实有关损失的书面申明。

⑥涉及保险索赔的，应当有保险公司理赔情况说明。

（3）因金融机构清算而发生的存款类资产损失，应依据以下证据材料确认。

①企业存款类资产的原始凭据。

②金融机构破产、清算的法律文件。

③金融机构清算后剩余资产分配情况资料。

（4）在建工程停建、报废损失，为其工程项目投资账面价值扣除残值后的余额，应依据以下证据材料确认。

①国家明令停建项目的文件。

②有关政府部门出具的工程停建、拆除文件。

③工程项目投资账面价值确定依据。

④工程项目停建原因说明及相关材料。

⑤因质量原因停建、报废的工程项目和因自然灾害和意外事故停建、报废的工程项目，纳税人应留存备查自行出具的有法定代表人、主要负责人和财务负责人签章证实有关损失的书面申明。

⑥工程项目实际投资额的确定依据。

（5）企业应收及预付款项坏账损失，应依据以下相关证据材料确认。

①相关事项合同、协议或说明。

②属于债务人破产清算的，应有人民法院的破产、清算公告。

③属于诉讼案件的，应出具人民法院的判决书或裁决书或仲裁机构的仲裁书，或者被法院裁定终（中）止执行的法律文书。

④属于债务人停止营业的，应有工商部门注销、吊销营业执照证明。

⑤属于债务人死亡、失踪的，应有公安机关等有关部门对债务人个人的死亡、失踪证明。

⑥属于债务重组的，应有债务重组协议及其债务人重组收益纳税情况说明。

⑦属于自然灾害、战争等不可抗力而无法收回的，应有债务人受灾情况说明以及放弃债权申明。

（6）抵押资产被拍卖或变卖发生的资产损失。企业未能按期赎回抵押资产，使抵押资产被拍卖或变卖，其账面净值大于变卖价值的差额，可认定为资产损失，按以下证据材料确认。

①抵押合同或协议书。

②拍卖或变卖证明、清单。

③会计核算资料等其他相关证据材料。

（7）由于自然灾害和意外事故毁损的在建工程，其账面价值扣除残值、保险赔偿及责任赔偿后的余额部分，应出具以下材料。

①有关自然灾害或者意外事故证明。

②涉及保险索赔的，应当有保险理赔说明。

③企业内部有关责任认定、责任人赔偿说明和核准文件。

（8）固定资产被盗损失，为其账面净值扣除责任人赔偿后的余额，应出具以下材料。

①固定资产计税基础相关资料。

②公安机关的报案记录，公安机关立案、破案和结案的证明材料。

③涉及责任赔偿的，应有赔偿责任的认定及赔偿情况的说明等。

6.5.3　纳税筹划方案

对于资产、财产损失的纳税筹划，企业要有丰富和科学的内部证据，在节约鉴定成本的同时，实现企业纳税成本的减少。

以案例说明，如何进行这方面的操作。

A 企业为某食品生产加工上市企业，建立了完善的会计核算和内部控制制度，且拥有多名注册资产评估师、注册会计师和注册税务师。

2019 年年底，企业进行库存盘点时，发现生产用原材料短缺计 11 万元，某项固定资产发生损毁计 5 万元，合计发生财产损失 16 万元。有关中介机构表示，财产鉴定的费用为 2 000 元，并制定了合理的纳税筹划方案。

以下分析 A 企业的财产损失及鉴定是否符合相关法律法规的要求。

《财政部 国家税务总局关于企业资产损失税前扣除政策的通知》（财税〔2009〕57 号）第十三项规定如下。

企业对其扣除的各项资产损失，应当提供能够证明资产损失确属已实际发生的合法证据，包括具有法律效力的外部证据、具有法定资质的中介机构的经济鉴证证明、具有法定资质的专业机构的技术鉴定证明等。

根据上述规定，企业请具有法定资质的中介机构进行鉴定是可行的。想要符合法律法规的要求，企业需要请具有法定资质的中介机构出具有关资产损失及评估报告、会计核算有关资料和原始凭证、资产盘点表、相关经济行为的业务合同、企业内部核批文件及有关情况的说明，同时向税务机关出具法定代表人、企业负责人和企业财务负责人对该事项真实性承担税收法律责任的申明，然后向当地的税务主管部门申请财产损失的报批。

在实现鉴定费用的减少时，通过合理的纳税筹划，A 企业 2019 年度可以实现节税目的。

第 7 章

销售过程的纳税筹划

销售过程，是企业产生收益的过程，是纳税筹划的重点环节。不同的销售模式、方法，对应的税法依据也不尽相同，从而造成最终的税负不同。企业应结合自身销售模式与税法的规定，制定合理的纳税筹划方案，这样企业就能实现收益不断增加、税负有效降低的目的。

7.1 利用优惠政策进行产品价格纳税筹划

销售过程中，价格不仅会影响最终的利润，还会对税负产生影响。企业如何利用优惠政策进行产品价格纳税筹划，保证税负的有效降低呢？

7.1.1 税法依据

想要享受产品价格的优惠政策，企业进行纳税筹划时，要注意以下法律法规。

《中华人民共和国增值税暂行条例》第二条规定如下。

增值税税率：

（一）纳税人销售货物、劳务、有形动产租赁服务或者进口货物，除本条第二项、第四项、第五项另有规定外，税率为17%。

（二）纳税人销售交通运输、邮政、基础电信、建筑、不动产租赁服务，销售不动产，转让土地使用权，销售或者进口下列货物，税率为11%：

1. 粮食等农产品、食用植物油、食用盐；

2. 自来水、暖气、冷气、热水、煤气、石油液化气、天然气、二甲醚、沼气、居民用煤炭制品；

3. 图书、报纸、杂志、音像制品、电子出版物；

4. 饲料、化肥、农药、农机、农膜；

5. 国务院规定的其他货物。

（三）纳税人销售服务、无形资产，除本条第一项、第二项、第五项另有规定外，税率为 6%。

《中华人民共和国增值税暂行条例》第十一条规定如下。

小规模纳税人发生应税销售行为，实行按照销售额和征收率计算应纳税额的简易办法，并不得抵扣进项税额。应纳税额计算公式：

应纳税额 = 销售额 × 征收率

《财政部 税务总局 海关总署关于深化增值税改革有关政策的公告》（财政部 税务总局 海关总署公告 2019 年第 39 号）的相关规定如下。

一、增值税一般纳税人（以下称纳税人）发生增值税应税销售行为或者进口货物，原适用 16% 税率的，税率调整为 13%；原适用 10% 税率的，税率调整为 9%。

二、纳税人购进农产品，原适用 10% 扣除率的，扣除率调整为 9%。纳税人购进用于生产或者委托加工 13% 税率货物的农产品，按照 10% 的扣除率计算进项税额。

三、原适用 16% 税率且出口退税率为 16% 的出口货物劳务，出口退税率调整为 13%；原适用 10% 税率且出口退税率为 10% 的出口货物、跨境应税行为，出口退税率调整为 9%。

增值税相关优惠税率，随着政策的变化而变化，如 2018 年 5 月 1 日起，将制造业等行业增值税税率从17%降至16%,将交通运输、建筑、基础电信服务等行业及农产品等货物的增值税税率从11%降至10%等。当前,一般纳税人适用的税率有13%、9%、6%和0%等。

7.1.2 注意问题

产品的价格会对企业发展产生重要的影响,具体表现为其会对市场、消费者满意度、成本、盈利、税负等产生影响。所以,进行产品定价时,除了考虑税负问题,还要将所有成本纳入其中,这样才能制定出合理的价格,尤其是对于跨国贸易企业来说。

在进行产品价格设定时,要考虑产品的综合成本。它的计算公式如下。

产品综合成本 = 进货成本(包括产品价格、运费、包材费、合理损耗)+ 跨境平台的成本(包括推广成本、平台年费、活动扣点、收款手续费、交易扣费)+ 跨境物流成本(包括直发运费、海外仓头程运费、关税、增值税、入库处理费、尾程运费、出库处理费、仓租等)+ 售后维护成本(包括退货成本、换货成本、破损成本)+ 其他综合成本(人工成本、跨境物流包装成本等)

可见,在进行产品价格纳税筹划时,企业不仅要考虑税负成本,还要仔细分析其他成本,这样才能制定更加精准的纳税筹划方案。

7.1.3 纳税筹划方案

针对产品价格的优惠政策非常多,企业应按照实际情况,进行有针对性的纳税筹划。具体来说,利用优惠政策进行产品价格纳税筹划的方式有以下几种。

1. 合理运用税负转嫁

所谓税负转嫁,就是纳税人不实际负担所纳税款,而通过提高销售价格或压低购进价格的方法,将税负转嫁给购买者或供应者的一种经济现象。

税负转嫁是常见的产品价格纳税筹划方式,它主要受产品的需求弹性影响。这里所说的价格，不是最终销售价格，而是产品在流转过程中的任何一个环节的价格。

（1）税负前转。实现税负前转的基本前提条件是课税产品的需求弹性小于供给弹性。当需求弹性更大时，转嫁较难进行；当供给弹性更大时，转嫁容易进行。例如，企业是一家酒厂，目前产品处于供不应求的状态，那么相关税负就可以让给制造商、批发商、零售商等任何一个环节承担。

（2）税负后转。税负后转也称税负逆转或税负向后转嫁，就是纳税人已纳税款因种种原因不能向前转给购买者和消费者，而是向后逆转给货物的生产者。比如，批发商纳税后，因为商品价格下降，已纳税款难于加在价格之上转移给零售商，批发商不得不要求厂家退货或要求厂家承担全部或部分的已纳税款。此时，厂家宁愿承担部分或全部货款而不愿接受退货，这样就将税款向后转嫁了。

（3）税负消转。税负消转是一种独特的经济现象，它是指一定的税额在名义上分配给纳税人后，既不能前转也不能后转，而是要求企业对所纳税款完全通过自身经营理财业绩的提高和工艺技术的进步等手段，自行补偿其纳税的损失，即使税负在国民收入的增加部分中自行消失，故而又称做税收消化。税负消转常需具备一定的条件，如生产经营成本递减、商品的销售量尚有扩大的弹性、生产技术与方法尚有改进的余地、物价有上升的趋势等。

（4）税负辗转。税负辗转是指税收前转、后转次数在两次以上的转嫁行为。比如棉花课税后可以转嫁给纱商，纱商又可以转嫁给布商，布商再转嫁给消费者，这是向前辗转转嫁。反过来，布被课税后，因需求减少，价格下降，布商可以将税负逆转给纱商，纱商逆转给棉花商，棉花商再逆转给农民，这是向后辗转转嫁。

（5）税负叠转。在现实经济生活中，前转、后转和消转等方法对纳税人来说，采取其中一种方法往往达不到转嫁税负的目的而需几种方法同时使用，通常就称几种转嫁方法同时使用的方法为叠转。如对某种商品课税，这个商品的零售商就可以向前顺转给消费者，同时还可以向后逆转给批发商，使税负向前后两个方向同时转嫁。

（6）税收资本化。税收资本化也称资本还原，这是一种特殊的税负转嫁。其主要特征是课税商品出售时，买主将今后若干年应纳的税款，从所购商品的资本价值中预先扣除。今后若干年名义上虽由买主按期纳税，但这税款实际上已全部由卖主负担。这种情况多发生于土地买卖或其他收益来源较为永久性的财产（如政府公债和公司债券）。

2. 价税平衡点临界价格的纳税筹划

对于同一类产品，可以利用不同的定价，享受不同的税率。以啤酒为例，根据《财政部、国家税务总局关于调整酒类产品消费税政策的通知》（财税〔2001〕84号）的规定，每吨啤酒出厂价格（含包装物及包装物押金）在3 000元（含3 000元，不含增值税）以上的，单位税额250元／吨；每吨啤酒出厂价格在3000元（不含3 000元，不含增值税）以下的，单位税额220元／吨。娱乐业、饮食业自制啤酒，单位税额250元／吨。

啤酒消费税的税率为从量定额税率，同时根据啤酒的单位价格实行全额累进。全额累进税率的一个特点是，在临界点，税收负担变化比较大，会出现税收负担的增加大于计税依据的增加的情况。在这种情况下，巧妙运用临界点的规定适当降低产品价格反而能够增加税后利润。

如果某厂家生产啤酒，其税收筹划时，就应该控制啤酒的出厂定价，定价不要落在2 970～3 030元之间，因为还包含包装物及包装物押金。当出厂价格低于3 000元时，单位税额明显要低很多。

需要注意的是，价税平衡点临界价格并非适用所有行业。选择这种方式进行纳税筹划前，一定要关注本行业是否有相关规定。

3. 合理降价，用足企业税收优惠政策

合理降价，也可以使企业享受到相关的优惠政策。例如，部分地区会对区域内的高新技术企业提供相关的税收优惠，除减按15%的税率征收企业所得税外，对于新办的企业，自获利年度起，免征企业所得税两年。企业可以对产品进行合理降价，以有效降低企业所得税。虽然产品价格降低，但企业的实际盈利并没有减损，反而还因为价格优势进一步取得市场口碑，这样企业将会获得更大的收益。

4. 产品售价分离运费

部分企业在进行产品销售时，为了简化管理，往往会将运费纳入货价中进行结算，这样就会造成多缴增值税。但是，如果企业从产品售价中分离运费，则产品售价会降低，销项税会减少，运费收入会变为不需要缴纳增值税的代垫运费，这符合相关税法的规定，且实现了税负的降低、利润的增长。

7.2 合理利用转让定价的纳税筹划

转让定价，是指关联企业之间在销售货物、提供劳务、转让无形资产等时制定的价格。尤其在跨国经济活动中，利用关联企业之间的转让定价进行合理节税，是常见的纳税筹划方式。

7.2.1 税法依据

进行转让定价纳税筹划时，企业要以以下法律法规为原则。

《中华人民共和国企业所得税法》第四十一条规定如下。

企业与其关联方共同开发、受让无形资产，或者共同提供、接受劳务发生的成本，在计算应纳税所得额时应当按照独立交易原则进行分摊。

《中华人民共和国企业所得税法》第四十二条规定如下。

企业可以向税务机关提出与其关联方之间业务往来的定价原则和计算方法，税务机关与企业协商、确认后，达成预约定价安排。

《中华人民共和国企业所得税法实施条例》第一百一十一条规定如下。

企业所得税法第四十一条所称合理方法，包括：

（一）可比非受控价格法，是指按照没有关联关系的交易各方进行相同或者类似业务往来的价格进行定价的方法；

（二）再销售价格法，是指按照从关联方购进商品再销售给没有关联关系的交易方的价格，减除相同或者类似业务的销售毛利进行定价的方法；

（三）成本加成法，是指按照成本加合理的费用和利润进行定价的方法；

（四）交易净利润法，是指按照没有关联关系的交易各方进行相同或者类似业务往来取得的净利润水平确定利润的方法；

（五）利润分割法，是指将企业与其关联方的合并利润或者亏损在各方之间采用合理标准进行分配的方法；

（六）其他符合独立交易原则的方法。

《中华人民共和国税收征收管理法》第三十六条规定如下。

企业或者外国企业在中国境内设立的从事生产、经营的机构、场所与其关联企业之间的业务往来，应当按照独立企业之间的业务往来收取或者支付价款、费用；不按照独立企业之间的业务往来收取或者支付价款、费用，而减少其应纳税的收入或者所得额的，税务机关有权进行合理调整。

《特别纳税调整实施办法（试行）》第四章转让定价方法规定如下。

第二十一条 企业发生关联交易以及税务机关审核、评估关联交易均应遵循独立交易原则，选用合理的转让定价方法。

根据所得税法实施条例第一百一十一条的规定，转让定价方法包括可比非受控价格法、再销售价格法、成本加成法、交易净利润法、利润分割法和其他符合独立交易原则的方法。

第二十二条 选用合理的转让定价方法应进行可比性分析。可比性分析因素主要包括以下五个方面：

（一）交易资产或劳务特性，主要包括：有形资产的物理特性、质量、数量等，劳务的性质和范围，无形资产的类型、交易形式、期限、范围、预期收益等；

（二）交易各方功能和风险，功能主要包括：研发、设计，采购，加工、装配、制造，存货管理、分销、售后服务、广告、运输、仓储，融资，财务、会计、法律及人力资源管理等，在比较功能时，应关注企业为发挥功能所使用资产的相似程度；风险主要包括：研发风险，采购风险，生产风险，分销风险，市场推广风险，管理及财务风险等；

（三）合同条款，主要包括：交易标的，交易数量、价格，收付款方式和条件，交货条件，售后服务范围和条件，提供附加劳务的约定，变更、修改合同内容的权利，合同有效期，终止或续签合同的权利；

（四）经济环境，主要包括：行业概况，地理区域，市场规模，市场层级，市场占有率，市场竞争程度，消费者购买力，商品或劳务可替代性，生产要素价格，运输成本，政府管制等；

（五）经营策略，主要包括：创新和开发策略，多元化经营策略，风险规避策略，市场占有策略等。

第二十三条 可比非受控价格法以非关联方之间进行的与关联交易相同或类似业务活动所收取的价格作为关联交易的公平成交价格。

7.2.2 注意问题

利用转让定价进行纳税筹划，是常见的企业行为，尤其在跨国企业中。在筹划时，企业应注意以下事项。

1. 必须了解所在国（地区）的相关税法规定

跨国企业利用转让定价进行纳税筹划时，一定要了解所在国（地区）的相关税法规定。尤其对于在境外发展的企业，所得利润涉及不同税收管辖权国家（地区）间的分配。目前多数国家（地区）已经达成共识：跨境企业内部交易作价应遵循公平交易原则，即以没有关联关系的企业间在相同条件下从事相同交易所应形成的价格或取得的利润为原则。

一旦违背这一原则，那么税务当局就会对企业的转让定价进行调查。涉事企业不仅面临较高的补税甚至罚款风险，而且税收信誉度也会有所损失。所以，在境外发展的企业一定要建立完善的国际税务处理团队，同时第一时间向投资国（地区）税务当局咨询、了解该国（地区）转让定价方面的法律法规，在申报、资料准备等方面遵循该国（地区）规定。企业财务人员可以申请预约定价安排，与税务当局事前约定相应的关联交易及定价方法。

一旦被调查，企业应及时准备好相应材料和举证证明，最大限度地争取税务机关的认可。

2. 转让定价为节税非逃税、避税

转让定价纳税筹划的节税效果非常明显，但是一定要注意：它不是为了逃税、避税。一旦没有平衡节税与逃税、避税间的关系，很容易给企业造成巨大的风险。

以案例说明。

A公司是一家主营电子产品的中日合资企业，位于浙江省。2013年，当地税务机关在对该公司的资料进行审核时发现：该公司销售规模逐年扩大，特别是自2009年下半年新项目投产后，年销售规模从2.7亿元跃升至10亿元，且呈稳步增长态势。然而，公司提交的报表显示：公司的获利能力非常低，长期处于亏损状态。两者明显不符。从关联交易比例看，2009—2013年，该公司的关联交易占全部销售收入的比例高达99.72%，存在避税嫌疑。

为此，税务机关展开了深入的调查和审核。经过大量的数据对比，税务人员发现，该公司境外关联交易的某项利润率仅为1.76%，明显低于浙江省电子元器件行业平均5.89%的数值。税务机关判断：该企业整体业绩偏低与关联交易存在直接因果关系。

税务机关很快针对A公司展开反避税立案调查。经专案组调查，A公司涉及关联交易金额高达46.4亿元。

类似案件频发，说明很多企业对转让定价纳税筹划存在明显认知错误，违背了独立交易原则。所谓独立交易原则，指没有关联关系的交易各方，按照公平成交价格和营业常规进行业务往来遵循的原则。案例中的A公司，境外关联交易的某项利润率仅为 1.76%，明显低于行业平均数值，所以违背了这一原则，自然会被税务机关调查。

企业在进行转让定价纳税筹划时，一定要符合法律法规的要求，而不是陷入偷税、漏税。转让定价对制定和验证企业间关联交易是否符合公平交易原则起着非常重要的作用，也是验证关联交易是否合理的关键指标，是税务机关关注的重点，企业必须注意这一点。

7.2.3 纳税筹划方案

进行转让定价纳税筹划，核心是与关联企业间合作定价。

以案例说明。

A 企业、B 企业、C 企业为集团公司内部 3 个独立核算的企业，彼此存在着购销关系。A 企业生产的产品可以作为 B 企业的原材料，而 B 企业制造的产品要提供给 C 企业，相关资料如表 7.2-1 所示。

表 7.2-1　A、B、C 企业的相关资料

企业	增值税税率（%）	生产数量（件）	正常价（元）	转让定价（元）	所得税税率（%）
A	13	1 000	500	400	25
B	13	1 000	600	500	25
C	13	1 000	700	700	25

假设 A 企业进项税额为 40 000 元，市场年利率为 24%。表格中价格均为含税价格。具体分析如下。

如果 3 个企业均按正常价结算货款，则应交增值税税额的计算如下。

A 企业应交增值税 =1 000×500÷（1 + 13%）×13%-40 000 ≈ 57 522-40 000=17 522（元）。

B 企业应交增值税 =1 000×600÷（1 + 13%）×13%-57 522 ≈ 69 027-57 522=11 505（元）。

C 企业应交增值税 =1 000×700÷（1 + 13%）×13%-69 027 ≈ 80 531-69 027=11 504（元）。

集团公司合计应交增值税 =17 522 + 11 505 + 11 504=40 531（元）。

但是，当 3 个企业采用转让定价时，应交增值税情况如下。

A 企业应交增值税 =1 000×400÷（1 + 13%）×13%-40 000 ≈ 46 018-40 000=6 018（元）。

B 企业应交增值税 =1 000×500÷（1 + 13%）×13%-4 6018 ≈ 57 522-46 018=11 504（元）。

C 企业应交增值税 =1 000×700÷（1 + 13%）×13%-57 522 ≈ 80 531-57 522=23 009（元）。

集团公司合计应交增值税 =6 018 + 11 504 + 23 009=40 531（元）。

表面上看，两种方式的增值税税额没有变化，但实际上，由于支付时间不同，所以就会产生差异。3 个企业的生产具有连续性，这就使得 A 企业当期应交的税款相对减少，即延至第二期缴纳（通过 B 企业）；这使得 B 企业第二期与 C 企业第三期应交税额分别增加了，若将各期（假设各企业生产周期为 3 个月）相对增减金额折合为现值，则使集团公司整体纳税负担相对减轻。

如果 3 家企业所在地的增值税税率、所得税税率各有不同，那么最终的税负还将呈现更加明显的变化，这就是转让定价纳税筹划带来的好处。

7.3 促销方式的纳税筹划

促销是常见的销售行为。根据市场、产品、消费者变化等,企业会推出一种或多种促销手段,以此增加最终销量。通常情况下,促销的价格会比原价便宜,那么针对促销,企业应如何制定纳税筹划方案呢?

7.3.1 税法依据

针对促销方式的纳税筹划,企业要遵循以下法律法规的规定。

《国家税务总局关于印发〈增值税若干具体问题的规定〉的通知》(国税发〔1993〕154号)第二条第(二)项规定如下。

纳税人采取折扣方式销售货物,如果销售额和折扣额在同一张发票上分别注明的,可按折扣后的销售额征收增值税。

《财政部 国家税务总局关于企业促销展业赠送礼品有关个人所得税问题的通知》(财税〔2011〕50号)第一条规定如下。

一、企业在销售商品(产品)和提供服务过程中向个人赠送礼品,属于下列情形之一的,不征收个人所得税:

1. 企业通过价格折扣、折让方式向个人销售商品(产品)和提供服务;

2. 企业在向个人销售商品(产品)和提供服务的同时给予赠品,如通信企业对个人购买手机赠话费、入网费,或者购话费赠手机等;

3. 企业对累积消费达到一定额度的个人按消费积分反馈礼品。

7.3.2 注意问题

对于促销活动，企业必须依法开展。如果在促销过程中存在恶意蒙骗等行为，那么不仅无法享受相应的税负优惠，还会遭受相应的行政处罚。

比如有的商家在做广告时承诺会给消费者某些东西，但在实际履行过程中却不承认，这就属于欺骗消费者。比如有的商家在促销时不标示具体的优惠期限，面对消费者时以超过期限为理由推脱等。这些促销活动中的行为都是不合规的，在相关的法律法规中都有明确的规定。具体如下。

《规范促销行为暂行规定》（国家市场监督管理总局令第 32 号）第五条规定如下。

经营者开展促销活动，应当真实准确，清晰醒目标示活动信息，不得利用虚假商业信息、虚构交易或者评价等方式作虚假或者引人误解的商业宣传，欺骗、误导消费者或者相关公众（以下简称消费者）。

《规范促销行为暂行规定》（国家市场监督管理总局令第 32 号）第六条规定如下。

经营者通过商业广告、产品说明、销售推介、实物样品或者通知、声明、店堂告示等方式作出优惠承诺的，应当履行承诺。

《规范促销行为暂行规定》（国家市场监督管理总局令第 32 号）第七条规定如下。

卖场、商场、市场、电子商务平台经营者等交易场所提供者（以下简称交易场所提供者）统一组织场所内（平台内）经营者开展促销的，应当制定相应方案，公示促销规则、促销期限以及对消费者不利的限制性条件，向场所内（平台内）经营者提示促销行为注意事项。

《规范促销行为暂行规定》（国家市场监督管理总局令第 32 号）第二十一条规定如下。

经营者折价、减价，应当标明或者通过其他方便消费者认知的方式表明折价、减价的基准。

未标明或者表明基准的，其折价、减价应当以同一经营者在同一经营场所内，在本次促销活动前七日内最低成交价格为基准。如果前七日内没有交易的，折价、减价应当以本次促销活动前最后一次交易价格为基准。

《规范促销行为暂行规定》（国家市场监督管理总局令第 32 号）第二十三条规定如下。

违反本规定第五条，构成虚假宣传的，由市场监督管理部门依据反不正当竞争法第二十条的规定进行处罚。

《规范促销行为暂行规定》（国家市场监督管理总局令第 32 号）第二十五条规定如下。

违反本规定第七条，未公示促销规则、促销期限以及对消费者不利的限制性条件，法律法规有规定的，从其规定；法律法规没有规定的，由县级以上市场监督管理部门责令改正，可以处一万元以下罚款。

《规范促销行为暂行规定》（国家市场监督管理总局令第 32 号）第二十九

条规定如下。

违反本规定第二十条、第二十一条、第二十二条，构成价格违法行为的，由市场监督管理部门依据价格监管法律法规进行处罚。

7.3.3 纳税筹划方案

为了在竞争激烈的市场中把握先机，企业越来越注重营销方式和促销手段的选择。几乎所有企业都会定期举办各类促销活动。针对不同的促销活动，企业要制定相应的纳税筹划方案。

1. 打折销售

打折销售是常见的促销手段，如全场七折、限时八折等，都是典型的打折销售模式。

打折销售是在原商品价格上直接折扣，所以对其的纳税筹划为将折扣额和销售额开在同一张购物小票上，这样企业可按折后价计算增值税。打折销售是税务机关认可的促销方式。企业虽然因为打折销售损失了一部分销售额，但可以享受到增值税的减少。

需要注意的是：销售额与折扣额必须在同一张发票上注明，未在同一张发票"金额"栏内注明折扣额，而仅在发票的"备注"栏内注明折扣额的，折扣额不得从销售额中减除。

《国家税务总局关于印发〈增值税若干具体问题的规定〉的通知》（国税发〔1993〕154号）第二条第（二）项规定如下。

如果将折扣额另开发票，不论其在财务上如何处理，均不得从销售额中减除折扣额。

《国家税务总局关于纳税人折扣折让行为开具红字增值税专用发票问题的通知》（国税函〔2006〕1279号）规定如下。

纳税人销售货物并向购买方开具增值税专用发票后，由于购货方在一定时期内累计购买货物达到一定数量，或者由于市场价格下降等原因，销货方给予购货方相应的价格优惠或补偿等折扣、折让行为，销货方可按现行《增值税专用发票使用规定》的有关规定开具红字增值税专用发票。

2. 降价销售

降价销售也是常见的促销方式。与打折销售不同的是，降价销售会直接说明价格降低的幅度，而不是以折扣的形式体现。

与打折销售类似，采用降价销售时，在发票上注明特价销售，就可以按降价后的销售价格计税。

例如，企业某产品原价为100元，在特定节假日以50元的价格进行降价销售，并在同一张发票上分别注明原价及降价后的实际价格，这样可以按照实际的50元来计算增值税。企业按照相关税法规定，将降价后的实际销售额和原价在同一张购物发票上注明即可享受税收优惠。

3. 购物返福利

购物返福利也是常见的促销方式。常见的一种方式是购买附赠其他商品，近年来在各大电商平台、线下商超中被广泛使用。通常，在该方式下，消费者购买一定金额的商品，即可获得赠送的其他商品。根据规定，赠送的商品应视同销售，按所赠商品的市场销售价格来计税。

此外，还有一种方式，是消费者购买商品，企业直接返还现金。

不同的促销方式会形成不同的税负。以案例的形式，分析打折销售、购买附赠其他商品、返现产生的不同税负。

A超市决定针对某款商品进行促销，售价为1 130元，成本为600元（含税）。商场是增值税一般纳税人，购货均能取得增值税专用发票，城市维护建设税和教育费附加的税率、征收率分别为7%和3%。商场制定了3种促销方案，分别如下。

①商品按8折销售。

②购物满904元赠送价值226元的商品（成本为135.6元，均为含税价）。

③购物满1 130元返还226元现金。

针对这3种方案，纳税筹划人员分别进行计算，具体如下。

（1）按8折销售，即原价1 130元的商品现售价904元，应交增值税＝904÷（1＋13%）×13%－600÷（1＋13%）×13%≈34.97（元）；应交城市维护建设税及教育费附加＝34.97×（7%＋3%）＝3.497（元），合计＝34.97+3.497=38.467（元）。

（2）购物满904元，赠送价值226元的商品，应交增值税＝904÷（1＋13%）×13%－600÷（1＋13%）×13%≈34.97（元）；赠送226元商品视同销售，应交增值税＝226÷（1＋13%）×13%－135.6÷（1＋13%）×13%＝10.4（元）。

合计应交增值税＝34.97＋10.4=45.37（元）；应交城市维护建设税及教育费附加＝45.37×（7%＋3%）＝4.537（元），合计为45.37＋4.537=49.907（元）。

（3）购物满1130元返还现金226元，应交增值税＝[1 130÷（1＋13%）－600÷（1＋13%）]×13%≈60.97（元）；应交城市维护建设税及教

育费附加 =60.97×（7% + 3%）=6.097（元）。

返还现金时商场需为顾客代扣代缴偶然所得的个人所得税为：226÷（1-20%）×20%=56.5（元）。合计：60.97 + 6.097 + 56.5=123.567（元）。

很显然，3种方案中第1种最好，第3种最差，第2种居中。当然，如果前提条件发生变化，那么方案的优劣也会产生变化。所以，企业必须根据实际产品和实际促销方式认真计算相关税额，这样才能找到最佳的纳税筹划方案。

4. 促销返券

返券也是主流的促销方式之一。所谓返券，就是顾客消费达一定门槛后获赠相应数额购物券，下次购物时可以用于抵扣。通过各大电商平台的大力推广，目前返券已经成为重要的促销手段。

相对于赠品，返券一方面会让顾客感到更加实惠；另一方面，企业借助返券可以让顾客在店内或平台循环消费。所以在重大节假日，几乎所有商家都会进行返券促销活动。

对于返券，不同的处理方式，将会产生不同的税负。有的企业认为：返券应作为销售费用处理，企业将派发的购物券借记"销售费用"科目，同时贷记"预计负债"科目；当顾客使用购物券时，借记"预计负债"科目，贷记"主营业务收入"等科目，同时结转销售成本，逾期未收回的购物券冲减销售费用和预计负债。

这种方式看似合理，但事实上存在非常大的弊端。如果返券比例过大，就会导致销售收入虚增，企业不得不承担过高的税负。

合理的做法，是进行返券发放时只登记，不做账务处理。当顾客实际使用进行消费时，再对收款部分进行记账。即顾客在持券消费时，实际销售金额仅为购物券以外的部分。

以案例进行说明。

A商场90%的专柜均签订联营合同，抽成率为20%（特价商品除外），在某节日期间，A商场举行联营专柜全场"满200送200"的返券促销活动，购物券由商场统一赠送，对联营专柜按含券销售额结款，抽成率提高至45%。商场在活动期间含券销售额达5 850万元，其中：现金收款3 510万元，发出购物券3 000万元，回收购物券2 340万元。

针对A商场的这种促销，纳税筹划人员进行了以下分析。

A商场应付专柜货款共计：5 850×（1-45%）=3 217.5（万元），销售成本=3 217.5÷（1＋13%）≈2 847（万元），增值税进项税额=2 847×13%=370.11（万元）。分别按两种方案确认销售收入的会计处理如下。

方案一：发放的购物券作为销售费用。

（1）发放购物券。销售费用增加3 000万元；预计负债增加3 000万元。

（2）确认销售收入。库存现金增加3 510万元，预计负债减少2 340万元；主营业务收入=5 850÷（1＋13%）≈5 177（万元），增值税销项税额=5 177×13%=673.01（万元）。

（3）冲销未回收的购物券。预计负债=3 000-2 340=660（万元）；销售费用=660万元。

此方案产生应交增值税302.9万元（673.01-370.11），毛利为2 330万元（5 177-2 847），名义毛利率为45%，但除去返券产生的2 340万元销售费用后，实际利润为-10万元。

方案二：发券时不做账务处理。

发出购物券时不做账务处理，回收购物券时直接在销售发票上列示"折扣"，仅对现金销售部分确认销售收入。库存现金=3 510万元；主营业务收入=3 510÷（1＋13%）≈3 106（万元）；增值税销项税额=3 106×13%=403.78（万元）。

此方案产生应交增值税 33.67 万元（403.78-370.11），实现毛利 259 万元（3 106-2 847），无其他销售费用。与方案一相比，仅增值税一项即可为 A 商场节省 269.23 万元（302.9-33.67）。

5. 促销宣传

促销必然需要进行一定的宣传推广，才能将促销活动告知消费者。消费方式的不同，也会造成所得税费用扣除率不同。通常来说，通过媒体广告宣传，覆盖面广、扣除比例大，但费用高；自行开展宣传活动，范围窄、扣除比例小，但费用支出少。企业进行宣传产生的费用，《中华人民共和国企业所得税法实施条例》第四十四条有明确规定。

企业发生的符合条件的广告费和业务宣传费支出，除国务院财政、税务主管部门另有规定外，不超过当年销售（营业）收入 15% 的部分，准予扣除；超过部分，准予在以后纳税年度结转扣除。

7.4 巧签合同的纳税筹划

合同类型、条款的不同，也会导致税收成本不同。所以，企业应针对合同进行相应的规划，以此实现纳税筹划的目的。

7.4.1 税法依据

想要通过巧签合同降低税收成本，企业需要认真研究以下法律法规。

《中华人民共和国增值税暂行条例》第二十三条规定如下。

增值税的纳税期限分别为 1 日、3 日、5 日、10 日、15 日、1 个月或者 1 个季度。纳税人的具体纳税期限，由主管税务机关根据纳税人应纳税额的大小分别核定；不能按照固定期限纳税的，可以按次纳税。

纳税人以 1 个月或者 1 个季度为 1 个纳税期的，自期满之日起 15 日内申报纳税；以 1 日、3 日、5 日、10 日或者 15 日为 1 个纳税期的，自期满之日起 5 日内预缴税款，于次月 1 日起 15 日内申报纳税并结清上月应纳税款。

扣缴义务人解缴税款的期限，依照前两款规定执行。

《中华人民共和国增值税暂行条例》第二十四条规定如下。

纳税人进口货物，应当自海关填发海关进口增值税专用缴款书之日起 15 日内缴纳税款。

《中华人民共和国企业所得税法实施条例》第二十三条规定如下。

企业的下列生产经营业务可以分期确认收入的实现：

（一）以分期收款方式销售货物的，按照合同约定的收款日期确认收入的实现；

（二）企业受托加工制造大型机械设备、船舶、飞机，以及从事建筑、安装、装配工程业务或者提供其他劳务等，持续时间超过 12 个月的，按照纳税年度内完工进度或者完成的工作量确认收入的实现。

《营业税改征增值税试点实施办法》（财税〔2016〕36 号文件印发）第

二十六条规定如下。

纳税人取得的增值税扣税凭证不符合法律、行政法规或者国家税务总局有关规定的，其进项税额不得从销项税额中抵扣。

增值税扣税凭证，是指增值税专用发票、海关进口增值税专用缴款书、农产品收购发票、农产品销售发票和完税凭证。

纳税人凭完税凭证抵扣进项税额的，应当具备书面合同、付款证明和境外单位的对账单或者发票。资料不全的，其进项税额不得从销项税额中抵扣。

7.4.2 注意问题

签订合同时，有以下几个问题需要企业特别注意，它们都会直接影响最终的税负。

1. 合同价格明确是否含税

不少企业的业务人员在签订合同时，往往只注意最终价格的高低，忽视了该价格是否包含增值税。价格将直接影响企业应纳税额或抵扣额的大小。所以，一定要注意合同中是否写明含税条款。业务人员如果不熟悉相关内容，则要及时与财务人员沟通确认。

2. 慎用托收承付和委托收款

所谓托收承付，是指根据购销合同由收款人发货后委托银行向异地购货单位收取货款，购货单位根据合同对单或对证验货后，向银行承认付款的一种结算方式。委托收款，则是收款人委托银行向付款人收取款项的结算方式。

在实际商业活动中，托收承付和委托收款都是常见的结算方式。这两种方式的优势在于企业只负担了前期的生产成本和销售成本，将收款环节交给银行，减小了账款回收的难度。

其缺点在于虽然降低了企业回收货款的难度，但造成企业提前缴纳税款。事实上，企业并没有立即收回货款，但只要货物发出，税务机关根据合同就会认定企业已经实现收入，应缴纳增值税。

以案例说明。

2019年9月，A公司与B公司签订合同。双方约定：A公司向B公司出售总价值为4 000万元的产品，并采用委托银行收款的方式进行结算。合同签约当天，A公司就按照规定向B公司发货，开具了增值税专用发票，并到当地银行办理了托收手续。

按照约定，2019年11月，B公司的款项应当收回。然而到了当月底，B公司不仅没有付款，还以产品质量有问题为由，向A公司发出了拒收货物和拒付款项的通知。

A、B公司经过长时间的协调，依然没有达成协议。最终，A公司不得不同意了对方的退货要求，结果双方的交易没有成立。

根据规定，A公司由于在发出货物时已经办理了相关托收手续，所以发生了增值税纳税义务。所以在2019年9月，A公司就缴纳了相应税款。但最终的结果是，A公司没有收到货款，却缴纳了税款。虽然这部分税款在退货的当月可以冲减，但A公司的资金被无偿占用了一段时间，对公司的资金造成了一定的影响。

3. 注意印花税

所谓印花税，是对经济活动和经济交往中订立、领受具有法律效力的凭证的行为所征收的一种税。形成合同，就要缴纳印花税，所以在进行纳税筹划时不要忽视对印花税的计算。

企业一定要把握印花税纳税义务发生时间。按照规定，在书立应税凭证或完成证券交易的当日，企业就应缴纳印花税。

需要特别注意的是：凡多贴印花税票者，不得申请退税或者抵用。同时，合同签订时即应贴花，履行完税手续。所以，无论合同是否兑现，都必须按照规定贴花。未缴或者少缴印花税税款的，税务机关除令其限期补缴税款外，并从滞纳之日起，按日加收滞纳金。

7.4.3 纳税筹划方案

企业经营过程中，几乎所有经济往来都需要签订合同，这是对双方权益的保障，也是计算税款的依据。企业要根据业务销售的类型，选择相应的合同签订模式。

1. 通过合同约定的结算方式，实现增值税延期纳税

在规定的期限内，进行分期或延期纳税，有利于企业利用货币时间价值。在合同签订过程中，双方要约定结算方式，根据《中华人民共和国增值税暂行条例》第二十三条和第二十四条规定，企业可以享受一定的延期纳税，但是延长期限只有 1 个月，并且必须在次月 15 日内缴清税款，所以纳税筹划的空间非常有限。因此，进行纳税筹划时，可通过合同的签订来合法地延迟纳税义务的发生时间。在签订合同时，一定要明确采用何种结算方式。如果明确货款短时间内无法全部收回，那么选择赊销或分期收款结算方式，并约定货款的收款日期，也有利于企业享受延期纳税。

《中华人民共和国增值税暂行条例实施细则》（中华人民共和国财政部 国家税务总局令第 50 号）第三十八条规定如下。

（三）采取赊销和分期收款方式销售货物，为书面合同约定的收款日期的当天，无书面合同的或者书面合同没有约定收款日期的，为货物发出的当天。

基于该条规定，以案例说明赊销和分期收款方式的优势。

A玩具厂当月发生了5笔销售业务，共计应收货款1 800万元（含税价）。其中，3笔共计1 000万元，货款两清；一笔300万元，两年后一次付清；一笔一年后付250万元，一年半后付150万元，余款100万元两年后结清。

如果企业选择直接收款的方式，那么当月的所有销售收入都应缴税，增值税税额为1 800÷（1＋13%）×13%≈207.08（万元）。如果对未收款项不记账，就会违反相关法律的规定，少计销项税额，属于拖缴税款行为。

但是，如果企业采用赊销和分期收款结算方式，对当期未收到的800万元在合同中说明，那么可以实现延期纳税。当期未收到的800万元，在以后各期的销项税额计算如下。

（300＋100）÷（1＋13%）×13%≈46.02（万元）。

150÷（1＋13%）×13%≈17.26（万元）。

250÷（1＋13%）×13%≈28.76（万元）。

很显然，如果合同中约定了赊销和分期收款条款，那么企业的流动资金将会大幅增加，相关利息也会减少。

2. 对涉税事项进行多次审核

巧签合同的纳税筹划，涉及非常多的法律法规，所以，在制订筹划方案时，一定要进行多次审核、校对，重点关注合同中约定的税负、发票开具等条款是否符合国家税收法律法规的要求。

如果合同中明确发票类型，那么企业一定要确认发票类型与合同业务内容、业务性质保持一致，审核时应以合作方机构所在地、劳务发生地、业务内容为标准进行判定；对于涉及增值税业务的票据，应标明开具增值税专票或者普通发票，以及税率。这些内容必须确保准确，否则发票就有可能被税务机关认为无效。

如果合同中没有明确发票类型，那么企业应当对合同进行调整，通过对"乙方须提供符合税法规定、以甲方财务要求的正规税务发票"等方式进行。

企业还应关注行政事业收据的问题。如果企业的合作方是行政事业单位，合作内容是行政事业单位职责范围内的业务，则对方可以提供行政事业单位专用收据。如果合作内容超出了行政事业单位职责范围，那么应当要求对方提供符合税法规定的正规税控发票；若对方提供的不是正规税控发票，则税务机关同样有可能认为发票无效。

7.5 销售返利政策的纳税筹划

所谓销售返利，是指厂家或供货商为了刺激销售，提高经销商（或代理商）的销售积极性而采取的商业操作模式。当经销商（或代理商）完成了一定销售额后，厂家或供货商就会给予其一定的返点或奖励。

销售返利政策在相关法律法规上是允许的，但是必须注意返利的形式。如果处理不得当，不仅不会产生节税、刺激销售的目的，反而还会形成虚假业务。

7.5.1 税法依据

对于销售返利，企业制定纳税筹划方案时需要遵循以下法律法规。

《国家税务总局关于纳税人折扣折让行为开具红字增值税专用发票问题的通知》（国税函〔2006〕1279号）规定如下。

纳税人销售货物并向购买方开具增值税专用发票后，由于购货方在一定时期内累计购买货物达到一定数量，或者由于市场价格下降等原因，销货方给予购货方相应的价格优惠或补偿等折扣、折让行为，销货方可按现行《增值税专用发票使用规定》的有关规定开具红字增值税专用发票。

《国家税务总局关于商业企业向货物供应方收取的部分费用征收流转税问题的通知》（国税发〔2004〕136号）规定如下。

应冲减进项税金的计算公式调整为：

当期应冲减进项税金＝当期取得的返还资金÷（1＋所购货物适用增值税税率）×所购货物适用增值税税率

7.5.2 注意问题

针对销售返利政策，企业要注意以下几点。

1. 明确返利的实质

销售返利是典型的事后折扣，只有达到一定销售额度后才能获得折扣。所以，它无法满足在同一张发票上注明折扣的要求，折扣额应采取开具红字发票的措施。如果销售方要求开增值税发票，那就是视同销售进行账务处理，就会成为虚假业务，这是违法的。

因此，无论企业是采用现金返利还是实物返利，都必须按照法规文件执行相关操作，销售方冲销收入与销项税额，采购方冲减成本与进项税额。销售方按照正常的销售进行处理，开具蓝字专用发票申报销项税额，采购方取得专用发票用于抵扣。

2. 区分销售返利与一般商业折扣的区别

销售返利本质上也是一种商业折扣，所以很多企业在进行销售返利纳税筹划时，往往采用一般商业折扣的方式，造成不良后果。企业一定要正确区分销售返利与一般商业折扣的区别。

（1）一般商业折扣既可以发生在销售前，也可以发生在销售后。但是，销售返利的实际兑现必然发生在销售后，所以二者适用的税法不同。

（2）一般商业折扣是针对单笔销售业务的，货款可能随货物发出一起结算，也可能并非同时结算。而销售返利是针对年度累计销售数量或金额的，企业发出货物前必须收到货款。

（3）一般商业折扣与销售返利都可以在销售前明确具体的金额和比例，但不同的是：一般商业折扣在购买时则能享受，而销售返利采取的是超额累进的奖励办法。所以，如果销售数量或金额未能达到双方约定的最低限额，那么相关企业无法享受销售返利。即使销售数量或金额超过最低限额，也要根据实际销售数量或金额进行计算，在销售前无法做到绝对精准的计算。

3. 杜绝将销售返利开成劳务费

现实商业活动中，不少企业因为各种原因，将销售返利错开为劳务费，这种做法会给企业带来非常大的税务风险。

（1）企业多缴增值税。销售返利的本质是折扣，是企业销售货物的实际收入扣除返利后的余额。对于这种行为，《国家税务总局关于印发〈增值税若干具体问题的规定〉的通知》（国税发〔1993〕154号）第二条有明确规定。

（二）纳税人采取折扣方式销售货物，如果销售额和折扣额在同一张发票上分别注明的，可按折扣后的销售额征收增值税；如果将折扣额另开发票，不论其在财务上如何处理，均不得从销售额中减除折扣额。

如果企业开具劳务费发票，那么显然不符合"销售额和折扣额在同一张发票上分别注明"的条件。这样一来，企业给予销售企业的销售返利部分就不允许抵减其销售额，造成了增值税的增加。

（2）企业多缴其他税。如果开具劳务费发票，那么企业将按服务业税目缴税，同时还要缴纳城市维护建设税、教育费附加、企业所得税等。事实上，企业并没有产生相关应税行为，但不当的开票处理，导致税收负担增加。

（3）针对销售返利行为开具劳务费发票，违反了发票管理的规定，属于未按规定开具发票。一旦被税务机关查出，双方将会遭受相应的处罚。

《中华人民共和国发票管理办法》第三十五条规定如下。

违反本办法的规定，有下列情形之一的，由税务机关责令改正，可以处1万元以下的罚款；有违法所得的予以没收：

（一）应当开具而未开具发票，或者未按照规定的时限、顺序、栏目，全部联次一次性开具发票，或者未加盖发票专用章的。

7.5.3 纳税筹划方案

从本质上来说，销售返利属于价格折扣，对价格进行减让。它需要依据供货方年度（或一段时间）销售情况到年终（或结算期）才能决定存在与否和存在多少。所以，在日常企业的税务处理过程当中，对于销售返利的纳税筹划，应当比照销售折扣进行处理。企业请销售方到购货方所在地税务机关开具进货退出或索取折让证明单后，企业向销售方开具红字专用发票。这样一来，企业不但可以凭开具的红字专用发票冲减当期销售收入而少缴流转税，而且可以合法抵减计算所得税的销售收入。

7.6 混合销售的纳税筹划

所谓混合销售，是指在实际工作中，一项销售行为既涉及货物销售又涉及提供增值税应税劳务。例如，企业进行货物的销售，同时向采购方提供货物运输、卸载等业务，这就是混合销售模式。对于混合销售模式，企业要制定相应的纳税筹划方案。

7.6.1 税法依据

对于混合销售的纳税筹划方案，主要依据以下法律法规。

《财政部 国家税务总局关于全面推开营业税改征增值税试点的通知》（财税〔2016〕36号）附件1《营业税改征增值税试点实施办法》第四十条规定如下。

一项销售行为如果既涉及服务又涉及货物，为混合销售。从事货物的生产、批发或者零售的单位和个体工商户的混合销售行为，按照销售货物缴纳增值税；其他单位和个体工商户的混合销售行为，按照销售服务缴纳增值税。

《财政部 国家税务总局关于全面推开营业税改征增值税试点的通知》（财税〔2016〕36号）附件1《营业税改征增值税试点实施办法》第四十一条规定如下。

纳税人兼营免税、减税项目的，应当分别核算免税、减税项目的销售额；未分别核算的，不得免税、减税。

《中华人民共和国增值税暂行条例实施细则》（中华人民共和国财政部 国家税务总局令第 50 号）第六条规定如下。

纳税人的下列混合销售行为，应当分别核算货物的销售额和非增值税应税劳务的营业额，并根据其销售货物的销售额计算缴纳增值税，非增值税应税劳务的营业额不缴纳增值税；未分别核算的，由主管税务机关核定其货物的销售额：

（一）销售自产货物并同时提供建筑业劳务的行为；

（二）财政部、国家税务总局规定的其他情形。

《国家税务总局关于进一步明确营改增有关征管问题的公告》（国家税务总局公告 2017 年第 11 号）第一条规定如下。

纳税人销售活动板房、机器设备、钢结构件等自产货物的同时提供建筑、安装服务，不属于《营业税改征增值税试点实施办法》（财税〔2016〕36 号文件印发）第四十条规定的混合销售，应分别核算货物和建筑服务的销售额，分别适用不同的税率或者征收率。

7.6.2　注意问题

混合销售的纳税规定较为复杂，企业应确认销售是否属于混合销售。

界定销售是否属于混合销售，是进行纳税筹划的关键。根据《财政部 国家税务总局关于全面推开营业税改征增值税试点的通知》（财税〔2016〕36 号）附件 1《营业税改征增值税试点实施办法》第四十条规定，涉及服务和货物的销售行为,为混合销售。那么,对于房地产企业,销售的精装修房配有家电和家具,这是否属于混合销售?

《财政部 国家税务总局关于全面推开营业税改征增值税试点的通知》(财税〔2016〕36号)附件1《营业税改征增值税试点实施办法》第一条规定如下。

在中华人民共和国境内(以下称境内)销售服务、无形资产或者不动产(以下称应税行为)的单位和个人,为增值税纳税人,应当按照本办法缴纳增值税。

根据该规定,征收增值税的范围包括销售服务、无形资产、不动产。而混合销售中的服务不包括无形资产和不动产。所以,房地产企业销售的精装修房屋如果包括家电等,就不是混合销售,需要采用其他的纳税筹划策略。

确认是否属于混合销售时,应遵循两个原则。

(1)销售行为必须是一项,有明确的销售过程。

(2)该项行为必须既涉及服务又涉及货物。所谓货物,包括有形动产,如电力、热力和气体;服务则是指属于改征范围的交通运输服务、建筑服务、金融保险服务、邮政服务、电信服务、现代服务、生活服务等。

所以,在判断混合销售是否成立时,一定要严格按照以上标准进行分析。如果一项销售行为只涉及销售服务,不涉及货物,这种行为就不是混合销售行为;同样,如果涉及销售服务和涉及货物的行为不是一项销售行为,那么它也不是混合销售行为。

7.6.3 纳税筹划方案

针对设计混合销售的业务,企业可以通过以下方式进行纳税筹划方案的制定。

在进行混合销售纳税筹划时，一方面企业要根据相关法规政策进行节税，另一方面也要分析是否会对客户产生影响。在节税的前提下保障各方最佳利益的方案，这才是最好的方案。具体建议包括以下内容。

（1）销售商品的同时，提供其他服务。企业类型不同、销售产品不同，服务的范围有所不同，总体而言包括技术辅导、设备调试等建筑安装以外的其他服务。这属于混合销售行为，按照规定的服务部分，也应当按货物销售缴纳增值税。

如果企业将技术指导、设备调试部分拆分，那么可以降低增值税税负。例如，部分企业为了节税，将提供的相应服务剥离，新设立子公司、分公司等。这样一来，当新设立的纳税主体为增值税一般纳税人时，适用税率为6%；为小规模纳税人时，适用的征收率为3%，如季度收入不超9万元，免增值税。

（2）在提供服务的过程中，用到商品。对于以提供服务为主的企业，如果在提供服务过程中提供商品，需要按照混合销售进行纳税，不需要拆分商品销售处理。例如，提供了建筑中需要的建材，那么按照相应法规和地方不同国税政策，缴纳相应的增值税。

第 8 章

股权转让中的问题和纳税筹划

股权转让也会涉及税收问题，不同性质的转让，对应的税法条例也不尽相同。所以，企业应当重视股权转让的形式和税收要求，保证股权转让的纳税没有违背法律法规，最大限度地实现节税。

8.1 股权转让过程中的问题

股权转账时，会产生如过户、企业合并、转让溢价等方面的纳税问题，此时企业该如何正确处理呢？

8.1.1 股权转让没有及时办理过户纳税问题

股权转让是正常的商业行为。在转让的过程中，当事人必须按照规定及时进行过户纳税，否则，就将承担相关责任。与之相关的案件，近年频发。

2006 年，徐州王某与他人共同出资 6 700 万元收购了徐州 A 公司的全部股权。按照约定，王某出资 5 226 万元，占 78% 的股份。

当年 7 月与 10 月，王某与天津某商贸公司签订股权转让协议和补充协议。双方约定，王某以 16 112.96 万元的价格出售其本人持有的 A 公司 78% 的股权。但王某与相关单位并没有按照税法进行纳税，被举报。

当徐州地税局稽查局接到举报并进行前期侦查后，迅速成立专案组进行深入调查。检察人员来到 A 公司调查相关股权转让问题，但公司负责人表示相关会计和账簿资料并不在公司，不配合检查。专案组人员立刻通过当地工商部门，获取了 A 公司所有的股权申请、批准和转让协议复印件等资料。

通过对资料的分析，专案组发现：该公司工商登记变更非常频繁，这意味着可能存在很多问题。随后，专案组对王某进行约谈。王某未表示异议，但是提出："与天津某商贸公司签订股权转让协议时约定，由我解决5 474万元的拆迁费用，这些费用和天津某商贸公司承诺支付却未支付的866万元遗留财务成本，应作为税前扣除项目。"

随后，专案组来到天津，请求当地税务机关协查，以核实王某的表述内容。经调查发现：A公司2002年11月成立，2006年7月该公司与王某等人签订《股东出资转让协议》，将公司全部股权转让给王某等人，其中王某持股比例达78%。股权变更后，王某担任A公司的法定代表人。2006年7月28日、10月8日，王某与天津某商贸公司签订股权转让协议及补充协议，约定以16 112.96万元的价格出售其持有A公司的全部股权。同年10月，双方签订了付款协议。按照协议，天津某商贸公司在2006年至2010年3月期间，以委托付款等形式将全部股权转让款结算完毕，相关协议条款及承诺支付的866万元财务遗留问题款项全部履行完毕。

专案组经过长时间的走访和调查，最终确认：王某口中的5 474万元拆迁费用与事实不符，本次股权转让的纳税义务已经产生，但王某在规定时间内没有任何申报纳税记录。

2010年12月，徐州地税局稽查局向王某送达《税务处理决定书》及《税务行政处罚书》，要求其在规定期限内补缴财产转让个人所得税20 019 135.38元、印花税106 694.8元、滞纳金73 281.93元，并对其处以少交印花税款50%的罚款，计53 347.4元，限王某在收到稽查文书之日起15日内补缴上述款项。

然而，在规定的期限内，王某并没有补缴相关款项，也没有提出行政复议。随后在2011年4月、6月、8月，徐州地税局稽查局先后三次向王某送达限期缴纳税款通知书。自2010年12月至2011年8月26日，王某补缴个人所得税、印花税、滞纳金及罚款共计2 502 861.6元。

2011年11月17日，由于王某未在规定期限内完全履行缴纳税款的义务，徐州地税局稽查局依法向法院申请强制执行。法院依法对王某做出了补缴税款的行政裁定。

但王某补缴了 10 万元的税款后就消失了。由于逃税金额巨大，已达到追究刑事责任标准，徐州地税局稽查局依照规程将该案移送公安机关。很快，公安机关刑事立案，并将王某抓捕归案。因涉嫌拒不执行判决、裁定罪，王某 2012 年 1 月 23 日被徐州市公安局某分局监视居住，2012 年 2 月 24 日被取保候审。

在被取保候审的当日，王某提交了还款计划书，补缴税款 1 045 万元。2014 年 6 月 12 日，该案在徐州市某区人民法院正式开庭。最终，法院认定王某犯逃税罪，判处王某有期徒刑三年，并处罚金 50 万元。而天津某商贸公司未按规定扣缴王某股权转让个人所得税及 A 公司等股东的涉税问题已另案处理。

这起案件中，因为当事人没有及时办理过户纳税，所以必须承担非常严厉的处罚。

该人民法院之所以做出如此判定，是因为依据了以下法规。

《中华人民共和国刑法》第二百零一条规定如下。

纳税人采取欺骗、隐瞒手段进行虚假纳税申报或者不申报，逃避缴纳税款数额较大并且占应纳税额百分之十以上的，处三年以下有期徒刑或者拘役，并处罚金；数额巨大并且占应纳税额百分之三十以上的，处三年以上七年以下有期徒刑，并处罚金。

《最高人民法院关于审理偷税抗税刑事案件具体应用法律若干问题的解释》第一条规定如下。

纳税人实施下列行为之一，不缴或者少缴应纳税款，偷税数额占应纳税额的百分之十以上且偷税数额在一万元以上的，依照刑法第二百零一条第一款的规定定罪处罚：

（一）伪造、变造、隐匿、擅自销毁账簿、记账凭证；

（二）在账簿上多列支出或者不列、少列收入；

（三）经税务机关通知申报而拒不申报纳税；

（四）进行虚假纳税申报；

（五）缴纳税款后，以假报出口或者其他欺骗手段，骗取所缴纳的税款。

从上述案例可以看到，如果没有及时办理过户纳税，那么当事人必然会受到法律的严惩，可谓得不偿失。进行股权转让，当事人必须按照《股权转让所得个人所得税管理办法（试行）》《中华人民共和国个人所得税法》的规定完成纳税。

《股权转让所得个人所得税管理办法（试行）》第四条规定如下。

个人转让股权，以股权转让收入减除股权原值和合理费用后的余额为应纳税所得额，按"财产转让所得"缴纳个人所得税。

合理费用是指股权转让时按照规定支付的有关税费。

《股权转让所得个人所得税管理办法（试行）》第五条规定如下。

个人股权转让所得个人所得税，以股权转让方为纳税人，以受让方为扣缴义务人。

《中华人民共和国个人所得税法》第三条第三项规定如下。

利息、股息、红利所得，财产租赁所得，财产转让所得和偶然所得，适用比例税率，税率为百分之二十。

8.1.2 企业合并业务纳税问题

企业合并，是指一家企业取得另外一家或几家企业全部资产负债的行为，是合并方与被合并方股东之间的交易。企业合并过程中，交易方会转让全部资产负债，从而产生经济事项。同时，在合并业务发生后，被合并方的法律主体地位也将消失。在这个过程中，企业同样需要注意相关纳税行为。

企业合并涉及的税种较多，包括增值税、个人所得税、土地增值税、企业所得税、契税等。所以，纳税筹划人员一定要做到细致、完整，不能忽视任何一个纳税环节。

关于增值税，《国家税务总局关于纳税人资产重组有关增值税问题的公告》（国家税务总局公告 2013 年第 66 号）规定如下。

纳税人在资产重组过程中，通过合并、分立、出售、置换等方式，将全部或者部分实物资产以及与其相关联的债权、负债经多次转让后，最终的受让方与劳动力接收方为同一单位和个人的，仍适用《国家税务总局关于纳税人资产重组有关增值税问题的公告》（国家税务总局公告 2011 年第 13 号）的相关规定，其中货物的多次转让行为均不征收增值税。

关于个人所得税，国家税务总局公告 2010 年第 4 号文件和财税〔2009〕59 号文件规定了以下内容。

符合特殊性税务处理条件的，被合并方不需要进行清算。在会计账务处理中，被合并方资产、负债、所有者权益中有关数据，基本上按原账面数额移植到合并方企业。在此过程中，未分配利润没有发生分配行为，不需征收个人所得税；如果在免税重组过程中，合并方账务处理时对未分配利润做了转增股本处理，则需要征收个人所得税。

关于土地增值税，相关规定如下。

《财政部、国家税务总局关于企业改制重组有关土地增值税政策的通知》（财税〔2015〕5 号）第二条规定：

按照法律规定或者合同约定，两个或两个以上企业合并为一个企业，且原企业投资主体存续的，对原企业将国有土地、房屋权属转移、变更到合并后的企业，暂不征土地增值税。

关于企业所得税，《财政部 国家税务总局关于企业重组业务企业所得税处理若干问题的通知》（财税〔2009〕59 号）规定如下。

（四）企业合并，当事各方应按下列规定处理：

1. 合并企业应按公允价值确定接受被合并企业各项资产和负债的计税基础。

2. 被合并企业及其股东都应按清算进行所得税处理。

3. 被合并企业的亏损不得在合并企业结转弥补。

关于契税，相关规定如下。

《关于进一步支持企业事业单位改制重组有关契税政策的通知》（财税〔2015〕37号）第三条规定：

两个或两个以上的公司，依照法律规定、合同约定，合并为一个公司，且原投资主体存续的，对合并后公司承受原合并各方土地、房屋权属，免征契税。

企业在开展合并业务时必须逐条分析相关法律法规，确保没有遗漏和违反规定。

8.1.3 股权转让溢价纳税问题

股权转让时，如果出现溢价，那么税负也会产生一定变动，这是进行股权转让时应当注意的。股权转让溢价的部分应依法征收20%的个人所得税。

《财政部 国家税务总局 证券会关于个人转让上市公司限售股所得征收个人所得税有关问题的通知》（财税〔2009〕167号）第三条规定如下。

个人转让限售股，以每次限售股转让收入，减除股票原值和合理税费后的余额，为应纳税所得额。即：

应纳税所得额 = 限售股转让收入 −（限售股原值 + 合理税费）

应纳税额 = 应纳税所得额 × 20%

本通知所称的限售股转让收入，是指转让限售股股票实际取得的收入。限售股原值，是指限售股买入时的买入价及按照规定缴纳的有关费用。合理税费，是指转让限售股过程中发生的印花税、佣金、过户费等与交易相关的税费。

例如，某上市公司实收资本3 000万元，资本公积5 000万元，未分配利润 -100万元。上市公司股东A转让给B的500万元股份占公司总股份的6%。如果按照600万元将股权转让给B，那么属于溢价转让。超出500万元的部分，即100万元，股东A要按20%的税率计算缴纳个人所得税，即应交个人所得税 =100×20%=20（万元）。

8.2 股权转让的纳税筹划

股权转让，就是公司股东依法将自己的股东权益有偿转让给他人，使他人取得股权的经济活动。对于股权转让的纳税筹划，企业应遵循以下法律法规。

8.2.1 税法依据

进行股权转让的纳税筹划，需要依据以下法律法规。

《股权转让所得个人所得税管理办法（试行）》（国家税务总局公告2014年第67号）第十条规定如下。

股权转让收入应当按照公平交易原则确定。

《股权转让所得个人所得税管理办法（试行）》（国家税务总局公告2014

年第 67 号）第十三条规定如下。

符合下列条件之一的股权转让收入明显偏低，视为有正当理由：

（一）能出具有效文件，证明被投资企业因国家政策调整，生产经营受到重大影响，导致低价转让股权；

（二）继承或将股权转让给其能提供具有法律效力身份关系证明的配偶、父母、子女、祖父母、外祖父母、孙子女、外孙子女、兄弟姐妹以及对转让人承担直接抚养或者赡养义务的抚养人或者赡养人；

（三）相关法律、政府文件或企业章程规定，并有相关资料充分证明转让价格合理且真实的本企业员工持有的不能对外转让股权的内部转让；

（四）股权转让双方能够提供有效证据证明其合理性的其他合理情形。

《中华人民共和国个人所得税法实施条例》第六条第八款规定如下。

财产转让所得，是指个人转让有价证券、股权、合伙企业中的财产份额、不动产、机器设备、车船以及其他财产取得的所得。

《中华人民共和国企业所得税法》第四条规定如下。

企业所得税的税率为 25%。

《中华人民共和国企业所得税法》第六条规定如下。

企业以货币形式和非货币形式从各种来源取得的收入,为收入总额。包括:

（一）销售货物收入；

（二）提供劳务收入；

（三）转让财产收入；

……

8.2.2 注意问题

近年来,伴随着市场经济的飞速发展,并购重组等交易快速增加,股权转让也越来越多。股权转让并不是简单地将股权让出,其不仅涉及法律流程问题,还涉及税务问题等。所以,进行股权转让时,必须做好以下内容。

1. 杜绝各类非法行为

为了逃避纳税,部分企业和个人进行股权转让时,采用了非法的纳税筹划方案,这是必须杜绝的。常见的非法的股权转让行为如下。

（1）虚假评估。在股权转让的过程中,涉及转让标的不动产占比较大的情形时,部分企业和个人通过虚假评估的方式,降低转让标的价值,减少所得税。

（2）签订"阴阳合同"。为了逃税、漏税或骗取税款,部分企业和个人往往会向税务机关提交一份非真实的合同,例如将一份平价转让合同提交给税务机关。

（3）制造虚假交易。转让方和受让方在进行股权转让前,签署其他交易合同,如借贷合同等,冲抵交易,转移资金。

（4）不代扣代缴，不纳税申报。在个人股权转让中，部分企业不纳税申报，企图蒙混过关。

上述行为都是股权转让中经常出现的非法行为。也许当事人以为自己少缴税不会被发现，但事实上这些行为已经违反《中华人民共和国公司法》《中华人民共和国会计法》《中华人民共和国个人所得税法》等，一旦被税务机关发现，情况严重者甚至会被刑事处罚。

以案例形式说明股权转让过程中会出现的税法问题。

2020年，大连市税务机关检查人员接到国家税务总局交办的专项检查任务，对A公司进行税务审查，发现其在股权转让和减持过程中存在没有主动申报缴纳相关税且申报不准确、不规范的现象。

为此，大连市税务机关特别成立检查组，针对A公司2014—2016年的股权涉税问题进行调查。调查发现，A公司成立于1999年，注册资金1亿元，主营业务为项目投资、管理及进出口贸易等。通常来说，企业的股权业务，在特别指定的会计科目中进行单独核算，股权投资时一般记入"长期股权投资"科目，股权收益、损失和转让所得一般记入"投资收益"科目。为此，检察人员针对"长期股权投资""投资收益"等科目进行逐一分析，最终发现了问题所在。

利润表显示：A公司2014—2016年长期股权投资持续减少，平均每年减少1.5亿元，投资收益连年增加，2015年投资收益甚至达到了8.3亿元。A公司持有较多企业的股权，持有时间长，并且基本是2014年以前的投资。A公司的股权投资多样，既有非上市公司的股权，也有上市公司的股权，同时还包括一定数量的境外企业股权。A公司的股权转让方式也很复杂，包括书面协议、股票市场转让等。2014—2016年，A公司通过各类方式，减持了超过十家公司的股权。

经过不断分析，检查人员发现了该公司在2016年"投资收益"科目中记载了两笔金额，数额达到 -760 余万元。但是，具体业务非常模糊。为此，检查人员对财务人员进行问询，得知这笔账目记录了 A 公司境外股权投资不当，损失的 760 余万元，该公司已在 2016 年企业所得税汇算时做了税前扣除处理。

按照《企业资产损失所得税税前扣除管理办法》（国家税务总局公告 2011 年第 25 号）规定，股权投资损失属于资产损失，应按规定的程序和要求向主管税务机关提供资产损失证据材料，如股权投资计税基础证明材料、被投资企业破产公告等，并进行专项申报后方能在税前扣除。

然而现实情况是：A 公司仅向检查人员提供了董事会同意该项损失作为投资损失核算的决议，却无法按照税法规定出示上述股权投资损失的相关证据材料，并且未按规定向主管税务机关做专项申报。

随后，检查组发现了其他的问题。A 公司 2007—2016 年，发生了多次投资和转让股权活动，每次投资的初始投资成本究竟是多少，财务记录一片混乱，财务人员也无法做出准确的回答。为此，检查人员开始逐年梳理 A 公司的股权投资成本。

调查发现，2014 年，A 公司的"其他应付款"科目中，有一笔 5 000 万元的资金常年挂账，没有做任何处理。账目显示：这笔资金的付款方为外地的 M 投资公司。

针对该笔资金，A 公司解释如下。之前与 M 投资公司签订了股权转让协议，拟向 M 投资公司转让其持有的 B 公司股票，双方约定"如购买方未能在约定时间内支付股权转让款，则其向 A 公司支付的 5 000 万元定金不予退还"。不过，因为种种问题，M 投资公司没有按时履约，这笔交易不得不搁浅。而这笔 5 000 万元的费用，就是该笔项目的定金。

那么，为何合作没有达成，A 公司没有将该笔违约赔偿金作为收入处理？财务人员解释称，2015 年 1 月，因 M 投资公司法定代表人涉嫌犯罪，调查期间这笔款项被公安机关冻结了，担心有后续问题，谨慎起见，公司没有确认该项收入并申报缴纳企业所得税。随后，财务人员出具了公安机关冻结该笔资金的执法文书。

为了核实相关问题，检查人员奔赴 M 投资公司所在地进行调查。结果显示，该款项仅仅冻结了 6 个月，早已解除冻结。检查人员认为，合同业务已终止，A 公司已收到款项，5 000 万元应作为违约金收入确认企业所得，按照税法规定，A 公司应就该项收入申报缴纳企业所得税。

最终，大连市税务机关依法对 A 公司做出处理决定：对 2016 年 A 公司违规税前扣除的股权投资损失 760 余万元、收到的 5 000 万元违约金收入进行纳税调增，合计调增企业所得税应纳税所得额 5 760 余万元。A 公司补缴企业所得税 1 394 万元，加收滞纳金 248 万元。A 公司对处理决定未提出异议，并在规定的期限内如数补缴了税款。

企业进行股权转让时，必须根据相关法规进行合理规划，否则很容易出现案例中的问题，得不偿失。

《国家税务总局关于贯彻落实企业所得税法若干税收问题的通知》（国税函〔2010〕79 号）第三条规定如下。

企业转让股权收入，应于转让协议生效、且完成股权变更手续时，确认收入的实现。转让股权收入扣除为取得该股权所发生的成本后，为股权转让所得。企业在计算股权转让所得时，不得扣除被投资企业未分配利润等股东留存收益中按该项股权所可能分配的金额。

《国家税务总局关于企业取得财产转让等所得企业所得税处理问题的公告》（国家税务总局公告 2010 年第 19 号）规定如下。

企业取得财产（包括各类资产、股权、债权等）转让收入、债务重组收入、接受捐赠收入、无法偿付的应付款收入等，不论是以货币形式、还是非货币形式体现，除另有规定外，均应一次性计入确认收入的年度计算缴纳企业所得税。

《中华人民共和国企业所得税法》第六条规定如下。

企业以货币形式和非货币形式从各种来源取得的收入，为收入总额。包括：（一）销售货物收入；（二）提供劳务收入；（三）转让财产收入；（四）股息、红利等权益性投资收益；（五）利息收入；（六）租金收入；（七）特许权使用费收入；（八）接受捐赠收入；（九）其他收入。

《中华人民共和国企业所得税法实施条例》第二十二条规定如下。

企业所得税法第六条第（九）项所称其他收入，是指企业取得的除企业所得税法第六条第（一）项至第（八）项规定的收入外的其他收入，包括企业资产溢余收入、逾期未退包装物押金收入、确实无法偿付的应付款项、已作坏账损失处理后又收回的应收款项、债务重组收入、补贴收入、违约金收入、汇兑收益等。

2. 签订正式的股权转让合同

股权转让会对企业、个人产生非常重要的影响，所以进行股权转让时，双方必须签订正式的《股权转让合同》。除股权转让价格不能改变之外，付款条件、付款期限等内容与意向书也不能有实质性变化，否则就可能因为构成"阴阳合同"而被法院撤销或认定无效，同时带来巨大的税务风险。

8.2.3 纳税筹划方案

对于股权转让的纳税筹划方案，企业可以从以下几个角度进行设计。

1. 合理利用正当理由实现低价转让股权

根据《股权转让所得个人所得税管理办法（试行）》（国家税务总局公告 2014 年第 67 号）第十条和第十三条的规定，股权可以进行低价转让，但应符合相关法律法规的规定。

所以，在实际的纳税筹划中，企业可以利用相关政策，实现低价转让、税负降低的目的。例如，如果企业所处的行业处于较为困难的时期，且国家政策有明确说明，那么企业可以准备充分证据材料，低价转让股权。

需要注意的是，正当理由必须符合法规的规范，不可为了低价转让而伪造相关证明资料。

2. 先分红、然后盈余公积转增资本、再转让的纳税筹划方案

企业通过先分红、然后盈余公积转增资本、再转让的纳税筹划方案，也可以有效降低股权转让过程中的税负。这种模式较为复杂，以案例进行说明。

前提：A 公司投资 M 公司的初始资本为 6 000 万元，占该公司股份的 60%。B 公司出资 4 000 万元，占 M 公司 40% 的股份。

需求：A 公司决定将持有 M 公司的所有股份全部转让给自然人 C。

自然人 C 持有 N 公司的股权。在股权转让前，M 公司的未分配利润为 5 000 万元，盈余公积为 5 000 万元。2019 年 A 公司将其股份作价 13 000 万元全部转让给自然人 C。

针对这类股权转让，可以设计 3 种纳税筹划方案。

（1）第一种方案，是直接转让股权。相关计算如下。

A 公司股权转让所得 =13 000-6 000=7 000（万元）。

应交企业所得税 =7 000×25%=1 750（万元）。

A 公司在 M 公司享有的未分配利润、盈余公积不能直接扣减。

（2）第二种方案，是先分红后转让。M 公司先分红，那么根据持股比例，A 公司可以分得 5 000×60%=3 000（万元），分红后 A 公司的股权转让收入 =13 000-3 000=10 000（万元）。

A 公司分得的股息红利 3 000 万元免税（A 公司的股息假定符合企业所得税的免税收入条件），相关计算如下。

股权转让所得 =10 000-6 000=4 000（万元）。

应交企业所得税 =4 000×25%=1 000（万元）。

相对第一种方案，A 公司可以节省税负 750 万元。

（3）第三种方案，是先分红，然后盈余公积转增资本，再转让。这种方案的具体模式为：M 公司先分红，分红后 A 公司股权转让收入为 10 000 万元，由于盈余公积无法分红，可以采取盈余公积转增资本的方式，增加股权的计税基础从而降低税负。

《中华人民共和国公司法》第一百六十六条规定如下。

公司分配当年税后利润时，应当提取利润的百分之十列入公司法定公积金。公司法定公积金累计额为公司注册资本的百分之五十以上的，可以不再提取。

《中华人民共和国公司法》第一百六十八条规定如下。

法定公积金转为资本时，所留存的该项公积金不得少于转增前公司注册资本的百分之二十五。

M公司的盈余公积金为5 000万元，是注册资本的50%，符合上述规定。同时M公司可以2 500万元盈余公积转增资本，转股后公司的注册资本增加至1.25亿元。

A公司的投资成本=6 000 + 2 500×60%=7 500（万元）。

A公司股权转让所得=10 000-7 500=2 500（万元）。

应交企业所得税=2 500×25%=625（万元）。

这种方案与第一种方案相比，节税1 125万元；与第二种方案相比，节税375万元。所以，在进行股权转让纳税筹划时，不妨采用这种方法实现节税的目的。

第 9 章

利润分配的纳税筹划

　　股票分红、利润分红等利润分配具有不同的模式，遵照不同的纳税依据并形成了不同的税负。企业应根据股东的需求、企业发展的实际情况，找到合理的利润分配方案，在有效节税的同时，让相关投资人、股东的利润得到最大限度的保障。

9.1 按利润分配顺序的纳税筹划

企业实现的净利润，应当按照国家规定的顺序进行分配，以保证所有者的合法权益和企业长期、稳定的发展。

9.1.1 企业利润分配顺序

企业本年实现的净利润加上年初未分配利润为可供分配的利润。企业可供分配的利润必须遵照国家有关政策、制度和公司章程及董事会决议进行分配。

其分配顺序为如下。

1. 第一步，国家参与的利润总额分配

企业在一定期间内实现的利润总额应按照《中华人民共和国企业所得税法》及其实施条例的规定进行调整，将会计利润调整为应纳税所得额，再根据企业适用的所得税税率计算所得税。

企业只能通过合理的安排尽量减少应纳税所得额或者使企业充分享受税收优惠和税前弥补亏损政策，达到纳税筹划的目的。

2. 第二步，由企业掌握的利润分配

企业缴纳所得税后的利润，除国家另有规定外，应当按照规定顺序分配，具体如图 9.1-1 所示。

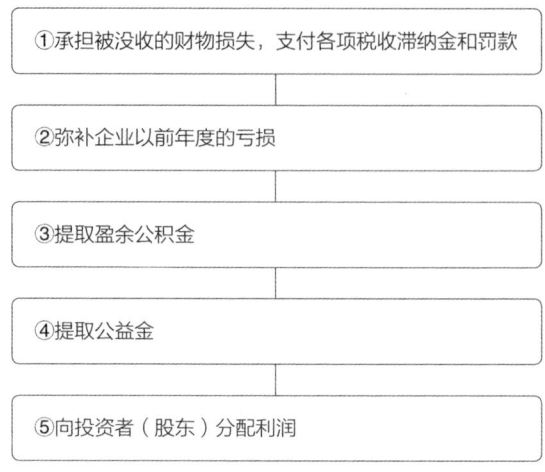

图 9.1-1　由企业掌握的利润分配顺序

应当注意的是，企业如果发生亏损，可以用以后年度实现的利润进行弥补，也可以用以前年度提取的盈余公积金弥补。企业以前年度亏损未弥补完的，不能提取法定盈余公积金。在提取法定盈余公积金前，不得向投资者（股东）分配利润。

作为法人单位的投资者（股东），从被投资企业分回的利润（股利），如果被投资企业的所得税税率低于投资企业的所得税税率，按照企业所得税法的规定，应当进行所得税的税收调整；作为个人投资者（股东）或者说是合伙人，从被投资企业分回的利润（股利），构成个人收入，按照个人所得税法的规定，应当申报缴纳个人所得税。

9.1.2　纳税筹划思路与步骤

在进行具体的纳税筹划时，可以按照下面的思路和步骤进行。

1. 针对国家参与的利润总额分配的纳税筹划

为减少国家分配的部分（即所得税），企业只能从降低应纳税所得额方面加以考虑。企业的应纳税所得额等于收入总额减去准予扣除项目金额后的余额，企业降低应纳税所得额的方法如表 9.1-1 所示。

表 9.1-1　企业降低应纳税所得额的方法

序号	方法	具体内容
1	费用的充分列支	—
2	充分利用税收优惠政策来降低企业所得税税负	尽量利用税前利润弥补以前年度亏损
		扩大减免税年度的应纳税所得额
		推迟获得经营收入的年度
3	最小化应税收入	—

2. 针对由企业掌握的利润分配的纳税筹划

由企业自主进行的净利润分配，不管利润分配政策如何，都不会对企业本身的所得税税负产生影响，但会影响企业的投资者（股东）的税收负担，而企业的投资者（股东）的利益则关系到企业的发展前景。

因此，企业要最大限度地避免投资者（股东）分得利润的再纳税，做好相关的筹划。可以尝试使用以下 3 种方法。

（1）保留低税区投资企业的利润不予分配，减轻投资者的税负。

（2）利用股利与资本利得的差异进行纳税筹划。

（3）股份公司可以采取追加投资而不直接分配股息的办法。

比如，A 公司于 2018 年以银行存款 900 万元投资于 B 公司，占 B 公司（非上市公司）股本总额的 70%。假设 B 公司当年获得净利润 500 万元。A 公司为普通企业，适用的企业所得税税率为 25%，B 公司是高新技术企业，适用的企业所得税税率为 15%。那么 A 公司就可以采取追加投资而不直接分配股息的方式来减少纳税。

9.2 利用股利与资本利得的差异进行纳税筹划

利用股利与资本利得的差异进行纳税筹划分为两种情况，第一种是利用股利与资本利得在企业所得税政策上的差异进行纳税筹划，第二种是利用股利与资本利得在个人所得税政策上的差异进行纳税筹划。

9.2.1 利用股利与资本利得在企业所得税政策上的差异进行纳税筹划

所谓股利，是企业通过股权投资从被投资企业累计未分配利润和累计盈余公积金中分配取得的股息性质的投资收益。

1. 税法依据

《国家税务总局关于企业股权投资业务若干所得税问题的通知》（国税发〔2000〕118号）对企业的股息性收益征税问题做出了规定。

而《中华人民共和国企业所得税法》第二十六条规定了企业的免税收入，如表9.2-1所示。

表9.2-1 企业的免税收入

序号	内容
1	国债利息收入
2	符合条件的居民企业之间的股息、红利等权益性投资收益
3	在中国境内设立机构、场所的非居民企业从居民企业取得与该机构、场所有实际联系的股息、红利等权益性投资收益
4	符合条件的非营利组织的收入

《中华人民共和国企业所得税法实施条例》中又有以下规定。

第八十三条 企业所得税法第二十六条第（二）项所称符合条件的居

民企业之间的股息、红利等权益性投资收益，是指居民企业直接投资于其他居民企业取得的投资收益。

根据企业所得税法及其实施条例，居民企业的投资收益属于免税收入，不需要考虑税率差的问题。

《国家税务总局关于印发〈新企业所得税法精神宣传提纲〉的通知》（国税函〔2008〕159号）的相关规定如下。

二十四、居民企业之间的股息红利收入

原税法规定，内资企业之间的股息红利收入，低税率企业分配给高税率企业要补税率差。鉴于股息红利是税后利润分配形成的，对居民企业之间的股息红利收入免征企业所得税，是国际上消除法律性双重征税的通行做法，新企业所得税法也采取了这一做法。为更好体现税收优惠意图，保证企业投资充分享受到西部大开发、高新技术企业、小型微利企业等实行低税率的好处，实施条例明确不再要求补税率差。

资本利得是企业收回、转让或者清算处置股权投资所获得的收入，再减去股权投资的成本和可以扣除的费用的余额，是企业股权投资转让所得和损失。

按照企业所得税法的规定，这部分资本利得应当全额计入企业应纳税所得额，缴纳企业所得税。

2. 筹划思路与方案

根据上述政策规定，投资者可以利用股利与资本利得的差异进行纳税筹划。

当企业欲转让股权时，应当在转让之前将未分配利润进行分配。

这样的筹划，一方面对被投资方来说，相当于取得了一笔无息贷款，企业可以充分利用这部分资金,从而获得资金的时间价值。

另一方面,对投资方来说,不但可以有效避免股息性所得转化为资本利得出现的被重复征税的问题;还可以达到不补税或者递延纳税的目的。

9.2.2 利用股利与资本利得在个人所得税政策上的差异进行纳税筹划

据有关规定,上市公司自 2005 年 6 月 13 日起,对个人投资者从上市公司取得的股息红利所得,暂减按 50% 计入个人应纳税所得额,依照现行税法规定计征个人所得税。

公司业绩稳定、持续增长,可以使公司股票的市场价格不断提高,这对于公司的长期个人投资者来说是非常有利的。因为,投资期限超过 1 年的投资者所获得的股息红利是完全免税的。

选择是以资本公积还是当期盈利或盈余公积转增股本时,应首选以资本公积转增股本,因该种方式是免税的。

选择是以现金股利还是股票股利进行分配时,应首选股票股利形式。

9.3 利用股利的处理方式进行纳税筹划

股利,即股息和红利的总称。所谓股息,是指公司根据股东出资比例或持有的股份,按照事先确定的固定比例向股东分配的公司盈余。红利是公司除股息之外根据公司盈利的多少向股东分配的公司盈余。

通常来说,股息的比例是固定的;红利的比例是变动的,会因股息以外的盈利而产生变化。二者共同组成了股利分配。针对股利的处理方式,公司也可以进行纳税筹划。

9.3.1 税法依据

利用股利的处理方式进行纳税筹划，需要依据以下法律法规。

《中华人民共和国企业所得税法》第二十六条规定如下。

企业的下列收入为免税收入：

（一）国债利息收入；

（二）符合条件的居民企业之间的股息、红利等权益性投资收益。

《财政部 国家税务总局 证监会关于上市公司股息红利差别化个人所得税政策有关问题的通知》（财税〔2015〕101号）规定如下。

个人从公开发行和转让市场取得的上市公司股票，持股期限超过1年的，股息红利所得暂免征收个人所得税。

个人从公开发行和转让市场取得的上市公司股票，持股期限在1个月以内（含1个月）的，其股息红利所得全额计入应纳税所得额；持股期限在1个月以上至1年（含1年）的，暂减按50%计入应纳税所得额；上述所得统一适用20%的税率计征个人所得税。

9.3.2 纳税筹划策略

根据相关规定，在缴纳企业所得税之后，企业的利润总额如何对股东和企业进行分配，企业可以自行选择。在这个阶段，对企业股东所分配的股利，股东如果为企业，还要合并计入企业利润总额征收企业所得税，对合伙人分得的盈余还要征收个人所得税。

基于此，制定纳税筹划方案，可以从以下方面入手。

1. 延期分配股利

延期分配股利可以让投资者获得延迟纳税的好处。对于我国多数企业，这种方法可以让投资企业适用一般税率，让被投资企业适用优惠税率。

同时，世界上其他国家也有延期纳税的相关规定。对于跨国企业而言，就可以通过外国子公司对税后利润进行长期积累，在企业内部不予分配。或外国子公司适当降低分配股息的比例，以此相应地延迟纳税或减少股东向母公司所在国家缴纳的税额，从而达到纳税筹划的目的。这种延期分配股利的模式，相当于让纳税人获得了一笔长期的无息贷款，其实际缴纳的所得税也会明显降低。

2. 将盈余转为投资

对于股利盈余，还可以将其转为投资，这样也能实现节税的效果。

以案例说明。

A企业是位于广州的一家高新技术企业，享受15%低税率的企业所得税优惠。这家企业的一部分股权投资者为普通企业，如果获得股利，需要按照25%的税率缴纳企业所得税。2019年，A企业全年经营状况非常好，获得了较高的利润。此时，如果A企业将大部分利润以现金股利或其他方式分配给各股东，则股东企业获得分配的利润后就需补缴10%的企业所得税。是否有更合理的纳税方案呢？

对于A企业的这种情况，经过分析，最终董事会决定：将利润中的大部分作为A企业的追加投资。这样一来，A企业没有增加新股票，但资产总额明显增加，这就意味着企业原有的股票将升值。通过这种方式，A企业既规避了原股东补缴的税款，又使股东的利益得以增加。

9.3.3 纳税筹划方案与案例

利用股利进行纳税筹划方案的制定时,企业可以通过相关案例细化思路,并找到合理的方式。

1. 独资企业的股利纳税筹划

独资企业,指一人投资经营的企业。伴随着市场经济的不断发展与相关法律的不断完善,独资企业的数量呈明显上升趋势。对于独资企业来说,同样可以利用股利进行纳税筹划。

以案例说明。

2013 年,刘先生创办个人独资企业 A 企业。经过几年经营,A 企业已经走上正轨,取得了不少的收益。为了便于业务开展,同时为了解决职工生活居住问题,2021 年,刘先生决定购买某处房产作为员工的宿舍,房产总价为 200 万元。该处房产,可以以企业名义购入,也可以以刘先生个人名义购入。

在这则案例中,如何利用股利进行纳税筹划,实现合理节税呢?

针对刘先生的购房行为,可以设计两种方案。

第一种方案:以 A 企业的名义购入房产,企业每月向职工收取租金,租金与当地租房市场持平。

第二种方案:刘先生向 A 企业贷款,同时利率不低于同期银行贷款利率,再以自己的名义购入房产,并每月向使用房屋的职工收取租金。

A 企业所在的城市,同类型房屋的租金为 2.5 万元/月,贷款年利率为 5.76%。

两种方案的相关分析如下。

第一种方案。

A 企业除了支付购房款外,每年均应缴纳出租房屋的增值税、房产税、个人所得税。其收入项为出租给职工的租金收入。相关法规也明确了这种方式的税费缴纳。

《国家税务总局关于印发〈征收个人所得税若干问题的规定〉的通知》(国税发〔1994〕89号)第六条规定如下。

(二)纳税义务人出租财产取得财产租赁收入,在计算征税时,除可依法减除规定费用和有关税、费外,还准予扣除能够提供有效、准确凭证,证明由纳税义务人负担的该出租财产实际开支的修缮费用。允许扣除的修缮费用,以每次 800 元为限,一次扣除不完的,准予在下一次继续扣除,直至扣完为止。

根据此规定,A 企业进行租金收入纳税筹划时,要全面考虑有关增值税、房产税等。A 企业属于个人独资企业,相关税额的计算如下。

每年应交增值税 =25 000×5%×12=15 000(元)。

每年应交房产税 =25 000×12%×12=36 000(元)。

每年出租房屋应交个人所得税 =(25 000-1 250-3 000)×(1-20%)×20%=16 600×20%=3 320(元),则全年应交个人所得税税额为 39 840 元。

最终,企业的各种税金合计为 15 000 + 36 000 + 39 840=90 840(元)。

第二种方案。

第二种方案属于利用股利进行处理的纳税筹划方案。对于这种方式,相关法规如下。

《财政部 国家税务总局关于规范个人投资者个人所得税征收管理的通知》

（财税〔2003〕158号）规定如下。

纳税年度内个人投资者从其投资的企业（个人独资企业、合伙企业除外）借款，在该纳税年度终了后既不归还，又未用于企业生产经营的，其未归还的借款可视为企业对个人投资者的红利分配，依照"利息、股息、红利所得"项目计征个人所得税。

由于A企业属于个人独资企业，所以相关借款不必纳税，因此除了刘先生支付购房款外，A企业每年需要就租金收入缴纳房产税、增值税、个人所得税，应就借款利息取得的收入缴纳个人所得税。

《财政部 国家税务总局关于调整住房租赁市场税收政策的通知》（财税〔2000〕125号）规定如下。

二、对个人按市场价格出租的居民住房，其应缴纳的营业税暂减按3%的税率征收，房产税暂减按4%的税率征收。

三、对个人出租房屋取得的所得暂减按10%的税率征收个人所得税。

根据规定，相关税额的计算如下。

A企业每年从刘先生处获得的利息=200 000×5.76%=115 200（元）。

应交个人所得税=115 200×20%=23 040（元）。

刘先生每年取得的租金收入为300 000元，乘以税率3%，每年应交的增值税为9 000元、房产税为12 000元（税率为4%）。

在个人所得税方面，租金收入减去增值税、房产税后，为279 000元，再减去支付的利息115 200元，结果为163 800元，则应纳税所得额为131 040

元，乘以10%税率，应纳个人所得税为13 100元。

每年各种税金合计为23 040 + 9 000 + 12 000 + 13 100=57 140（元）。

由此可见，第二种方案通过股利的模式，实现了最终税负的降低。所以，企业可以利用这种方法进行纳税筹划。这种方式，也可以应用于合伙企业投资者之间。

2. 采用剩余股利政策的纳税筹划

剩余股利政策是公司在有良好的投资机会或公司正处于成长阶段时，根据一定的目标资本结构（最佳资本结构）测算出投资所需追加的权益资本，先从当年的净利润中提取一定比例的留成，以满足公司的资金需要，然后将剩余的利润作为股利分配的政策。

采用这一方式的前提是公司具有较好的投资机会，预期收益率高于股东要求的必要收益率，这样股东才会接受被投资公司将净利润优先用于满足公司投资需要的方式。剩余的部分作为现金股利派发，甚至不发股利。如果投资机会非常有限，收益率不能让人感到满意，那么股东就不会同意这样的方式，因为它有损于自己的收益。

具体来说，运用剩余股利政策的步骤如下：

首先，设定目标资本结构，即确定权益资本与负债资本之间的最优比例；

其次，确定目标资本结构下，投资所需的股东权益总额；

再次，最大限度地使用保留盈余来满足投资方案中所需追加的权益资本数额；

最后，当投资方案所需追加的权益资本小于或等于当年实现的净利润时，可以将净利润中相当于投资方案中需追加的权益资本数额作为留存收益，将剩余部分作为现金股利发放给股东。

以案例进行说明。

2017年，A公司的税后净利润为1 500万元。根据计划，公司的下一年度投资计划要追加投资额2 000万元，该公司的目标资本结构为权益资本占60%，负债资本占40%。

按照目标资本结构，公司对投资方案进行计算，确认需追加的权益资本数额为2 000×60%=1 200（万元）。这个数额低于当年的净利润（1 500万元）。所以，A公司决定将1 200万元作为留存收益，在满足投资所需追加的权益资本的需要后，再将剩余的300万元通过现金股利的形式发放给股东。

在这个案例中，股息支付与投资所需的关系为：需要追加的资金越多，用于支付股息的资金就越少。如果完全没有投资机会，那么1 500万元的净利润可以全部作为股利发放给股东。但是，如果追加投资资金总额为2 500万元，那么公司2017年的1 500万元净利润可以满足所需追加的权益资本[2 500×60%=1 500（万元）]，但无法发放股利。如果追加投资资金总额超过2 500万元，则当年的1 500万元净利润无法满足需求，利润需要全部留存，不足部分需以增发新股票的方式筹集。

无论选择哪一种方式，对于股东而言，剩余股利政策的优势在于：可以少分配现金股利或不分配现金股利，避免缴纳较高的个人所得税；同时由于企业得到了新的投资机会，所以如果未来项目取得预期效果，那么股票价格有可能会明显上升。这样一来，股东可以在未来出售股票获得收益，企业也能够在这个阶段降低税负。

多数企业都会经常使用剩余股利政策。通常来说，剩余股利政策一般会受到持股比例较大的大股东欢迎。如果预期收益率较高，那么其他股东也会同意这一方案。借助这种模式，企业可以减少筹资的工作量，节约筹资费用，降低资本成本和企业税负。

9.4 利用财产股利与现金股利的差异进行纳税筹划

对于股利，可以以财产股利形式发放，也可以以现金股利形式发放。当投资企业与被投资企业的税率差异较大时，以财产股利形式发放股利可以利用转让定价转移一定的利润，从而达到较好的节税效果。所以，企业要学会利用财产股利与现金股利的差异进行纳税筹划。

9.4.1 税法依据

利用财产股利与现金股利的差异进行纳税筹划时，企业需要依据以下法律法规。

《财政部 税务总局 证监会关于继续实施全国中小企业股份转让系统挂牌公司股息红利差别化个人所得税政策的公告》（财政部公告2019年第78号）规定如下。

个人持有挂牌公司的股票，持股期限在1个月以内（含1个月）的，其股息红利所得全额计入应纳税所得额；持股期限在1个月以上至1年(含1年)的，其股息红利所得暂减按50%计入应纳税所得额；上述所得统一适用20%的税率计征个人所得税。

9.4.2 纳税筹划策略

想要利用财产股利与现金股利的差异进行筹划，一定要了解二者之间的差异，这是进行纳税筹划的关键。

财产股利，是股份公司用现金以外的公司财产向股东支付的股利，是股利发放的形式之一。

财产股利通常有两种形式。第一种是有价证券股利。这种证券主要是公司持有的其他公司的股票、债券、票据等，包括政府债券、金融债券。

第二种则是实物股利，即公司用实物财产充当股利，派发给股东。这样一来，公司产品的销路得到了扩大，同时现金盈余也可以用于公司经营。以实物派发股利时，公司往往在价格上给股东适当优惠，一般按成本价计算。

现金股利，则是以现金形式分配给股东的股利。相对来说，现金股利是常用的股利发放方式，因为股东可以获得现金分红。

很显然，现金股利涉及现金，所以这一方式下相关主体承担的税负会更高；采用财产股利时，则可以借助转让定价，实现更低的税负。这是二者最大的区别，也是进行纳税筹划的思路和原则。

9.4.3 纳税筹划方案与案例

以案例说明，利用财产股利与现金股利的差异进行筹划的方式。

B公司是A公司的全资子公司，正准备派发股利，有两种可供选择的方案。

方案一：直接派发现金股利1 000万元。

方案二：将B公司的甲产品100万件作为股利派发给A公司。假定甲产品的市价在8元到12元之间，平均价为10元，假定其单位成本为6元。B公司按照每件8元的价格向A公司派发股利，A公司再按照市价10元对外销售甲产品。另外，A公司适用的所得税税率为15%，B公司适用的所得税税率为25%。

针对两种不同的方案，进行分析。

方案一。

为了与方案二对比，假设派发现金股利 1 000 万元，其价值相当于按照市场平均价每件 10 元出售 100 万件甲产品。

B 公司实现利润 =（10-6）×100=400（万元）。

应纳所得税额 =400×25%=100（万元）。

A 公司分回利润不需补税，双方共缴纳企业所得税 100 万元。

方案二。

B 公司实现利润 =（8-6）×100=200（万元）。

应纳所得税额 =200×25%=50（万元）。

A 公司分回的利润不应补税，而销售 A 产品获利应纳税的计算为：

（10-8）×100×15%=30（万元）。

双方共纳税 =50 + 30=80（万元）。

方案二比方案一少缴纳企业所得税：100-80=20（万元）。

从本案例中可以看出，财产股利在一定程度上可以利用转让定价实现利润的转移。所以，企业可以利用这种方式进行纳税筹划，从而减轻税负。

9.5　利用股票股利与现金股利的差异进行纳税筹划

当企业用相同金额的盈余或累计留存收益发放现金股利时，现金股利与股票股利存在一定的差别。具体来说，现金股利按照发放的全额计税，而股票股利则是按照面值而非市值全额计税。因为二者存在差异，所以在进行纳税筹划时，也要有所选择。

9.5.1 税法依据

利用股票股利与现金股利的差异进行纳税筹划时,企业应依据以下法律法规。

《国家税务总局关于印发〈征收个人所得税若干问题的规定〉的通知》(国税发〔1994〕89号)第十一条规定如下。

关于派发红股的征税问题

股份制企业在分配股息、红利时,以股票形式向股东个人支付应得的股息、红利(即派发红股),应以派发红股的股票票面金额为收入额,按利息、股息、红利项目计征个人所得税。

9.5.2 纳税筹划策略

股票股利又被称作股份股利,是股份公司以股份方式向股东支付的股利。

多数公司发放股票股利时,都会选择这样的方式:公司将股东应得的股利金额转入资本金,发行金额与此相等的新股票,按股东的持股比例进行分派。

通常来说,普通股股东将会获得派发的普通股股票,优先股股东则会获得优先股股票。通过这样的方式,公司可以不改变股东在公司中所占股份的比例,只是增加了股票数量。

所以,相较于现金股利,股票股利更具税收优势,这是利用股票股利与现金股利的差异进行纳税筹划的策略和思路。

9.5.3 纳税筹划方案与案例

以案例的形式,说明如何利用股票股利与现金股利的差异进行纳税筹划。

A公司目前发行在外的普通股为5 000万股,每股市价为20元。假定现在有9 000万元的留存收益可供分配,为了方便,假定用金额相等的留存收益发放现金股利与股票股利,并假定股东均为个人,且持股期限在1个月以上至1年(含1年)。有以下两种方案可供选择。

方案一:发放现金股利9 000万元,每股股利为1.8元(9 000÷5 000)。

方案二:发放股票股利,每10股发放1股,共500万股,除权价约等于每股18.18元[20÷(1+0.1)]。

针对两种不同的方案进行分析。

方案一:全体股东合计应纳个人所得税=9 000×20%×50%=900(万元)。

方案二:全体股东合计应纳个人所得税=500×20%×50%=50(万元)。

通过以上对比,可以看出,发放股票股利的税负比发放现金股利的税负要轻。

除了能够有效降低公司税负,股票股利对派发股利的公司还能够起到保留现金、增加投资机会的作用。对于股东而言,股价在除权时可能成倍地下降,但一个成长性较好的公司,股价在以后可能会上升,会出现较好的填权行情,股票股利通常表现为公司成长的信号。所以,采用股票股利进行纳税筹划,是较好的选择。

9.6 亏损弥补的纳税筹划

企业在发展过程中,有可能会出现经营亏损的情况,导致无法按时纳税。那么,对于未来的亏损弥补,企业应当如何进行纳税筹划呢?

9.6.1 一般情况下亏损弥补的纳税筹划

在一般情况下,企业如果进行亏损弥补的纳税筹划,首先应了解税法的规定。

《中华人民共和国企业所得税法》第五条规定如下。

企业每一纳税年度的收入总额,减除不征税收入、免税收入、各项扣除以及允许弥补的以前年度亏损后的余额,为应纳税所得额。

《中华人民共和国企业所得税法》第十八条规定如下。

企业纳税年度发生的亏损,准予向以后年度结转,用以后年度的所得弥补,但结转年限最长不得超过五年。

根据《中华人民共和国企业所得税法》的相关规定,可以看到税法允许企业用下一个纳税年度的所得弥补本年度的亏损,充分考虑了有暂时困难的企业的实际情况,在税收上予以了一定的帮助。因此,企业可以进行相应的纳税筹划,即通过对本企业投资和收益的控制充分地利用亏损弥补的规定,尽可能地将能够弥补的亏损弥补。

当然,想做好亏损弥补的纳税筹划,首先要确认什么是亏损弥补。对于亏损弥补,需特别注意以下几点。

(1)税法所允许弥补的亏损是指按照税法对企业会计利润进行调整后的数据,而不是企业会计报表所表示的会计亏损。

(2)亏损弥补的时限是自亏损年度的下一个年度起的连续五年。

(3)对于连续几年发生亏损的,以后年度获得的利润要遵循先亏先补的原则，从第一个亏损年度算起，按顺序连续计算亏损弥补期，不可以将每个亏损年度的连续弥补期相加，更不能间断计算。

亏损弥补必须符合以上3点，否则企业就无法进行亏损弥补的纳税筹划，这是企业应当特别注意的。

9.6.2 纳税筹划原则

对于亏损弥补的纳税筹划，企业应按以下原则进行。

1. 相邻纳税年度利润弥补

如果某年度发生了亏损，企业应当尽可能使相邻的纳税年度获得较多的利润，即尽可能早地将亏损予以弥补。

2. 预测未来亏损

如果企业已经没有需要弥补的亏损或者企业在组建的初期，预计未来几年可能发生亏损，从纳税筹划的角度讲，应该尽可能地先安排企业的亏损，然后再安排企业的盈利。

9.6.3 纳税筹划方案与案例

企业应根据实际情况制定亏损弥补的纳税筹划方案。以下多个案例，可以帮助企业进行亏损弥补的纳税筹划。

1. 本年度收益额大于前5年的累计亏损额

如果企业前5年始终处于亏损状态，本年经营状况转好，收益额大于前5年的累计亏损额，企业应当如何纳税呢？

以案例的形式说明。

某公司连续5年（2013—2017）处于非盈利状态，到了2018年终于扭亏为盈。该公司前5年的应纳税所得额如表9.6-1所示。

表 9.6-1　某公司前 5 年的应纳税所得额

年度	本年度应纳税所得额（万元）
2013	0
2014	0
2015	−13
2016	−5
2017	−9

假设 2018 年，该公司应纳税所得额为 32 万元，减去前 5 年累计亏损额 27 万元，抵扣后的收益额为：32−13−5−9=5（万元），假如该公司符合《中华人民共和国企业所得税法》规定的小型微利企业的条件，其适用的所得税税率为 20%，则应纳企业所得税税额为：5×20%=1（万元）。

2. 本年度收益额小于前 5 年累计亏损额

企业如果本年度的收益额，小于前 5 年的累计亏损额，那么应抵扣后亏损余额留待以后年度抵扣。

以案例的形式说明。

某公司连续 5 年处于非盈利状态，具体应纳税所得额如表 9.6-2 所示。

表 9.6-2　某公司前 5 年的应纳税所得额

年度	本年度应纳税所得额（万元）
2013	0
2014	0
2015	−15
2016	−6
2017	−20

假设该公司 2018 年度全年的应纳税所得额为 18 万元,前 5 年累计亏损额为 41 万元,不能全部抵扣,只能够先弥补先亏损年份所亏。2015 年的亏损在 2018 年可以得到全部弥补,2016 年的亏损在本年度只能够弥补 3 万元,剩下的 3 万元以及 2017 年的亏损 20 万元只能留待以后有收益的年份进行弥补。

未弥补的亏损额为:3 + 20=23(万元)。

因为该公司 2018 年的所得额未能全部弥补累计亏损,当年不需缴纳企业所得税。

3. 本年度结算发生亏损

企业本年度结算时,发现企业处于亏损状态。根据规定,企业当年无须缴纳企业所得税,本年度亏损和前 4 年未弥补的亏损额一起留待下年度抵减。

以案例的形式说明。

某企业连续 6 年的应纳税所得额如表 9.6-3 所示。

表 9.6-3 某企业连续 6 年的应纳税所得额

年度	本年度应纳税所得额(万元)
2012	30
2013	−50
2014	−9
2015	15
2016	12
2017	5

在实际生产经营中,企业相邻年度的盈利与亏损可以进行调整。对于纳税筹划来说,这种调整可以让企业对前期亏损实现充分弥补。

假设到 2018 年下半年,该企业预计当年盈利按税法规定计算的应纳税所得额只有 10 万元，就可以看出，2013 年出现的亏损用 2015 年、2016 年、2017 年以及 2018 年可能出现的盈利弥补，弥补了 42 万元（15 + 12 + 5 + 10）。

第 10 章

企业并购与重组的纳税筹划

高速发展的经济时代，企业为适应产业结构调整，会利用并购与重组的方式转型升级。我国政府为此出台了很多优惠政策，用以支持企业良性发展。基于这种情况，企业进行并购与重组的纳税筹划非常有必要，充分利用纳税筹划技巧可以节约企业成本、加快转型速度。

10.1　什么是并购与重组

企业并购与重组是一项涉及会计、法律、税务等多学科的发展战略，其核心目的是企业价值重构与升级。只有充分了解并购与重组的内涵，才能够实现并购与重组的目的。

10.1.1　企业并购

由于我国企业并购与重组等活动起步相对较晚，所以此类企业活动的相关法律目前还不够完善。目前企业兼并、收购和合并在我国常被视作同义词，三者间并没有明确区分，故经常被统称为并购，事实上我国法律已经对三者进行了明确注解。

1. 兼并

财政部在1996年8月颁布的《企业兼并有关财务问题的暂行规定》对兼并进行了详细解释，一个企业通过购买等有偿方式取得其他企业的产权，使其丧失法人资格或虽然保留法人资格但改变投资主体的一种行为。从该解释中可以看出，兼并可以分为狭义兼并和广义兼并两类。

狭义范围的兼并通常指一家企业以产权交易方式获取其他企业产权和经营管理控制权，这些被交易的企业相应丧失了法人资格。对原企业而言这是一种吸收合并；广义范围的兼并更为全面，在狭义范围的兼并之上允许法人不丧失其资格，这一点在《国家体改委 国家计委 财政部 国家国有资产管理局关于企业兼并的暂行办法》《国有资产评估管理办法施行细则》《企业兼并有关财务问题的暂行规定》等相关法规中都有体现。

2. 收购

收购是指一家企业购买其他企业股票或者资产的经济行为，支付方式包括现金支付或购买股票、债券等，完成支付行为后企业会获得被购买企业的控制权。我国进行企业收购的方式主要有资产收购和股权收购两种。

资产收购是一家企业直接收购其他企业的资产从而完成企业收购；股权收购是指一家企业直接购买其他企业的股权从而完成收购。

3. 合并

合并是指两家或多家企业相互融合成一家新企业的企业行为，从法律角度出发，合并可分为吸收合并和新设合并两种。其中吸收合并是指一家或多家企业注销后将资产并入一家企业的行为。比如甲、乙、丙三家企业合并，乙、丙企业直接注销，资产并入甲企业，并以甲企业的名义继续存在。新设合并是指两家或多家企业全部解散，后共同成立一家新企业的行为。比如甲、乙、丙三家企业合并，三家企业注销后共同成立丁企业，以丁企业的名义继续存在。

10.1.2 企业并购的类别

1. 横向并购、纵向并购和混合并购

企业并购按双方产品和产业关系可以分为横向并购、纵向并购和混合并购三种类型，每种类型之间也存在明确区别。

横向并购指保持相同或横向行业关系之间的企业并购，并购双方拥有生产经营相同或相关产品的特性，这种并购又被称为水平并购。

纵向并购指相同产业链上下游企业，或同一产业链中拥有紧密衔接、联系关系的专业企业并购，这些企业间保持着纵向协作关系。这种并购又称为垂直并购。

混合并购指不同产业领域、不同市场的企业并购，这些企业之间往往不存

在直接的生产关系、技术联系。

2. 善意并购和恶意并购

企业并购按照目标企业被并购意愿可以分为善意并购与恶意并购。

善意并购是指被并购企业主观同意并购条件，并主动配合协助完成并购的并购活动。

恶意并购是指被并购企业主观不清楚对方并购意图或反对并购行为，但被强行并购的并购活动。

10.1.3 企业重组

企业重组是企业资金、资产、技术、管理等要素重新配置、形成新的经营生产模式的企业活动，其目的为通过变革更新保持和提升更强的市场竞争力。在企业发展过程中，重组是一个长期存在的经营行为。

企业重组的重点是产权关系、债务、资产、管理结构的改组、整顿和整合，企业通过这种方式在战略层面全面改善企业内部管理和经营。企业重组往往能够强化企业市场竞争力，激活企业创新力。

企业重组也可以分为广义重组与狭义重组两种。广义重组通常指企业所有权、债权、资产、业务等要素的重新配置组合。狭义重组是指企业通过资产重组、产权重组和负债重组方式实现资本保值或增值，狭义重组是企业利用自身资源实现资源优化配置的经营行为。

企业经营是将各种生产要素进行优化配置、最佳组合的过程，其目的为实现生产要素的价值最大化，所以也可以视为各种生产要素的默契组合。企业经营过程中经济条件、市场环境、生产要素会不断发生变化，尤其在科技飞速发展、经济全球化、竞争大幅加剧的现代市场中，企业只有进行适应市场的有效变化才能保持竞争优势，这需要企业不断进行竞争力要素重新组合，这就是企业需要不断重组的原因。

当代市场中，企业是否具备核心竞争力是决定企业能否长远发展的核心基础，也是企业能否保持发展优势的关键因素。竞争优势就是企业的盈利优势、盈利保障，缺乏竞争力的企业很难在当代市场生存，发展更是妄想。因此，根据市场环境进行经营、管理的重新组合是企业必须完成的经营行为，只有通过这种方式企业才能够获得发展所需的资源，才能够培育出核心竞争力，这便是企业重组的根本目的。

10.1.4 企业重组的类别

按照企业重组的形式分类，企业重组主要分为资产重组、股权重组和债务重组等，按照企业重组的目的分类，企业重组可以分为以下 5 类。

1. 以资本扩张为目的的重组

这类重组的目的是实现企业资本扩张，重组方式主要为上市扩股、并购。

2. 以资本收缩为目的的重组

这类重组的目的是实现企业资本收缩，重组方式主要为资产剥离或出售、企业分拆、股票回购等形式。

3. 以资本重整为目的的重组

这类重组的目的是实现企业资本重整，重组方式主要为管理层收购、职工持股、企业改组改制、股权置换、资产置换、国有股减持等。

4. 表外资本经营重组

企业财务报表不反映但会导致企业控制权发生变化的资产重组被称为表外资本经营重组，这类重组主要有战略合作与托管两种形式。

5. 债务重组

企业以债权债务调整为目的，以债权处理进行重组的方式被称为债务重组。

10.2　企业并购涉及的税收政策及纳税筹划方法

企业并购活动通常会涉及多个税种，且纳税筹划方法会影响并购结果，本节将以案例形式重点分析企业并购涉及的税收政策及相关筹划方法。

10.2.1　企业并购相关企业所得税的税收政策及纳税筹划方法

企业所得税是企业并购过程中会涉及的税种，企业所得税是根据企业生产经营所得征收的税种，其直接影响企业税后利润。本小节以股权投资形式为案例进行企业所得税相关政策分析以及企业并购中有关企业所得税的纳税筹划。

1. 企业并购中有关企业所得税的税收政策

进行企业并购时，首先需要了解哪些属于免税收入，根据《中华人民共和国企业所得税法》第二十六条规定，下列收入为免税收入。

（1）国债利息收入。

（2）符合条件的居民企业之间的股息、红利等权益性投资收益。

（3）在中国境内设立机构、场所的非居民企业从居民企业取得与该机构、场所有实际联系的股息、红利等权益性投资收益。

（4）符合条件的非营利组织的收入。

2. 企业并购中有关企业所得税的纳税筹划

甲公司于 2020 年以银行存款方式向乙公司投资 900 万元，这笔投资占乙公司股本总额的 70%，乙公司 2020 年全年税后利润为 500 万元。甲公司适用的企业所得税税率为 25%，乙公司适用的企业所得税税率为 15%，这种情况下有两种方法处理这笔投资的税后利润。

方法一：2021 年 3 月，乙公司董事会为对上年税后利润进行分配召开会议,最终决定从上年税后利润中提取10%作为法定公积金,再提取5%作为任意盈余公积金,其余额再用于分配,这样甲公司分得了150万元利润。2021年9月,甲公司决定将持有的乙公司70%的股权全部转让,接手这部分股权的公司为丙公司,双方以人民币1000万元的价格成交,这次股权转让的税费为0.5万元。

方法二:乙公司2020年获得的利润采取全部保留不分配的方式。2021年,甲公司将自身拥有的70%乙公司股权全部转让给丙公司,双方确定的转让费用为1160万元,这次股权转让的税费为1万元。

假设甲公司2020年全年经营所得为100万元。

如果采用方法一,则甲公司2020年应缴纳的企业所得税为100×25% =25(万元)。在股息收益方面,由于乙公司支付的分配额从税后利润中分配,所以甲公司作为投资方也需要对这笔投资利润按照25%的税率缴税。甲公司这笔投资所得为99.5万元[1000(将股权转让给丙公司的收入)-900(对乙公司的投资)-0.5(股权转让税费)]。99.5万元按照25%的税率计算,应缴纳的企业所得税约为24.88万元。甲公司2020年合计应缴纳的所得税为25 + 24.88=49.88(万元)。

如果采用方法二,甲公司2020年应缴纳的企业所得税同样为100×25% =25(万元),但由于乙公司选择了利润不分配方式,所以甲公司股息和资本利得发生了变化。在乙公司有税后盈余而发生股权转让时,乙公司股份发生增值,这时甲公司进行乙公司的股权转让,乙公司股权发生的增值就是甲公司股息转化为资本利得,又由于乙公司采取了保留利润不分配的方式导致了股权转让价格升高,所以这部分收益全部属于企业所得税的征收范围。

这时甲公司需要缴纳的企业所得税就比方法一高。具体计算如下。

1160(转让股权所得)-900(对乙公司的投资)-1(股权转让税费)=259(万元)。按照25%企业所得税税率计算,甲公司需要缴纳的企业所得税为 259×25%=64.75（万元）。另外，甲公司 2020 年自身经营需要缴纳的企业所得税为 25 万元，所以 2020 年甲公司合计需要缴纳的企业所得税为 25 + 64.75=89.75（万元）。

通过这两种方法对比可以发现税法上确认股权转让所得完全不同于会计上确认股权转让收益，按照计税成本计算企业股权转让所得是企业经营的正确方式，如果按企业报表中"长期股权投资"项目余额计算，企业则需要缴纳更多的企业所得税税费。股息所得是企业开展投资活动所获得的税后利润，其属于已征收过企业所得税的税后所得范围，原则上不再重复缴税。

资本利得是企业进行股权处理时产生的收益，通常是企业收回、转让或清算股权投资时获得的收入，是企业减去股权投资成本后的余额。这部分收益全额属于企业应纳税所得额范围，需要依法缴纳企业所得税。

企业开展投资活动时可以利用上述政策的差异合理合法地进行纳税筹划，企业在进行股权转让之前，应要求被投资企业及时完成税后盈余分配，以此避免企业股息所得转化为企业资本利得，从而避免重复纳税。

A 公司为优化企业股权结构召开了股东大会，并做出最终决议。股东决定将持有的 B 公司 40% 股权转让给 C 公司，完成转让后 C 公司将成为 B 公司的控股股东，而 D 公司为 C 公司的全资子公司。

方法一：可以采取有偿转让方式，先进行"两步走"操作，如图 10.2-1 所示。第一步，提请股东大会；第二步，完成股权转让。

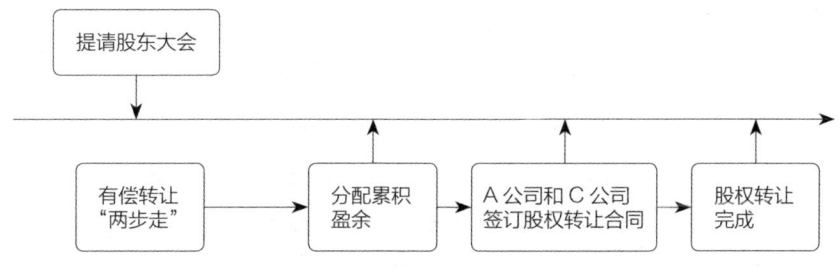

图 10.2-1 有偿转让"两步走"方式

方法二：可以采取划转方式，如图10.2-2所示。先将A公司持有B公司的股权全部划转给D公司（由C公司100%控股），再由D公司将该股权划转给C公司。

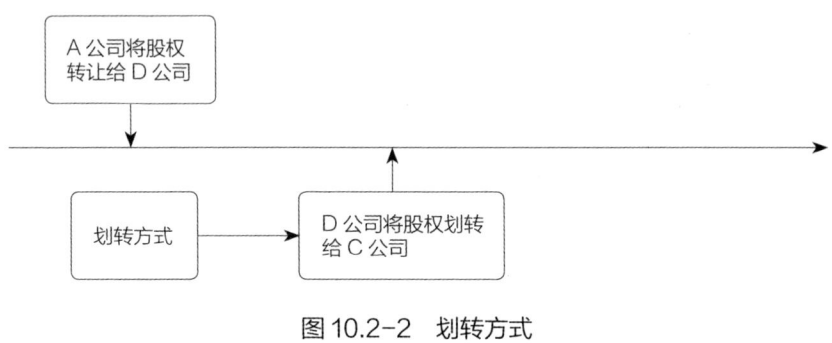

图10.2-2 划转方式

在方法一中，A公司第一步需要提请股东大会，会上对B公司累积盈余进行合理分配。假设A公司对B公司初始投资为800万元。B公司各项资产、负债评估经资产评估机构详细评估后得到的结果为净资产公允价值为3 900万元，净资产公允价值与B公司净资产账面价值相等。财务报表显示B公司实收资本为2 000万元，盈余公积为180万元，未分配利润为1 720万元，应分配股息、红利为760万元。《中华人民共和国企业所得税法》规定：居民企业直接投资于其他居民企业取得的投资收益，属于免税收入。

完成股东大会提请之后，A公司需要完成股权转让。A公司与C公司经过共同商议，最终确定B公司的股权转让价格为800万元[3 900（B公司股权价值）×40%（A公司所持股权份额）-760（应分配股息和红利）]，由于计税成本相等，所以这部分转让不需要缴纳企业所得税。不过在这次股息、红利分配过程中，D公司虽然全程不参与，但保留了分配权利。B公司资产负债表显示，"短期借款"项目余额为3 000万元，这笔短期借款从银行借入。恰好D公司与该银行保持了良好信用关系。D公司近年来的发展资金均由该银行提供，双方合作期间该银行向D公司收取的利率低于其他银行。不过双方借款合同中有一条明确规定：如果D公司税前会计利润未用于清偿该公司在该银行应清偿的当年本金、利息及其他费用，或者 D 公司税前会计利润不足以清偿所欠该银行的本金、利息和费用，那么 D 公司不得以任何形式向股东分配股息、红利。

此条款 D 公司必须全程遵守，否则会失去该银行提供的低利率服务。所以，A 公司提出的"两步走"方案对 C 公司是不可行的，最终 A 公司向 C 公司转让 B 公司的股权会按转让股权方式进行纳税。

《国家税务总局关于贯彻落实企业所得税法若干税收问题的通知》（国税函〔2010〕79 号）规定："企业在计算股权转让所得时，不得扣除被投资企业未分配利润等股东留存收益中按该项股权所可能分配的金额。"所以 A 公司本次转让股权时应交企业所得税为（1 560-800）×25% =190（万元）。

在方法二中，根据《财政部 国家税务总局关于促进企业重组有关企业所得税处理问题的通知》（财税〔2014〕109 号）的规定：对 100% 直接控制的居民企业之间，以及受同一或相同多家居民企业 100% 直接控制的居民企业之间按账面净值划转股权或资产，可享受特殊性税务处理。

这种情况下 A 公司对 B 公司的股权转让就可以采取另外一种方式。第一步，A 公司先将自己直接持有 B 公司的 40% 股权划转给 D 公司。《国家税务总局关于资产（股权）划转企业所得税征管问题的公告》（国家税务总局公告 2015 年第 40 号）规定："100% 直接控制的母子公司之间，子公司向母公司按账面净值划转其持有的股权或资产，子公司没有获得任何股权或非股权支付。母公司按收回投资处理，或按接受投资处理，子公司按冲减实收资本处理。母公司应按被划转股权或资产的原计税基础，相应调减持有子公司股权的计税基础。"A 公司可按此规定进行会计处理。第二步，再由 D 公司将 B 公司 40% 股权划转给母公司 C 公司。

采用这种方式完全符合《财政部 国家税务总局关于促进企业重组有关企业所得税处理问题的通知》（财税〔2014〕109 号）的规定，同时又可以实现 A 公司最初提出的优化股权目标，所以这种方式是 A 公司优先选择的方式。

就企业重组过程中所得税处理问题，我国税务部门已经进行过明确规定，其中《财政部 国家税务总局关于企业重组业务企业所得税处理若干问题的通知》（财税〔2009〕59号）《国家税务总局关于发布〈企业重组业务企业所得税管理办法〉的公告》（国家税务总局公告2010年第4号）《国家税务总局关于企业重组业务企业所得税征收管理若干问题的公告》（国家税务总局公告2015年第48号）、财税〔2014〕109号及国家税务总局公告2015年第40号等文件对各种情况的企业重组如何缴纳企业所得税做出了明确指示。只有严格参照相关规定，企业才能够实现重组的最终目标。

可见，企业并购、股权转让过程中，双方应该从纳税筹划角度出发兼顾各方利益，单独站在一方思考并购、转让问题，不易达成最优结果。比如，案例中A公司提出方法一，从税收政策层面出发没有任何问题，但不符合C公司的实际情况。如果C公司全资子公司D公司没有与合作银行签订约束条款，则方法一可行。

另外，企业并购过程中纳税筹划当以遵循相关政策为基础前提，否则纳税筹划过程中可能引发企业的税务风险。如案例中A公司按方法二实施筹划，在税务机关的执法检查中，此次股权转让很有可能被认定为A公司以B公司股权方式对C公司进行投资。按照《财政部 国家税务总局关于非货币性资产投资企业所得税政策问题的通知》（财税〔2014〕116号）《国家税务总局关于非货币性资产投资企业所得税有关征管问题的公告》（国家税务总局公告2015年第33号）的规定，A公司必须确认资产转让所得，否则会出现补缴税款、罚款、加收滞纳金等税收风险。

10.2.2　企业并购相关增值税的税收政策及纳税筹划方法

增值税是我国税务部门针对销售、提供加工、修理修配劳务以及进口货物的企业就实现增值征收的税种，其本质是商品、劳务流转中就产生增值额征收的流转税。在企业并购过程中涉及的增值税政策与筹划方法，本小节同样通过案例分析方式来说明。

在这之前，先介绍小规模纳税人的认定标准。根据《中华人民共和国增值税暂行条例》以及《中华人民共和国增值税暂行条例实施细则》的规定，小规模纳税人有以下几种。

（1）从事货物生产或者提供应税劳务的纳税人，以及以从事货物生产或者提供应税劳务为主，并兼营货物批发或者零售的纳税人，年应征增值税销售额（以下简称"应税销售额"）在50万元以下（含本数，下同）的。以从事货物生产或者提供应税劳务为主是指纳税人的年货物生产或提供应税劳务的销售额占全年应税销售额的比重在50%以上。

（2）对上述规定以外的纳税人，年应税销售额在80万元以下的。

（3）年应税销售额超过小规模纳税人标准的其他个人按小规模纳税人纳税。

（4）非企业性单位、不经常发生应税行为的企业可选择按小规模纳税人纳税。

A、B两家公司是从事机械配件销售的小规模纳税人。A公司2020年年销售额约为54万元（不含税），2020年该公司可抵扣购进金额约为45万元；B公司2020年年销售额约为67万元（不含税），2020年该公司可抵扣购进金额约为59万元。两家公司年销售额均未达到一般纳税人标准，所以税务机关对A、B两家公司按照简易计税办法征税。

由于两家公司所处行业均为机械配件销售行业，且未达到年销售超80万元的国家标准，所以税务部门认定两家公司均为小规模纳税人，增值税按照3%的征收率征收。按照3%增值税征收率计算，A公司2020年缴纳的增值税为54×3%=1.62（万元）。同时，B公司2020年缴纳的增值税为67×3%=2.01（万元）。

当A、B两家公司合并时，新合并的公司2020年的年销售额为54+67=121（万元），合并后的公司年销售额超过了80万元，达到了一般纳税人标准，税务机关则对合并后的公司按照13%的税率征收增值税，不过一般纳税人可以抵扣进项税，所以合并后的公司应交增值税为（67+54-45-59）×13% =2.21（万元）。可见企业合并有时是减轻税负的一种有效方式。

这类企业并购很常见，是同类企业减轻税负的有效方式。尤其是拥有较大可抵扣增值税进项税额金额的小规模纳税人企业，通过这种方式并购不仅可以获得增值税进项税额抵扣带来的成本节约，还可以达到扩大市场范围、增强市场竞争力、扩大销售规模的发展目的。

10.3 企业重组涉及的税收政策及纳税筹划方法

企业重组虽然不同于企业并购，但同样会涉及各类税收问题。本小节针对企业重组过程中涉及的税收政策与筹划方法展开相关内容的讲解。

10.3.1 企业重组有关企业所得税的税收政策及纳税筹划方法

企业分立是企业重组的一种常见形式，本小节针对企业分立详细讲企业重组过程中涉及的企业所得税政策以及纳税筹划方法。

《财政部 国家税务总局关于企业重组业务企业所得税处理若干问题的通知》（财税〔2009〕59号）第六条第（五）项如下。

企业分立，被分立企业所有股东按原持股比例取得分立企业的股权，分立企业和被分立企业均不改变原来的实质经营活动，且被分立企业股东在该企业分立发生时取得的股权支付金额不低于其交易支付总额的85%，可以选择按以下规定处理。

（1）分立企业接受被分立企业资产和负债的计税基础，以被分立企业的原有计税基础确定。

（2）被分立企业已分立出去资产相应的所得税事项由分立企业承继。

（3）被分立企业未超过法定弥补期限的亏损额可按分立资产占全部资产的比例进行分配，由分立企业继续弥补。

（4）分立企业的股东取得分立企业的股权（以下简称"新股"），如需部分或全部放弃原持有的被分立企业的股权（以下简称"旧股"），"新股"的计税基础应以放弃"旧股"的计税基础确定。如不需放弃"旧股"，则其取得"新股"的计税基础可从以下两种方法中选择确定：直接将"新股"的计税基础确定为零；或者以被分立企业分立出去的净资产占被分立企业全部净资产的比例先调减原持有的"旧股"的计税基础，再将调减的计税基础平均分配到"新股"上。

甲、乙两位投资者于 2020 年每人出资 500 万元共同设立了有限责任公司 A，该公司的注册资本为 1 000 万元。2021 年，两人决定分设 B 公司，分设形式为 A 公司存续经营，两人股权不发生变更，B 公司需要向 A 公司两位原股东支付股权。

B 公司分设之前，A 公司的财务报表显示 A 公司资产总额为 3 800 万元，负债为 2 500 万元，净资产为 1 300 万元，经专业评估单位评估后资产价值为 4 500 万元，负债为 2 500 万元，净资产价值为 2 000 万元。

分设 B 公司后，B 公司财务报表显示公司资产总额为 1 600 万元，负债为 900 万元，公司净资产为 700 万元，经专业部门评估后资产价值为 1 800 万元，负债为 900 万元，净资产价值为 900 万元。由于 A 公司分立 B 公司过程中没有发生股权支付额，所以 A 公司无须计算分立资产的转让所得。B 公司从 A 公司分立出的净资产公允价值虽然高于账面价值 200 万元，但可以视为公司的免税重组。同时，A 公司在分立 B 公司时一旦出现未超过法定补亏期限的亏损，A公司可以按照B公司分立时的净资产占比分配亏损，B公司在分立后在剩余补亏年限内弥补即可。

按照我国公司法规定，B公司在建账时按评估确认价值作为公司资产入账价值，其高于账面价值的200万元需要在未来经营中逐年据实调整或综合调整。如果B公司采用综合调整，调整期间设为10年，则未来10年内B公司需要每年调增应纳税所得额20万元。

如果甲、乙两位投资者对B公司的持股依然为平均持股，B公司的注册资本为700万元，那么甲、乙股权份额各为350万元。按照我国相关税务法律规定，由于在免税业务中对甲、乙两位股东未计算股权转让所得或损失，为避免企业利用分设业务避税，甲、乙两位股东在设立B公司后的股权投资计税成本应与A公司持平。所以，无论甲、乙二人在B公司如何记录长期股权投资，A、B公司的计税成本只会体现为以下两种方式。

方式一：甲、乙二人在A公司股权投资的计税成本为每人500万元，在B公司股权投资的计税成本为0。

方式二：按照公司调整综合计算。根据股权投资的计税成本计算公式，即分立公司股权计算成本总额＝股东持有的旧股总成本×分立公司净资产公允价值÷原公司净资产总额（净资产），B公司股权的计税成本总额为1 000×900÷2 000=450（万元）。原公司股权投资的计税成本总额＝股东持有的旧股总成本－分立公司股权投资的计税成本，按照这一公式计算，A公司股权投资的计税成本总额为1 000-450=550（万元）。

案例中A公司分立B公司后，A公司的资产、负债和所有者权益等账面价值都会被转销分立。在转销所有者权益时，如果A公司需要转销未分配利润和盈余公积，则需要经过税务机关核准。因为按照我国相关法律规定，企业未分配利润和盈余公积具有应税属性，其被视为企业对股东所做的分配，企业股东需要按税法规定计算缴纳个人所得税。

从实际情况来看，原公司股东在分立公司继续保持相同比例的所有权，或者公司股东按原比例取得分立公司的股票、股份，采取这种方式比较容易满足我国税法规定的免税分立的条件。如果原公司股东采取非均衡分配分立公司股票或股份方式，则有可能被税务机关判断为被分立公司对股东进行利润分配。

10.3.2　企业重组相关增值税的税收政策及纳税筹划方法

企业重组过程中纳税筹划是一项重要工作，本小节以企业分立时涉及的增值税为重点，通过案例分析分立企业如何在重组时进行增值税的纳税筹划。

1. 企业重组有关增值税的税收政策

现行《中华人民共和国增值税暂行条例》中明确规定：

（1）纳税人直接购进的免税农产品按购买价的13%计算进项税额；

（2）纳税人外购和销售货物所支付的运输费，根据运费结算单据（普通发票）所列费用全部按照7%的扣除率计算进项税额。

2. 企业重组中有关增值税纳税筹划的案例分析

2020年我国某乳品企业以自设牧场、乳制品加工厂的方式每天定时向市场供应新鲜的乳制品。该企业的牧场用于喂养奶牛、生产新鲜牛奶，乳制品加工负责将牛奶加工、分类、包装、销售。

按照我国相关税收制度的规定，该企业被划分为工业企业，所以无法享受农产品自产自销的免税待遇。该企业奶制品适用的增值税税率为13%，销项税额也全部按照13%计算。不过该企业经营时饲养奶牛所消耗的饲料属于可以抵扣进项税额，而该企业使用的饲料有两种，一种是普通草料，另一种是精饲料。该企业使用的草料主要通过向农民收购或牧场自产方式获得，其中向农民收购部分经税务机关审核批准后可以按照收购额的9%扣除进项税额。又由于精饲料是免税的，该企业又无法取得增值税专用发票，所以无法抵扣进项税。依此计算，该企业只有外购草料部分的9%，及其他小部分辅助生产用品可以作为抵扣项目，其他大部分经营活动需要正常缴纳增值税。

从实际经营角度出发，企业实际增值税税负大于3%的都会影响企业的生产、经营和发展。假设该企业各类乳制品每日销售额为45 000元，平均每日进购材料的花费为7 500元，可抵扣进项税额为500元，每日生产成本及其他费用为X元，则该企业每天应缴纳的增值税税额为45 000÷（1 + 13%）×13% -500×9% ≈ 5 132（元）。该企业每日利润为45 000÷（1 + 13%）-（500-500×9%）-X ≈（39 368-X）元。假设该企业每日不含税销售额为40 000元，则该企业增值税税负率为5 132÷40 000×100% =12.83%。

从企业经营角度出发，12.83%的增值税负税率属于高负税率。该企业税负率偏高的原因主要为牧场无法享受我国税法对农业生产者免税的待遇，乳制品加工工厂同时也无法享受按照9%的税率计算进项税额的优惠政策。针对这种情况，该企业采取了企业分立的经营方法。经过相关审批后，该企业将牧场和乳品加工厂分立为两个独立的企业，各分立企业实行独立核算，企业整体产业链不做变更，但两个分立企业的购销关系按照正常企业购销流程进行结算。

该企业完成分立后，牧场属于自产自销的独立企业，可以享受农业生产者免税政策，其向乳品加工厂销售的牛奶按正常成本利润定价；乳品加工厂分立后，从牧场购买鲜奶的行为属于收购农产品，可以按照9%的税率计算进项税额，但销项税额不变，这也大幅降低了乳品加工厂的税负。通过这种企业分立的方式，该企业全面解决了税负过高的问题，且完全符合我国相关税法规定。此时，该企业的应交增值税按照另外一种方式计算。

假设分立后的牧场每日向乳品加工厂供应价值20 000元的鲜奶，乳品加工厂各类产品每日销售额仍为45 000元，其他费用也与分立前相同。那么就牧场而言，在增值税免税政策下每天进购草料的费用不能计算抵扣增值税进项税额，同时也不计算增值税销项税额，该牧场不再承担增值税税负。就乳品加工厂而言，该工厂每日进购鲜奶花费的 20 000 元按照 9%的扣除率计算抵扣增值税进项税额，该工厂每日应缴纳的增值税为 45 000÷（1＋13%）×13%－20 000×9%≈3 377（元），该企业分立后增值税总负担为每日 3 377 元。

乳品加工厂每日利润为 45 000÷（1＋13%）－（20 000-20 000×9%）＋20 000-500-X≈（41 123-X）元。该企业完成分立后，每日缴纳的增值税总计减少了 5 132-3 377=1 755（元），这代表企业每日经营利润增加 1 755 元。上述计算公式还可以反映出另外一个问题，在该企业完成分立后，如果牧场向乳品加工厂供给的鲜奶价格发生变化，两个分立企业总体的增值税负担也会发生变化，整体利润同样会出现变动。

例如，如果牧场每日向乳品加工厂供给的鲜奶价格提高到 25 000 元，牧场本身不承担增值税税负，所以牧场自身税费没有任何变化，但乳制品加工厂的增值税则会出现变动，具体数值为 45 000÷（1＋13%）×13%-25 000×9%≈2 927（元）。该企业每日承担的增值税也变为 2 927 元。该企业每日的利润为 45 000÷（1＋13%）－（25 000-25 000×9%）＋25 000-500-X≈（41 573-X）元。

与牧场价格变动之前相比，该企业每日总体缴纳的增值税减少了 3 377-2 927=450（元）。同时，总体利润增加了（41 573-X）－（41 123-X）=450（元）。

牧场提高鲜奶价格后导致其总体缴纳的增值税降低，但企业总体利润也会随之降低。这是因为牧场自身不用计征增值税，牧场鲜奶的价格越高，企业总体承担的增值税负担就越轻。而乳品加工厂成本需要按照收购价减去抵扣的增值税进项税额计算，随着鲜奶价格提高，乳品加工厂增值税进项税额也会随之增加，企业整体利润随之上涨。但这种方法需要适当运用，因为若企业交易违背市场公平原则，我国税务机关有权对该行业交易价格进行调整，所以采用分立方式进行纳税筹划时，企业需要注意自身定价的合理性。

第 11 章

企业转让定价的纳税筹划

在当代企业纳税筹划领域内,转让定价筹划法是全球企业广泛使用的一种纳税筹划方法。这种利用关联企业在合理合法范围内进行交易的纳税筹划法,可以最大限度地维护企业利益,节约企业成本。

11.1 关联企业与转让定价

《中华人民共和国企业所得税法实施条例》第一百零九条明确指出，企业所得税法第四十一条所称关联方，是指与企业有下列关联关系之一的企业、其他组织或者个人：

（1）在资金、经营、购销等方面存在直接或者间接的控制关系；

（2）直接或者间接地同为第三者控制；

（3）在利益上具有相关联的其他关系。

另外，《国家税务总局关于印发〈特别纳税调整实施办法（试行）〉的通知》（国税发〔2009〕2号）（以下简称"2号文"）中就关联方判定提出了8条标准，这8条标准可以概括为：拥有目标企业劳务控制权的企业、拥有目标企业实质控制权的企业、拥有目标企业购销活动控制权的企业、拥有目标企业专有技术等控制权的企业、与目标企业共享50％高级管理人员的企业、拥有目标企业25％以上股权的企业、拥有目标企业50％以上借贷资金的企业或拥有目标企业担保借贷资金总额10％以上的企业、向目标企业委派50％以上的高级管理人员的企业，这类企业相互间可以判定为关联方。

转让定价是指企业集团内部或利益关联方以实现整体战略目标，对集团内各单位或利益关联方关系进行有效协调，谋求集团利润最大化的一种交易定价行为。转让定价常见于关联企业内部交易及关联业务当中。其产生的主要目的为对企业进行一定的动机激励。将企业利润从适用税率较高状态转化为适用税率较低状态，以此降低企业整体税负，这是转让定价出现的主要原因。

除此之外,在企业经营管理中还存在其他类型的非纳税筹划动机。比如:进入市场、控制市场;调节企业利润,更换子公司形象;合理转移资金,以此多获取补贴与退税;降低外汇风险;加快企业成本收回,加速企业利润汇回;从合资企业获取更多好处等。目前,关联企业之间存在的转让定价方式非常丰富,主要表现为以下几种。

1. 销售货物转让定价的纳税筹划

集团公司有效利用其关联企业原材料、产品销售渠道等资源,以"高进低出"或"低进高出"等方法进行内部作价,将集团收入向低税负地区独立核算企业转移,同时将企业费用向高税负地区的独立核算企业转移,以此达到降低企业整体税负,有效转移利润的目的。这种转让定价的纳税筹划方法主要包括以下两种情况。

(1)以压低定价方式在关联企业间进行商品交易,将企业承担的税费以利润形式进行转移,从而达到纳税筹划的目的。比如某企业需要按照25%的税率缴纳企业所得税,为降低税负,该企业可以将自制产成品以低价形式销售给按照15%税率缴纳企业所得税的联营企业。这种方式虽然会减少该企业的销售额,但联营企业获得的利润会增长,该企业可以从联营企业中获得更多利润,自身税负也会随之减轻。

(2)以抬高定价方式在关联企业之间进行商品交易,将企业收入进行转移,以达到纳税筹划的目的。某些承担高增值税税负的企业,会在进购低税负关联企业产品时主动抬高进价,以此将更多利润转移到低税负关联企业中。通过这种方式高税负企业可以增加自身增值税抵扣额,增值税税负随之降低,也可以从低税负关联企业中获取一部分利润。

以华北某建材总公司为例,该公司主要生产某种建筑材料模具,公司市场主要为江苏、广东等地区。该公司每件产品正常售价为31 000元,每件产品的制造成本为15 000元,销售费用为3 000元,管理费用、财务成本暂时忽略，这种情况下该公司应该如何利用关联企业进行纳税筹划呢？

该公司进行纳税筹划前承担着较高税负，所得税税率为25%，为此该公司决定在珠海地区设立一家全资子公司，该子公司主要负责母公司的产品销售工作，子公司的税负较低，所得税税率为15%。子公司设立后，母公司专注于产品生产，子公司专注于销售。

珠海子公司成功设立后，母公司以每件产品26 000元的价格向子公司销售产品，这时母公司承担的企业所得税为（26 000-15 000）×25% =2 750（元）。珠海子公司承担的企业所得税为（31 000-26 000-3 000）×15% =300（元）。该公司合计应交企业所得税为2 750 + 300=3 050（元）。未设立子公司前，该公司承担的企业所得税为（31 000-15 000-3 000）×25% =3 250（元），通过这种方式该公司合理减少200元企业所得税。

随后，该公司采用相同方式再次进行了纳税筹划，在符合税法相关规定，同时产品销售价格处于同行业同类生产型企业合理水平的前提下，该公司降低了向子公司销售产品的价格，每件产品售价为23 000元。母公司应交企业所得为（23 000-15 000）×25% =2 000（元）。子公司承担的企业所得税为（31 000-23 000-3 000）×15% =750（元）。两家公司合计应交企业所得税为2 750元，如此一来该公司合理减少了500元企业所得税。

2. 提供劳务转让定价的纳税筹划

关联企业之间可以采用多收、少收甚至不收劳务费用的方式实现纳税筹划的目的，这种方式可以完成企业利润根据实际情况的有效转移，其纳税筹划原理与通过销售货物转让定价的原理基本相同，最终目的都是减轻企业税收负担。

3. 租赁业务转让定价的纳税筹划

关联企业间还可以采用租赁业务的方式进行转让定价的纳税筹划，筹划方法主要如下。

（1）通过自定租金进行纳税筹划。企业可向高税率地区的关联公司借入资金，这笔资金可用于购买设备，之后将该设备以较低租金转租给低税率地区的关联企业，租用设备企业再将设备租回给高税率地区企业，以此获取较高利润。

（2）通过售后租回方式进行纳税筹划。因为设备拥有提取折旧的特性，所以承租方有权在利润中扣除设备租金。

（3）通过不同国家的不同折旧政策进行纳税筹划。

4. 无形资产转让定价的纳税筹划

无形资产是指企业内长期使用但不具有实物形态的资产，这类资产主要包括商标、专利权、土地使用权等。这类资产具有转让价格没有市场参考标准的特点，所以此类资产的转让定价纳税筹划更为方便，企业可以通过无形资产的转让定价来调节其内部利润，实现降低税收负担的目的。

5. 贷款业务转让定价的纳税筹划

贷款业务属于关联企业间的投资形式，这种形式比参股更具灵活性。关联企业中，子公司可以采用以股息形式偿还母公司的投资报酬，这部分在公司纳税时无法作为费用扣除，但子公司需要向母公司支付利息，这部分利息可以作为企业费用在税前扣除，所以现在很多关联企业间会采用贷款业务转让定价方式转移企业利润。

例如，A企业为了增加关联企业B的盈利，可以向B企业提供贷款，贷款后A企业可以少收或不收利息，以此减少B企业费用，进而增加B企业盈利；同理，A企业向关联企业B提供贷款后，也可以通过较高的利率提高其产品成本，进而造成关联企业的亏损或微盈利。对于资金宽裕、利润较多、贷款顺畅，但自身税负较重的企业，可以采用无偿向关联企业提供贷款的方式进行资金转移，采用这种方式，企业相当于主动承担了这部分资金的利息，企业成本随之增加，企业税负相应降低。

6. 通过分摊管理费用转移利润进行纳税筹划

《中华人民共和国企业所得税法实施条例》（中华人民共和国国务院令第512号）第五十条规定：非居民企业在中国境内设立的机构、场所，就其中国境外总机构发生的与该机构、场所生产经营有关的费用，能够提供总机构出具的费用汇集范围、定额、分配依据和方法等证明文件，并合理分摊的，准予扣除。不过我国税法对此没有规定具体支付标准，企业可以对此展开纳税筹划。

以上6种方式便是目前被企业广泛使用的转让定价纳税筹划方法，但根据我国税法规定，我税务部门有权对企业间的转让定价进行调整，调整依据有两个。

（1）企业完成转让定价后，转让企业是否获取利润，利润是否处于同行业的平均利润水平。

（2）转让双方的关系认定，两者是否属于关联企业。

根据《国家税务总局关于修订〈关联企业间业务往来税务管理规程〉》的通知（国税发〔2004〕143号）》，关联企业内容如下。

"税法实施细则第五十二条所称'在资金、经营、购销等方面，存在直接或者间接的拥有或者控制关系'、'直接或者间接地同为第三者所拥有或者控制'、'其他在利益上具有相关联的关系'和税收征管法实施细则五十一条所称'在资金、经营、购销等方面，存在直接或者间接的拥有或者控制关系'、'直接或者间接地同为第三者所拥有或者控制'、'在利益上具有相关联的其他关系'，主要是指企业与另一公司、企业和其它经济组织（以下统称另一企业）有下列之一关系的，即构成关联企业：

（1）相互间直接或间接持有其中一方的股份总和达到25%或以上的；

（2）直接或间接同为第三者所拥有或控制股份达到25%或以上的；

（3）企业与另一企业之间借贷资金占企业自有资金50%或以上，或企业借贷资金总额的10%或以上是由另一企业担保的；

（4）企业的董事或经理等高级管理人员一半以上或有一名以上（含一名）常务董事是由另一企业所委派的；

（5）企业的生产经营活动必须由另一企业提供的特许权利（包括工业产权、专业技术等）才能正常进行的；

（6）企业生产经营购进的原材料、零部件等（包括价格及交易条件等）是由另一企业所供应并控制的；

（7）企业生产的产品或商品的销售（包括价格及交易条件等）是由另一企业所控制的；

（8）对企业生产经营、交易具有实际控制、或在利益上具有相关联的其它关系，包括家族、亲属关系等。

税务审计人员应按上述标准，逐条依据进行审计和检查，检查结果应填写《关联企业关联关系认定表》，有两个或两个以上关联企业的，应分别检查填写。"

按照我国法律规定，企业有权确定产品购销价格，但关联企业间的交易定价涉及税收，为消除偷逃税行为，避免市场滋生不良经营风气，我国税务机关有权规范关联企业的定价行为。不过在符合税法规范前提下，企业仍然可以利用转让定价获取较大的纳税筹划空间。

11.2 纳税筹划的关键要素

纳税筹划是企业良好经营的重要基础，在合法范围内巧妙运用纳税筹划不仅可以帮助企业节约运营成本，还可以优化内部运营结构。纳税筹划主要包括3个关键要素，本节针对这些内容进行讲解。

11.2.1 转让定价之价格

关联企业间经常会进行纳税筹划，在转让定价过程中，企业需要综合考虑产品、服务的市场定价。为减轻税负而盲目定价往往会适得其反。

11.2.2 转让定价之利润

企业进行纳税筹划过程中，税务机关会根据市场正常交易价格判断关联企业间的转让定价是否处于合理范围，是否符合正常交易的概念。但市场的正常交易价格具有不确定性，其价格往往在一定区间内来回波动。所以，税务机关会针对企业销售毛利率、净利率等财务指标判定关联企业间是否存在滥用转让定价的情况。

利润指标与行业平均水平的差异通常是税务机关判断企业是否存在滥用转让定价的重要依据，这种情况下，管理高效、营利高效的企业有一定转让定价运作的空间。企业通过转让定价进行纳税筹划时，要充分结合自身产品价格和财务状况，因为通过转让定价进行纳税筹划也会产生一定成本。若利用转让定价进行纳税筹划不合理，那么容易导致关联企业被税务机关频繁审计、调查，同时令低利润关联企业被强制进行转让定价调整，所以关联企业必须把转让定价纳税筹划控制在合法、合理范围之内。

例如，广西某服装有限公司以服装生产为主，每件产品的市场定价为200元，每件产品的材料及加工成本为90元，销售费用为60元，初步假定其他管理费用不予考虑，该公司销售每件产品应交所得税为（200-90-60）×25%＝12.5（元）。

针对这家公司进行转让定价纳税筹划的方式主要有两种。

方法一：假定该公司领导层决定在低税率地区设立具有独立法人地位的销售公司，并选址在适用15%的企业所得税税率的地区。该销售公司设立后，原公司主要负责产品生产，销售公司主要负责产品销售。为增加公司整体利润，原公司以每件 120 元的价格将产品销售给销售公司。通过这种转让定价筹划，该公司所得税税负有所降低。原公司承担的企业所得税为（120-90）×25% = 7.5（元）。低税率地区销售公司承担的企业所得税为（200-120-60）×15% = 3（元）。该公司整体的税负由 12.5 元降低为 10.5 元，合理节税 2 元。

方法二：该公司在低税率地区设立销售公司后，原公司决定进行转让定价调整，最终公司以每件产品 100 元的价格将产品销售给销售公司。这时，原公司每件产品的税负变为（100-90）×25% =2.5（元）。销售公司承担的企业所得税为（200-100-60）×15% =6（元）。该公司最终整体税负为 2.5+6=8.5（元）。相比设立销售公司前，该公司成功节税 4 元。

企业经营过程中，这类转让定价行为可以起到节税效果，但税务机关会根据企业经营的实际情况判定此类行为是否处于合法范围之内。上述案例，该公司成功节税 4 元的前提是，以 100 元的产品单价将服装销售给销售公司，这一价格看似不符合正常交易水平，但税务机关会根据行业实际情况进行评估。比如税务机关通过调查得知，纺织业的平均毛利率为 10.4%，税务机关便可以以此为依据计算该公司的定价是否处于合理范围。合理定价 =90（产品成本）÷（1-10.4%）≈ 100.45（元）。这一价格与其确定的 100 元销售价格基本一致，这就代表该公司转让定价交易处于同行业的正常水平，转让定价纳税筹划行为没有违背市场交易的公平原则，属于正常交易，企业纳税筹划行为属于合法行为。

11.2.3　转让定价与税收分配

关联企业间利用转让定价可以进行利润重新分配，企业税负同样可以根据不同的税收管辖权和不同的地区进行重新分配。目前，不同国家和地区转让定价的政策不相同，这直接影响企业通过转让定价进行纳税筹划的效果。

11.2.4　其他应予考虑的因素

境内企业在进行跨境交易时采用的定价结构需要满足相关国家（地区）征税机关的法律规定。转让定价需要详细筹划，并需要遵循以下原则。

（1）在纯粹商业基础之上确保定价制度明确。

（2）依据交易涉及国家的相关税法，审核企业定价决策的合法合理性。

（3）在商业条件下确保有关交易的公平性、合理性。

（4）确保跨境交易的商业实质和形式。

（5）强调交易的商业目的，弱化避税目的。

（6）对企业涉及的所有跨境交易进行仔细查阅。

（7）确保交易留存详细的记录与文档。

11.3　转让定价纳税筹划方法

在企业进行纳税筹划的过程中，转让定价筹划方式十分常见，这种利用关联企业进行不符合营业常规的交易形式已被广泛应用，本节重点讲述的正是转让定价的纳税筹划方法。

11.3.1　税法中的调整规则

《中华人民共和国企业所得税法》第四十一条规定：企业与其关联方之间的业务往来，不符合独立交易原则而减少企业或者其关联方应纳税收入或者所得额的，税务机关有权按照合理方法调整。企业与其关联方共同开发、受让无形资产，或者共同提供、接受劳务发生的成本，在计算应纳税所得额时应当按照独立交易原则进行分摊。所谓独立交易原则，在《中华人民共和国企业所得税法实施条例》第一百一十条中也有明确：企业所得税法第四十一条所称独立交易原则，是指没有关联关系的交易各方，按照公平成交价格和营业常规进行业务往来遵循的原则。一旦税务机关判定关联企业所得不实，便会按照《中华人民共和国企业所得税法》中提到的合理方法进行调整，具体调整方法《中华人民共和国企业所得税法实施条例》规定如下。

一是可比非受控价格法，是指按照没有关联关系的交易各方进行相同或者类似业务往来的价格进行定价的方法。

二是再销售价格法，是指按照从关联方购进商品再销售给没有关联关系的交易方的价格，减除相同或者类似业务的销售毛利进行定价的方法。2号文规定，该方法的公平交易价格＝销售给非关联方的价格×（1－可比非关联交易毛利率）。

三是成本加成法，是指按照成本加合理的费用和利润进行定价的方法。2号文规定，该方法的公平交易价格＝合理成本×（1＋可比非关联交易成本加成率）。

四是交易净利润法，是指按照没有关联关系的交易各方进行相同或者类似业务往来取得的净利润水平确定利润的方法。2号文中指出，该方法的利润指标可以选择可比非关联交易的资产收益率、营业利润率、完全成本加成率和贝里比率。

五是利润分割法，是指将企业与其关联方的合并利润或者亏损在各方之间采用合理标准进行分配的方法。该方法参考关联交易各参与方所执行的功能、承担的风险以及使用的资产等贡献度来确定分配比例。

六是其他符合独立交易原则的方法。

11.3.2　可使用的筹划空间

企业实施纳税筹划方法顺利与否主要取决于税务机关是否对此存在质疑。根据我国税法相关规定，税务机关判定关联企业间的交易是否合理合法主要在于交易实质是否重于形式,即交易效果为参与方可以真实受益,同时交易定价必须符合独立交易原则。所以,为减少企业的税务风险,按照税法规定的方法进行定价才是正确的筹划方式。

目前,企业进行纳税筹划的方法很多,但是真正实用的方法并不多。因为企业进行转让定价筹划涉及各类企业信息、税务信息,若企业对这些信息掌握得不全面,则有可能起到相反效果。且不同方式对应着不同税负,只有税务机关认可的方式才是适用于企业的筹划方法。目前我国税法中依然存在一些模糊标准或空白区域,在合法范围内,企业可以利用这些模糊标准或空白区域,选择更有效的筹划方式。

11.4 筹划中应考虑的问题

企业进行转让定价纳税筹划并非有百利而无一害,筹划过程中企业需要认真考虑以下4个方面。

(1)企业进行纳税筹划虽然可以减少整体税负,但也有可能会引发一系列经营管理问题。所以,企业必须从战略发展目标出发进行详细筹划,而不能而盲目追求减轻税负。

(2)有些转让定价纳税筹划方案看似良好但不一定切实可行,因为关联企业必须目标一致才能够达到最终目的。比如进行关联交易时,为减轻整体税负导致某家关联企业利益受损,这种情况就会导致该关联企业的不配合。

(3)纳税筹划是一个长期过程,所以企业需要用长远眼光看待筹划效果,且筹划过程中企业业务不宜变动过大或者过于频繁。因为变化过大或过于频繁不仅容易引发企业其他变动,还可能引起税务机关的注意,一旦筹划方案无法顺利实施,就可能为企业带来运营负担,为此企业需要付出较高的筹划成本。

（4）关联交易必须真实合法，必须具有相关合同与手续，这会涉及印花税，不过这种税负较轻。企业设定交易价格时需要参考市场正常水平，将价格定在合理范围内，为此企业可以在改变价格和开展业务时进行详细调查和记录，并落实到相关资料当中，这些方法都可以降低企业被税务机关调查的风险。

第 12 章

企业其他税种的纳税筹划

其他税种虽然与企业生产经营的关系不够紧密,但同样会对企业的发展产生深远影响。涉及其他税种的企业及时进行相关税种的纳税筹划,可以令企业获得更多发展优势,也可以使相关税负与资金压力大幅减轻。

12.1 资源税的纳税筹划

资源税是我国以自然资源为对象征收的一种税,主要纳税人为我国境内从事矿产等资源的开采及生产的单位与个人。资源税虽然看似简单,但同样拥有纳税筹划技巧,本节讲解的正是资源税的纳税筹划方法。

12.1.1 资源税的征税范围与纳税筹划方法

资源税征税范围包括原油、天然气、煤炭、其他非金属矿原矿、黑色金属矿原矿、有色金属矿原矿、盐等 7 类。

资源税筹划的纳税筹划方法:利用折算比例筹划,利用相关产品筹划,准确核算筹划。

12.1.2 煤炭资源税筹划

煤炭主要涉及税种有增值税和资源税,增值税适用 13% 的税率,资源税实行定额,按应税数量定额征收,但税率因地域煤矿级差不同而异。至于资源税的筹划,要做好长期的筹划,并合理、合法地针对相关税法政策采取措施。

煤炭资源税筹划包括产量平衡、税负平衡和煤矿级差平衡。

12.2 契税的纳税筹划

契税是我国在不动产（土地、房屋）产权发生变更转移时，就所订契约按产权价格一定比例向产权承受人征收的一次性税收。企业经营中会涉及各种不动产的权属转移，合理的契税纳税筹划可以降低企业经营成本。

12.2.1 新免征契税政策

《财政部 税务总局关于继续支持企业 事业单位改制重组有关契税政策的通知》（财税〔2018〕17号）有关规定如下。

1. 企业改制

企业按照《中华人民共和国公司法》有关规定整体改制，包括非公司制企业改制为有限责任公司或股份有限公司，有限责任公司变更为股份有限公司，股份有限公司变更为有限责任公司，原企业投资主体存续并在改制（变更）后的公司中所持股权（股份）比例超过75%，且改制（变更）后公司承继原企业权利、义务的，对改制（变更）后公司承受原企业土地、房屋权属，免征契税。

2. 事业单位改制

事业单位按照国家有关规定改制为企业，原投资主体存续并在改制后企业中出资（股权、股份）比例超过50%的，对改制后企业承受原事业单位土地、房屋权属，免征契税。

3. 公司合并

两个或两个以上的公司，依照法律规定、合同约定，合并为一个公司，且原投资主体存续的，对合并后公司承受原合并各方土地、房屋权属，免征契税。

4. 公司分立

公司依照法律规定、合同约定分立为两个或两个以上与原公司投资主体相同的公司，对分立后公司承受原公司土地、房屋权属，免征契税。

5. 企业破产

企业依照有关法律法规规定实施破产，债权人（包括破产企业职工）承受破产企业抵偿债务的土地、房屋权属，免征契税；对非债权人承受破产企业土地、房屋权属，凡按照《中华人民共和国劳动法》等国家有关法律法规政策妥善安置原企业全部职工规定，与原企业全部职工签订服务年限不少于三年的劳动用工合同的，对其承受所购企业土地、房屋权属，免征契税；与原企业超过30%的职工签订服务年限不少于三年的劳动用工合同的，减半征收契税。

6. 资产划转

对承受县级以上人民政府或国有资产管理部门按规定进行行政性调整、划转国有土地、房屋权属的单位，免征契税。同一投资主体内部所属企业之间土地、房屋权属的划转，包括母公司与其全资子公司之间，同一公司所属全资子公司之间，同一自然人与其设立的个人独资企业、一人有限公司之间土地、房屋权属的划转，免征契税。母公司以土地、房屋权属向其全资子公司增资，视同划转，免征契税。

7. 债权转股权

经国务院批准实施债权转股权的企业，对债权转股权后新设立的公司承受原企业的土地、房屋权属，免征契税。

8. 划拨用地出让或作价出资

以出让方式或国家作价出资（入股）方式承受原改制重组企业、事业单位划拨用地的，不属于上述规定的免税范围，对承受方应按规定征收契税。

9. 公司股权（股份）转让

在股权（股份）转让中，单位、个人承受公司股权（股份），公司土地、房屋权属不发生转移，不征收契税。

12.2.2 案例分析

A 公司经营期间购置了一块土地，2020 年 A 公司决定以 3 000 万元的价格将其出售给 B 公司，同时 A 公司向 B 公司购买另外一块同等价值的土地，契税税率为 4%。如果双发以销售购买形式交换土地，那么双方各需要承担 120 万元（3 000×4%）的契税。但《中华人民共和国契税法》中明确提到：土地使用权、房屋交换，契税的计税依据为所交换的土地使用权、房屋的价格差额，由多交付货币、实物、无形资产或其他经济利益的一方缴纳税款，交换价格相等的，免征契税。

根据《中华人民共和国契税法》提出的免征契税规定，A、B 公司就相互购买土地事项可采用以下纳税筹划方案。

A 公司与 B 公司签订土地使用权交换合同，双方约定交换等价值的土地。根据《中华人民共和国契税法》规定，A、B 公司各自免征契税 120 万元。

假设 A 公司欠 B 公司货款 2 000 万元，A 公司在流动资金不足的情况下决定将自己拥有的价值 2 000 万元的商品房作为债款偿还给 B 公司。B 公司同意了 A 公司的偿债方式，完成商品房抵债后，B 公司将商品房以 2 000 万元的价格出售给了 C 公司，用于偿还自己欠 C 公司的 2 000 万元货款。这一情况下，B 公司和 C 公司都需要承担 80 万元（2 000×4%）的契税。

由于三家公司欠款相同，这种情况下可以采用以下方式进行纳税筹划。

B 公司与 A、C 两家公司签订债务偿还协议，协议约定由 A 公司直接将商品房以 2 000 万元价格销售给 C 公司，完成销售后，C 公司将房款打到 A 公司账户，A 公司收到该笔房款后不可挪作他用，必须将其汇给 B 公司，用于偿还货款。这种情况下，B 公司无须承担 80 万元的契税，同样可以完成债务偿还。

A 有一幢价值 300 万元的商品房，B 有 200 万元资金，A、B 两人共同投资开设了一家公司，A 的出资方式为房产出资，B 的出资方式为现金出资，公司注册资本为 500 万元。新公司成立后因为 A 原有房产变为了公司所有，所以该公司需要承担 12 万元（300×4%）的契税。

《中华人民共和国公司法》中明确规定：整体改建为有限责任公司（含国有独资公司）或股份有限公司，或者有限责任公司整体改建为股份有限公司的，对改建后的公司承受原企业土地、房屋权属，免征契税。

根据上述文件中明确的免征契税规定，A、B 两人可以采用以下纳税筹划方案合理节税。

首先，A 独自注册登记个人独资企业，并将自有价值为 300 万元的房产投入个人独资企业。由于该企业属于 A 独有，房产产权没有发生变更，所以该公司无须缴纳契税。

之后，A 将个人独资企业改建为有限责任公司，再吸收 B 200 万元的投资，公司改建为新的有限责任公司，新公司承受 A 个人独资企业的房屋，同样免征契税。此种方式下新公司合理节税 12 万元。

12.3　土地增值税的纳税筹划

土地增值税是我国针对境内土地使用权、地上建筑物及其附着物发生转让时取得的增值额征收的一种税。这一税种也是企业进行纳税筹划时要关注的重点。

12.3.1　可进行土地增值税纳税筹划涉及的问题

税法对土地增值税的征税范围有明确规定，土地增值税有一定的征收范围，超出该范围，企业或个人的经济行为不征收土地增值税。

（1）以继承、赠与方式转让房地产。该行为属于无偿转让房地产的行为，不属于土地增值税的征税范围。

（2）房地产出租。出租人取得了收入，但没有发生房地产产权的转让，不属于土地增值税的征税范围。

（3）房地产抵押。在抵押期间不征收土地增值税。待抵押期满后，视该房地产是否转移产权来确定是否征收土地增值税。对于以房地产抵债而发生房地产产权转让的，属于土地增值税的征税范围。

（4）房地产交换。交换房地产行为既发生了房产产权、土地使用权的转移，交换双方又取得了实物形态的收入，按照规定属于土地增值税的征税范围。但对个人之间互换自有居住用房地产的，经当地税务机关核实，可以免征土地增值税。

（5）以房地产进行投资、联营。对于以房地产进行投资、联营的，投资、联营的一方以土地（房地产）作价入股进行投资或作为联营条件，将房地产转让到所投资、联营的企业中时，暂免征收土地增值税。对投资、联营企业将上述房地产再转让的，应征收土地增值税。但对于以土地（房地产）作价入股进行投资或联营的，凡所投资、联营的企业从事房地产开发的，或者房地产开发企业以其建造的商品房进行投资和联营的，均不适用免征土地增值税的规定。

（6）合作建房。对于一方出地，一方出资金，双方合作建房，建成后按比例分房自用的，暂免征收土地增值税；建成后转让的，应征收土地增值税。

（7）企业兼并转让房地产。在企业兼并中，对被兼并企业将房地产转让到兼并企业中的，暂免征收土地增值税。

（8）房地产的代建房行为。这种情况是指房地产开发公司代客户进行房地产的开发，开发完成后向客户收取代建收入的行为。对于房地产开发公司而言，其虽然取得了收入，但没有发生房地产权属的转移，其收入属于劳务收入性质，故不属于土地增值税的征税范围。

（9）房地产的评估增值。房地产的评估增值，没有发生房地产权属的转移，不属于土地增值税的征税范围。

（10）国家收回国有土地使用权、征用地上建筑物及附着物。国家收回或征用，虽然发生了权属的变更，原房地产所有人也取得了收入，但按照《中华人民共和国土地增值税暂行条例》的有关规定，可以免征土地增值税。

此外，对于因城市实施规划、国家建设的需要而搬迁，由纳税人自行转让原房地产的，《中华人民共和国土地增值税暂行条例实施细则》规定免征土地增值税。

12.3.2 土地增值税筹划案例

假设A拥有一块面积为4 000平方米的土地，A准备将其中1 000平方米自用，其余3 000平方米准备在土地性质变更时分为三部分出售。针对这一情况A应该如何进行土地增值税筹划呢？具体方法有两个。

方法一：A可以分别注册甲、乙、丙三家公司，且每家公司分别买下1 000平方米土地。等到这3 000平方米土地性质变更后，A可以以公司股权转让方式卖掉这三块土地。比如A将甲公司股权转让给B，因为股权转让不需要缴纳土地增值税，所以B达到了合理节税的目的。但B同时面临一个问题，就是这类土地增值税的纳税筹划空间较小，为解决这一问题，A可以适当降低股权转让价格。

方法二：我国税务部门明确要求没有任何经营活动的企业以股权形式买卖土地同样需要缴纳土地增值税。针对这一情况合理节税的方法为，A 不向 B 转让甲公司 100% 的股权，而是让 B 为甲公司投资，使甲公司成为合资公司。B 作为甲公司大股东，A 作为甲公司小股东。B 享有甲公司经营管理、分红表决等全部权力。A 以股东身份向甲公司借款，等甲公司经营数年后，A 向 B 转让土地使用权无须缴纳土地增值税，这部分股权正好抵扣 A 向甲公司的借款。

12.4　城镇土地使用税的纳税筹划

城镇土地使用税是我国对城市、县城、建制镇和工矿区内使用土地的单位和个人征收的一个税种，以单位和个人实际占用面积为计税依据，按照定额税率征收。对于企业而言，城镇土地使用税虽然与经营销售没有直接关系，但同样可以运用纳税筹划合理降低企业成本。

12.4.1　利用纳税人身份的界定进行筹划

城镇土地使用税的筹划首先可以利用经营范围或投资对象。《中华人民共和国城镇土地使用税暂行条例》中规定，下列经营用地可以享受免缴城镇土地使用税的规定。

（1）国家机关、人民团体、军队自用的土地。

（2）由国家财政部门拨付事业经费的单位自用的土地。

（3）宗教寺庙、公园、名胜古迹自用的土地。

（4）市政街道、广场、绿化地带等公共用地。

（5）直接用于农、林、牧、渔业的生产用地。

（6）经批准开山填海整治的土地和改造的土地，从使用的月份起免缴城镇土地使用税五年至十年。

（7）由财政部另行规定免税的能源、交通、水利设施用地和其他用地。

企业在租用土地时可以结合上述免税规定，以及根据国税地字〔1988〕15号文件中"土地使用权未确定或权属纠纷未解决的，由实际使用人纳税""土地使用权共有的，由共有各方分别纳税"的规定，考虑是否成为土地的法定纳税人。

12.4.2 利用经营用地的所属区域进行筹划

企业占有或使用土地时，土地所在区域决定企业缴纳城镇土地使用税的数额。所以企业可以根据经营的实际情况进行以下选择：一是选择征税区或选择非征税区；二是选择经济发达区域或选择经济欠发达区域；三是对省内大、中、小城市，县城或工矿区的选择，因为同一省份内不同区域的城镇土地使用税同样存在税率差别；四是同一区域不同土地等级的选择。

12.4.3 利用所拥有和占用的土地用途进行筹划

根据我国税法规定，企业占有、使用土地的用途不同，享受的城镇土地使用税政策也不同，具体情况分为以下两种。

（1）《国家税务局关于印发〈关于土地使用税若干具体问题的补充规定〉的通知》（国税地字〔1989〕140号）中明确提出"厂区以外的公共绿化用地和向社会开放的公园用地，暂免征土地使用税"。针对这条法规，企业可以把原绿化地从对内专用改成对外公用，以此享受城镇土地使用税免税政策。

（2）《国家税务局关于水利设施用地征免土地使用税问题的规定》（国税地字〔1989〕14号）提出对水利设施及其管护用地（如水库库区、大坝、堤防、灌渠、泵站等用地）以及对兼有发电的水利设施用地，可免征城镇土地使用税。针对这条规定，企业可以考虑把土地的价值在账务核算上明确区分开，以达到享受税收优惠的目的。

12.4.4 利用纳税义务发生时间进行筹划

企业利用纳税义务发生时间进行筹划分为三种情况。

（1）在企业涉及房屋购置业务时考虑纳税筹划。国税发〔2003〕89号文件的相关规定如下。

①纳税人购置新建商品房的，自房屋交付使用的次月起纳税。

②纳税人购置存量房，自办理房屋权属转移、变更登记手续，房地产权属登记机关签发房屋权属证书之次月起纳税。

针对这一政策，企业缩短房屋所有权获取与企业实际经营间的时间可以达到纳税筹划的效果。

（2）新企业征用土地或老企业扩大规模时，可以通过耕地与非耕地征用选择进行纳税筹划。我国税法政策规定，纳税人新征用耕地，自批准征用之日起满一年时开始缴纳城镇土地使用税，而征用非耕地的，则自批准征用的次月起开始缴纳城镇土地使用税。

（3）企业可以征用需要改造才可以使用的土地，这种方式也可以达到节税的目的。因为我国税法政策规定，经批准开山填海整治的土地和改造的土地，从使用月份起免征城镇土地使用税5~10年。

12.4.5 利用纳税地点进行筹划

我国税法政策规定城镇土地使用税原则上在土地所在地缴纳，但跨省企业或同一省份、自治区、直辖市跨地区的企业，可根据自身特点进行城镇土地使用税的合理筹划。这种筹划的本质是尽量在低税额标准地区纳税，这种纳税筹划方式适合处于规模扩大阶段的集团性公司。

第 13 章

税务稽查与风险分析

随着《国家税务局 地方税务局联合稽查工作办法（试行）》实施，当代企业面临的税务稽查压力不断增加。所以，企业全面了解税务稽查内容，提前做好应对税务稽查的准备工作是自身平稳发展的重要保障。

13.1 企业应对税务稽查

企业生产经营过程中会面临被税务机关稽查的风险,出现税务稽查主要是因为企业采取的纳税筹划措施不恰当,只有清楚了解税务稽查的各项内容,企业才能从容面对。

13.1.1 税务机关的稽查流程与方法

相关部门对企业进行税务稽查主要依据国家税务总局印发的《税务稽查工作规程》,其中税务稽查流程、税务稽查证据、税务违法形式、税务违法的法律责任与税务稽查方法是企业需要了解的重点内容。

1. 税务稽查流程

《税务稽查工作规程》中明确指出,税务稽查流程分为选案、检查、审理、执行 4 步。国家税务总局 2021 年 7 月公布的《税务稽查案件办理程序规定》对税务稽查 4 步进行了详细解释。

(1)选案。其是指我国税务机关全面收集整理案源信息,合理、准确地选择待查对象,待查对象确定后,经稽查局局长批准实施立案检查的过程。

(2)检查。其是指税务稽查机构确定稽查对象后,对稽查对象采用必要措施与手段,进行案件证人、证言、原始书证等材料的收集,并根据收集的情况制作税务稽查报告,后将案件移送审理的过程。

(3)审理。其是指税务稽查机构完成立案检查后,对各类税务违法案件进行事实核准、证据鉴别、案件性质认定,制作审理报告、处理决定书以及稽查结论的过程。

(4)执行。其是指税务稽查机构将各类税务违法案件处理决定书、稽查结论等文件资料送达被执行人,以督促或强制方式让其依法履行处罚决定的过程。

税务稽查机构在完成稽查流程后对处理决定会安排专人执行。

在税务稽查过程中，案源管理流程、稽查实施流程、稽查审理流程、稽查审理内容、稽查执行流程是税务稽查的 5 个重点，分别如图 13.1-1、图 13.1-2、图 13.1-3、图 13.1-4 和图 13.1-5 所示。

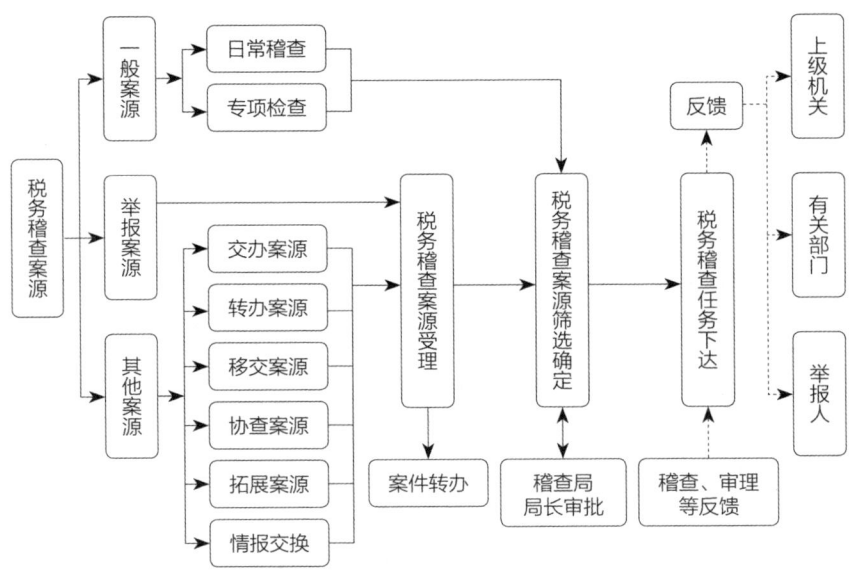

注：图中实线表示确定性，虚线表示或有可能。

图 13.1-1　案源管理流程

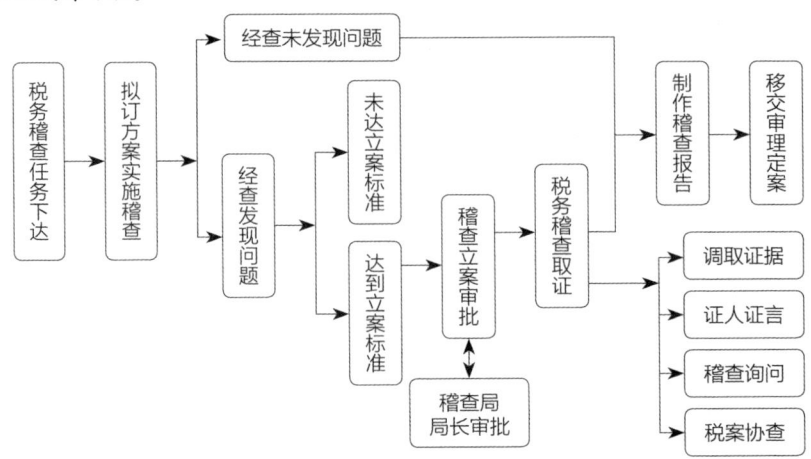

图 13.1-2　稽查实施流程

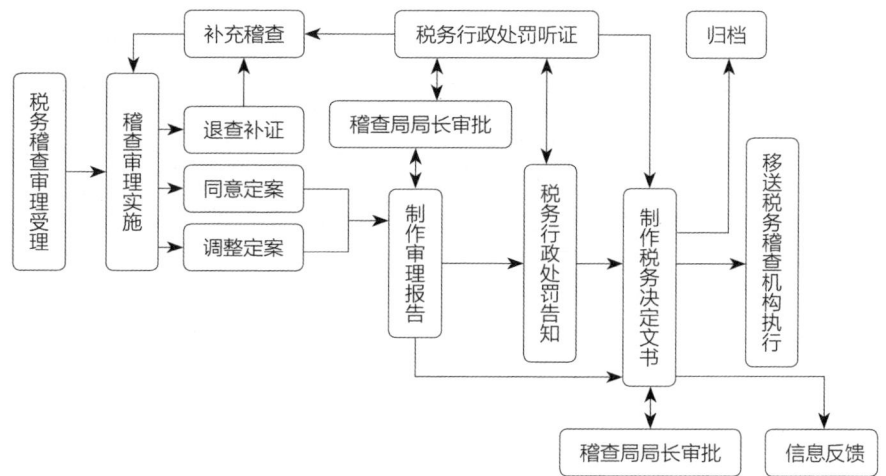

图 13.1-3　稽查审理流程

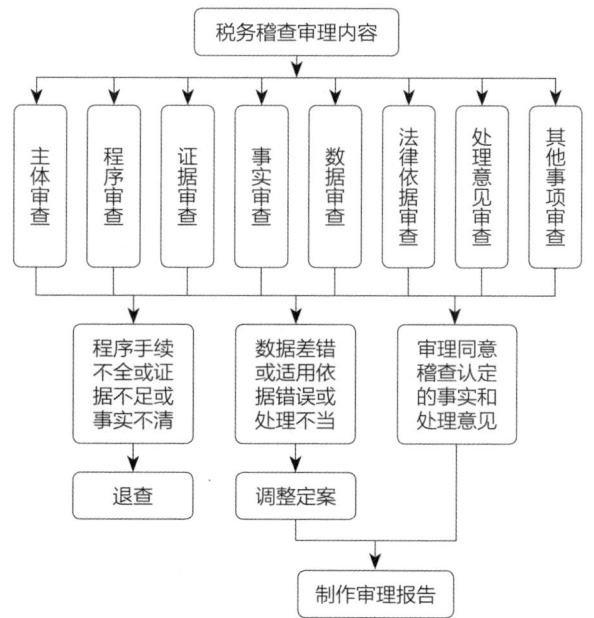

图 13.1-4　稽查审理内容

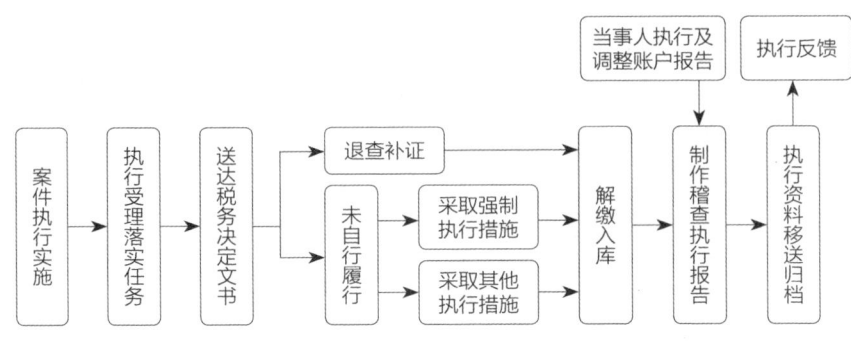

图 13.1-5　稽查执行流程

2. 税务稽查的 8 种证据

《中华人民共和国行政诉讼法》和《税务行政复议规则》中明确指出，稽查证据分为书证，物证，视听资料，电子数据，证人证言，当事人的陈述，鉴定意见，勘验笔录和现场笔录等 8 种。

（1）书证。按照《最高人民法院关于行政诉讼证据若干问题的规定》（以下简称《若干规定》）第十条、第十七条和《税务稽查工作规程》（国税发〔2009〕157 号）的规定，书证的收集与固定应符合以下要求。

第二十四条　实施检查时，应当依照法定权限和程序，收集能够证明案件事实的证据材料。收集的证据材料应当真实，并与所证明的事项相关联。

调查取证时，不得违反法定程序收集证据材料；不得以偷拍、偷录、窃听等手段获取侵害他人合法权益的证据材料；不得以利诱、欺诈、胁迫、暴力等不正当手段获取证据材料。

第二十五条　调取账簿、记账凭证、报表和其他有关资料时，应当向被查对象出具《调取账簿资料通知书》，并填写《调取账簿资料清单》交其核对后签章确认。

调取纳税人、扣缴义务人以前会计年度的账簿、记账凭证、报表和其他有关资料的，应当经所属税务局局长批准，并在 3 个月内完整退还；调取纳税人、扣缴义务人当年的账簿、记账凭证、报表和其他有关资料的，应当经所属设区的市、自治州以上税务局局长批准,并在 30 日内退还。

第二十六条　需要提取证据材料原件的,应当向当事人出具《提取证据专用收据》,由当事人核对后签章确认。对需要归还的证据材料原件,检查结束后应当及时归还,并履行相关签收手续。需要将已开具的发票调出查验时,应当向被查验的单位或者个人开具《发票换票证》;需要将空白发票调出查验时,应当向被查验的单位或者个人开具《调验空白发票收据》,经查无问题的,应当及时退还。

提取证据材料复制件的,应当由原件保存单位或者个人在复制件上注明"与原件核对无误,原件存于我处",并由提供人签章。

(2)物证。按照《若干规定》第十一条、第十四条的规定,物证的收集与固定应符合以下要求。

①应收集原物,如收集原物确有困难,可以收集与原物核对无误的复制件或证明该物证的照片、录像等其他具有证明效力的证据。

②原物数量较多的,可收集、调取其中具有代表性的一部分,并辅以照片、录像、现场笔录等加以佐证。

③收集物证时,还要注意与鉴定结论相结合。

(3)视听资料。

①录像资料和录音资料的收集与固定应按照《若干规定》第十二条、第五十七条、第七十一条规定执行。

②电子证据的收集与固定应按照《若干规定》第十二条、第四十条、第六十四条、第七十一条规定执行。

(4)电子数据。《税务稽查工作规程》(国税发〔2009〕157 号)第二十三条规定:实施检查时,依照法定权限和程序,可以采取实地检查、调取账簿资料、询问、查询存款账户或者储蓄存款、异地协查等方法。

对采用电子信息系统进行管理和核算的被查对象,可以要求其打开该电子信息系统,或者提供与原始电子数据、电子信息系统技术资料一致的复制件。被查对象拒不打开或者拒不提供的,经稽查局局长批准,可以采用适当的技术手段对该电子信息系统进行直接检查,或者提取、复制电子数据进行检查,但所采用的技术手段不得破坏该电子信息系统原始电子数据,或者影响该电子信息系统正常运行。

(5)证人证言。税务稽查的证人是指清楚、掌握案件情况,并向税务稽查机构提供证词的人。证人就案件提供的证词即为证言。

(6)当事人陈述。税务稽查的当事人陈述是指被稽查当事人在稽查过程中就本案事实情况向税务稽查机构、法院或仲裁机构所做的陈述。《中华人民共和国民事诉讼法》规定,人民法院对当事人的陈述,应当结合本案的其他证据,审查确定能否作为认定事实的根据。《若干规定》还规定,当事人对自己的主张,只有本人陈述而不能提出其他相关证据的,其主张不予支持,但对方当事人认可的除外。

(7)鉴定意见。它是指对客观事物的真假、技术参数、事故程度、质量等级等方面由专门的机构指派专门知识的人进行鉴别而得出的鉴定结论。鉴定的方法在税务稽查部门具有广泛的用途,如发票的真假、合同的真伪、笔迹的鉴定、基本建设项目质量、产品质量的确认,单位公章、私人印章的确认等。它对查处假发票、虚报冒领、贪污侵占等大案要案具有十分重要的作用。

(8)勘验笔录和现场笔录。按照《若干规定》第十五条的规定,勘验笔录和现场笔录应符合以下要求。

①必须由稽查人员当场制作,不得由他人代为制作,也不得事后补作。

②应当全面、客观。应当载明时间、地点和事件等内容。

③制作完毕由稽查人员和当事人签名,如当事人拒绝签名或者不能签名,应当注明原因,有其他人在现场的,可由其他人签名。

3. 税务违法的 6 种具体形式

(1)企业未按照《税务登记管理办法》登记。

（2）企业违反会计账簿管理制度。

（3）企业违反《中华人民共和国发票管理办法》。

按照《中华人民共和国发票管理办法》规定，以下行为属于税务违法行为。

①未按规定印制发票或者生产发票防伪专用品的行为。

②未按规定领购发票的行为。

③未按规定开具发票的行为。

④未按规定取得发票的行为。具体包括：应取得而未取得发票；取得不符合规定的发票；取得发票时，要求开票方或自行变更品名、金额或增值税税额；擅自填开、伪造发票入账；其他未按规定取得发票的行为。

⑤未按规定保管发票的行为。具体包括：丢失发票；损（撕）毁发票；保管不当，造成发票被盗、蛀咬、损毁；丢失或擅自销毁发票存根联以及发票登记簿；未按规定缴销发票；印刷发票和生产发票防伪专用品的企业丢失发票和发票监制章或发票防伪专用品等；未按规定建立健全专人、专账、专库（柜）等发票保管制度；其他未按规定保管发票的行为。

⑥违反税务机关检查制度的行为。具体包括：拒绝检查；隐瞒真实情况；刁难、阻挠税务人员进行检查；拒绝接受"发票换票证"；拒绝提供有关资料。

（4）企业违反纳税申报制度的相关规定。根据《中华人民共和国税收征收管理法》（以下简称《税收征收管理法》）第六十条、第六十二条、第六十四条第一款规定：未按规定办理纳税申报的行为是指纳税人未按照规定的期限办理纳税申报和报送纳税资料，或者扣缴义务人未按照规定的期限向税务机关报送代扣代缴、代收代缴税款报告表和有关资料的行为；未按照规定安装、使用税控装置，或者损毁或者擅自改动税控装置的行为；未按照规定将其全部银行账号向税务机关报告的行为；编造虚假计税依据的行为。

（5）企业违反《税收征收管理法》的相关规定。

①《税收征收管理法》第六十三条规定，纳税人伪造、变造、隐匿、擅自销毁账簿、记账凭证，或者在账簿上多列支出或者不列、少列收入，或者经税务机关通知申报而拒不申报或者进行虚假的纳税申报，不缴或者少缴应纳税款的，是偷税。

②《税收征收管理法》第六十七条规定，纳税人以暴力、威胁方法拒不缴纳税款的，是抗税。

③《税收征收管理法》第六十五条规定，纳税人欠缴应纳税款，采取转移或者隐匿财产的手段，妨碍税务机关追缴欠缴的税款的行为，也属于税务违法行为。

④《税收征收管理法》第六十六条规定，纳税人以假报出口或者其他欺骗手段，骗取国家出口退税款的行为，也属于税务违法行为。

⑤纳税人拒绝纳税申报，或故意少缴应纳税款的行为，也属于税务违法行为。

⑥纳税人未在规定期限内缴税的行为，或未在规定期限内完成全部税款缴纳的行为，也属于税务违法行为。

⑦《税收征收管理法》第六十九条规定，未扣缴税款的行为是指扣缴义务人应扣未扣、应收而不收税款的行为。

（6）银行或其他金融机构未能协税的行为。《税收征收管理法》第七十三条规定，纳税人、扣缴义务人的开户银行或者其他金融机构拒绝接受税务机关依法检查纳税人、扣缴义务人存款账户，或者拒绝执行税务机关做出的冻结存款或者扣缴税款的决定，或者在接到税务机关的书面通知后帮助纳税人、扣缴义务人转移存款，造成税款流失的行为，属于税务违法行为。

4. 税务违法的 14 种法律责任

《税收征收管理法》第五章"法律责任"中明确规定纳税人的下列行为属于税务违法行为，且需要承担法律责任。

第六十条　纳税人有下列行为之一的，由税务机关责令限期改正，可以处二千元以下的罚款；情节严重的，处二千元以上一万元以下的罚款：

（一）未按照规定的期限申报办理税务登记、变更或者注销登记的；

（二）未按照规定设置、保管账簿或者保管记账凭证和有关资料的；

（三）未按照规定将财务、会计制度或者财务、会计处理办法和会计核算软件报送税务机关备查的；

（四）未按照规定将其全部银行账号向税务机关报告的；

（五）未按照规定安装、使用税控装置，或者损毁或者擅自改动税控装置的。

纳税人不办理税务登记的，由税务机关责令限期改正；逾期不改正的，经税务机关提请，由工商行政管理机关吊销其营业执照。

纳税人未按照规定使用税务登记证件，或者转借、涂改、损毁、买卖、伪造税务登记证件的，处二千元以上一万元以下的罚款；情节严重的，处一万元以上五万元以下的罚款。

第六十一条　扣缴义务人未按照规定设置、保管代扣代缴、代收代缴税款账簿或者保管代扣代缴、代收代缴税款记账凭证及有关资料的，由税务机关责令限期改正，可以处二千元以下的罚款；情节严重的，处二千元以上五千元以下的罚款。

第六十二条　纳税人未按照规定的期限办理纳税申报和报送纳税资料的，或者扣缴义务人未按照规定的期限向税务机关报送代扣代缴、代收代缴税款报告表和有关资料的，由税务机关责令限期改正，可以处二千元以下的罚款；情节严重的，可以处二千元以上一万元以下的罚款。

第六十三条　纳税人伪造、变造、隐匿、擅自销毁账簿、记账凭证，或者在账簿上多列支出或者不列、少列收入，或者经税务机关通知申报而拒不申报或者进行虚假的纳税申报，不缴或者少缴应纳税款的，是偷税。对纳税人偷税的，由税务机关追缴其不缴或者少缴的税款、滞纳金，并处不缴或者少缴的税款百分之五十以上五倍以下的罚款；构成犯罪的，依法追究刑事责任。

扣缴义务人采取前款所列手段，不缴或者少缴已扣、已收税款，由税务机关追缴其不缴或者少缴的税款、滞纳金，并处不缴或者少缴的税款百分之五十以上五倍以下的罚款；构成犯罪的，依法追究刑事责任。

第六十四条 纳税人、扣缴义务人编造虚假计税依据的，由税务机关责令限期改正，并处五万元以下的罚款。

纳税人不进行纳税申报，不缴或者少缴应纳税款的，由税务机关追缴其不缴或者少缴的税款、滞纳金，并处不缴或者少缴的税款百分之五十以上五倍以下的罚款。

第六十五条 纳税人欠缴应纳税款，采取转移或者隐匿财产的手段，妨碍税务机关追缴欠缴的税款的，由税务机关追缴欠缴的税款、滞纳金，并处欠缴税款百分之五十以上五倍以下的罚款；构成犯罪的，依法追究刑事责任。

第六十六条 以假报出口或者其他欺骗手段，骗取国家出口退税款的，由税务机关追缴其骗取的退税款，并处骗取税款一倍以上五倍以下的罚款；构成犯罪的，依法追究刑事责任。

对骗取国家出口退税款的，税务机关可以在规定期间内停止为其办理出口退税。

第六十七条 以暴力、威胁方法拒不缴纳税款的，是抗税，除由税务机关追缴其拒缴的税款、滞纳金外，依法追究刑事责任。情节轻微，未构成犯罪的，由税务机关追缴其拒缴的税款、滞纳金，并处拒缴税款一倍以上五倍以下的罚款。

第六十八条 纳税人、扣缴义务人在规定期限内不缴或者少缴应纳或者应解缴的税款，经税务机关责令限期缴纳，逾期仍未缴纳的，税务机关除依照本法第四十条的规定采取强制执行措施追缴其不缴或者少缴的税款外，可以处不缴或者少缴的税款百分之五十以上五倍以下的罚款。

第六十九条 扣缴义务人应扣未扣、应收而不收税款的，由税务机关向纳税人追缴税款，对扣缴义务人处应扣未扣、应收未收税款百分之五十以上三倍以下的罚款。

第七十条 纳税人、扣缴义务人逃避、拒绝或者以其他方式阻挠税务机关检查的，由税务机关责令改正，可以处一万元以下的罚款；情节严重的，处一万元以上五万元以下的罚款。

第七十一条 违反本法第二十二条规定，非法印制发票的，由税务机关销毁非法印制的发票，没收违法所得和作案工具，并处一万元以上五万元以下的罚款；构成犯罪的，依法追究刑事责任。

第七十二条 从事生产、经营的纳税人、扣缴义务人有本法规定的税收违法行为，拒不接受税务机关处理的，税务机关可以收缴其发票或者停止向其发售发票。

第七十三条 纳税人、扣缴义务人的开户银行或者其他金融机构拒绝接受税务机关依法检查纳税人、扣缴义务人存款账户，或者拒绝执行税务机关作出的冻结存款或者扣缴税款的决定，或者在接到税务机关的书面通知后帮助纳税人、扣缴义务人转移存款，造成税款流失的，由税务机关处十万元以上五十万元以下的罚款，对直接负责的主管人员和其他直接责任人员处一千元以上一万元以下的罚款。

5. 税务稽查的 7 种方法

我国税务机关对企业进行税务稽查时常用以下 7 种方法。

（1）纳税评估。纳税评估是我国《纳税评估管理办法（试行）》中提出的税务稽查方法，其是指税务机关运用数据信息比对分析的方法，对纳税人和扣缴义务人纳税申报的真实性、准确性进行分析，通过税务函告、税务约谈和实地调查等方法进行核实，从而做出定性、定量判断，并采取进一步征管措施的管理行为。

（2）税务检查。税务检查我国税务机关人员依法对企业履行纳税义务和纳税情况进行的监督检查的行为。税务机关对企业的税务检查主要针对以下几点。

①检查企业对国家税收政策及法规的执行情况。

②检查企业对国家财经纪律和财会制度的遵守情况。

③检查企业生产经营时经济核算的合法情况。

④检查企业对国家税收征收管理法规的遵守与执行情况。

（3）税务约谈。我国税务部门发布的《税务约谈暂行办法（试行）》中提到税务约谈是指税务机关在一定时期内，对所辖纳税人或扣缴义务人的申报纳税情况、发票使用情况相关的纳税资料进行评估分析，发现纳税异常情况或疑点；在日常检查、税务稽查实施之前，或纳税评估过程中，约请纳税人或扣缴义务人到税务机关进行解释、说明，并给予政策性宣传和辅导，要求纳税人自查自纠，依法补缴税款的一项工作制度。

（4）账务检查。账务检查是指我国税务机关对纳税人、扣缴义务人提供的会计报表、会计账簿、代扣代缴税款账簿和会计凭证等会计资料和申报纳税资料进行审核，确认纳税人、扣缴义务人缴纳税款的真实性和确定性的行为。

（5）盘存检查。盘存检查是指税务机关到被稽查企业现场进行财产物资和货币资金等盘点，并详细进行会计记录、核对、比较，检查是否存在账实不符、财物短缺或损失以及隐瞒销售等问题的行为。事实上，盘存检查是账务检查的一种补充或延续。这种检查主要用于核查纳税人的会计资料是否真实、准确，有无账外经营等违法情况。盘存检查时，税务机关会采用盘存实物量和盘存价值量两种方法。

①盘存实物量。盘存实物量是指按照实物数量计算纳税人流动资产的盘存方式。

以案例进行说明。

税务机关 2020 年 1 月 5 日对 A 企业仓库某材料进行盘点，显示库存为 800 千克。该企业账务显示 2020 年 1 月 1 日至 1 月 5 日，该材料的变动情况为：购进 900 千克并入库，从仓库发出 600 千克。该企业 2019 年 12 月 31 日账面显示库存为 400 千克。按照这一数据计算，该企业 2020 年 1 月报告期账实差额数量为抽查库存量+上期末抽查时的发出数－上期末到抽查时的购入量－上期末账面库存量 =800+600-900-400=100（千克）。

②盘存价值量。盘存价值量是对货币资金以实物量计算价值量管理的企业进行价值盘存的盘存检查方式。在盘存企业货币资金时，企业未达账项、白条抵充的现金结存数都是检查重点，这些数据反映了企业是否存在收入不入账或资金账外活动等违法情况。

比如，对商品流通型企业进行库存商品价值盘点时，可以直接核对企业实际盘存的价值量与账存价值量的情况，从中可以检查出企业是否有漏报商品销售收入的情况。

以案例进行说明。

A 企业为一家生产企业，产品的主要材料为 N。税务机关 1 月对 A 企业审阅时发现，当月末该企业 N 材料账面结存量为 50 千克、金额为赤字，数额为 10 000 元。该企业会计人员称该材料供货不及时，因生产需要，该企业向 B 企业借入 N 材料 2 000 千克，金额为 20 000 元，尚未入账，所以才会出现这一情况。

税务机关发现，该会计人员描述的情况并不属实。因为即使将此项业务入账，账目显示 N 材料结存为 2 050 千克、金额为 10 000 元也与事实不符。因为按照账目数据，该材料单价为：10 000÷2 050≈4.88（元/千克）。这与该材料10元/千克的市场平均单价出入较大。

随后税务机关决定盘点该企业的N材料。结果显示：该企业N材料盘存数量为2 500千克。且自1月末至检查盘存时，该企业N材料无新的收料、发料情况。除向B企业借入N材料未入账外，该企业再无其他情况。所以税务机关认定该企业N材料账面结存异常，异常原因主要为错转发料成本。按照复盘数量减去借入材料调整后的账面结存数量计算，该企业N材料异常差额为2 500-2050=450（千克）。异常材料成本为2 500×10-10 000=15 000（元）。

（6）调查。税务调查是指税务机关进行税务稽查时，以观察、查询、外部调查等方法，对纳税人经营情况、营销策略、财务管理、库存管理等有关情况进行检查、核实的行为。常用的调查方法主要有观察法、查询法和外调法3种。

①观察法。观察法是指税务调查人员对被稽查企业以实地观察方式取得涉税证据的调查方法。观察法以获取直接或间接环境证据为主，这需要税务调查人员深入被稽查企业现场，努力发现企业生产经营的薄弱环节和存在的问题，之后收集取证，查明被稽查企业各项经济活动是否客观属实。

以案例进行说明。

A税务稽查组对甲银行进行税务稽查。在实地检查过程中，税务检查人员发现该银行营业部用上百块小型电子显示模块组合成大型电子显示屏，对此税务检查人员产生疑问：该银行营业部大型电子显示屏是该银行的整体资产，那么这上百块小型电子显示模块如何核算呢？对此税务检查人员展开了调查，最后发现，该银行营业部于当年12月，分十余次将上百块小型电子显示模块在"低值易耗品"账户中核算，账户金额总计为 220 800 元，当年年终时，该银行营业部将这笔金额一次性转入成本。

②查询法。税务检查人员在对企业进行税务检查时发现疑点和问题后，向有关企业人员询问和质疑，以此证实客观事实或书面资料，并取得相关涉税证据的检查方式被称为查询法。查询法通常分为面询和函询两种方式。

③外调法。外调法是税务检查人员对被稽查对象的外来凭证或外地往来款项产生怀疑时，到外来凭证或外地往来款项发生地调查取证的检查方法。函查和异地调查是外调法常见的两种形式。

（7）分析检查法。税务检查人员对被稽查对象的会计资料进行数理统计和客观分析的检查方法被称为分析检查法。借助分析检查法可以检查出被稽查对象内部矛盾，但这种检查结果不宜作为查账定案的结论依据，所以这种检查方法常用于配合其他查账方法检查被稽查对象的税务情况。分析检查法分为比较分析法、推理分析法、控制分析法和因素分析法。

①比较分析法。比较分析法是指针对企业会计资料中税务有关项目、数据，在相关时期之间、指标之间、企业之间以及地区或行业之间进行各种比较分析的方法。通过比较分析法，税务检查人员可以观察企业经济活动中的增减情况是否处于合理范围，以及得出导致不合理情况的疑点，这种方法可以为纳税检查提供重要线索。比较分析法又可以分为绝对数比较分析法和相对数比较分析法。

以案例进行说明。

检查人员 A 在审阅某公司税务情况时发现，该公司会计决算报表以及其他有关资料显示：该公司 2020 年度销售收入总计为 2 500 万元，当年利润为 130 万元，销售利润率为 5.2%；2021 年度该公司销售收入总计为 4 500 万元，年度利润仅为 100 万元，2021 年度销售利润率为 2.2%。

对此检查人员 A 就销售利润率下降问题展开了重点检查，最终发现该公司拥有 3 个外地销售站，这 3 个销售站一直利用该公司会计决算报表中"其他应付款"项目进行核算，2021 年共计盈利 200 万元，这部分利润该公司并未申报纳税。

②推理分析法。税务机关运用逻辑推理方法，根据企业生产经营与税务存在的内在联系及依存关系，对企业的会计资料数据、财务活动规律进行推理判断的检查方式被称为推理分析法。企业资料发生变动或企业负债、企业所有者权益发生变动时，常用这种方法分析平衡关系。

③控制分析法。企业生产经营管理中内部经济数据间有相互制约、相辅相成的关系，基于这种情况，税务机关利用科学测定数据的方式验证企业账面记录或申报纳税资料正确性的检查方法被称为控制分析法。比如，税务机关可以根据企业流动资产的质量情况分析其真实的生产经营状况。目前常用的控制分析法主要有以存核销控制分析法、以耗定产控制分析法、以产定耗控制分析法 3 种。

以存核销控制分析法的计算公式为：

产品销售量 = 期初结存量 + 本期完工量 - 期末结存量

以耗定产控制分析法的计算公式为：

应出产量 = 当期材料消耗总量 ÷ 单位产品耗料定额量

以产定耗控制分析法的计算公式为：

应耗材料量 = 产品耗料定额 × 当期产品总量

以案例进行说明。

A 企业为生产企业，该企业 1 月消耗原材料 1 000 吨，其主要产品单位原材料消耗定额为 10 吨，该产品平均单价为 1 000 元，产销比例为

85%，申报销售收入 7 万元。通过控制分析法检查后得出结果如下。该企业 1 月的产量 =1 000÷10=100（件），1 月的销量 =100×85%=85（件），销售额 =85×1 000=85 000（元）。销售额明显大于申报销售收入 7 万元，所以税务机关可以初步判断该企业可能存在瞒报销售收入的情况。

以案例进行说明。

税务机关对 A 酒厂进行税务稽查，检查过程中税务人员发现该酒厂原料出酒率为 42% 左右。该酒厂 1 月酿酒投料量为 25 000 千克，这一数据基本与往月持平。但该酒厂明细账显示半成品 1 月入库数量仅为 8 750 千克，按照这一数据计算，该酒厂原料出酒率仅为 35%。对这一情况，税务人员对该酒厂其他有关核算资料展开了抽查。最终发现虽然该酒厂原酒入库单及成本计算单的入库数量与自制半成品明细账入库量完全一致，但明细账中 1 月"自制半成品产量报告"中填列的原酒产量为 10 450 千克。按照这一数据计算，该企业 1 月的出酒率为 41.8%，这代表该酒厂有可能存在隐匿原酒产量的情况。

④因素分析法。税务人员分析影响企业纳税情况的各种因素，之后分析各因素变动对纳税人纳税情况的影响，进而查明企业纳税异常原因的方法被称为因素分析法。比如，销售数量、销售价格、生产成本会影响企业利润，税务人员可以继续分析各个因素变动对企业利润的影响，进而判明企业纳税情况变动的合理性或异常性。

13.1.2　应对税务稽查的基础工作

企业经营过程中需要做好以下 3 方面工作，以便应对税务稽查。

（1）保持合法经营，加强会计核算与税务管理。

（2）对企业会计资料、税务资料、经济合同等税务相关资料进行妥善保存。

（3）增强财务部门合法纳税的意识，健全企业财务及税务管理制度。

13.1.3　税务稽查前的准备事项

（1）及时补缺补差企业内部的重大遗漏。

（2）进行账目核实，检查账实情况。

（3）核实企业经济事项与银行存款往来的对应情况。

（4）提前准备好相关材料。

（5）相关文档资料做好分类保存。

（6）妥善安排接待税务稽查组的地点。

（7）企业员工要保持礼貌谦逊、主动配合的态度。

13.1.4　税务稽查接待技巧

（1）加强企业税务相关工作的基础管理。企业要提高财务人员的税务知识水平，对税务相关资料做好分类存档，尤其要做好可对外提供资料与不可对外提供资料的分类存放。

（2）以冷静态度应对税务稽查。税务机关对企业展开稽查时，企业人员不应惊慌，而应保持配合的态度。不可与税务稽查人员发生争执，以冷静、自信的心态面对他人举报与税务机关的质疑。

（3）被稽查前做好自查，企业在经营中应定期定时进行自查。

（4）以平等原则对待税务稽查人员，尤其是企业负责人，在礼貌配合税务稽查人员时，对各类财务问题不做肯定性答复，相关财务问题请企业财务主管对接。税务稽查人员的走访需要企业财务主管全程陪同。

（5）税务稽查不是税务搜查，税务稽查人员无权提出强制性要求，企业财务主管只需要在税务机关稽查权限范围内配合，无须提供权限外的资料。

（6）对稽查底稿进行复印、核对处理，且应对需及时谨慎，应对措施要周全。

（7）对税务机关的稽查意见要认真、仔细地核对，逐条审核，并在合理合法范围内配合执行。

13.1.5　应对税务稽查的策略

1. 积极应对选案环节

（1）及时依法办理税务登记手续，依法进行纳税申报。

（2）平衡内部各项经济指标。

（3）掌握经营变化情况，做好解释说明。

（4）保持相关财务、税务信息的内外一致。

（5）选择利于企业经营发展的主管税务部门。

（6）掌握好关联单位的公开程度。

2. 准确应对检查环节

（1）接待税务稽查小组时先申请查看工作证件和检查通知书。

（2）申请回避。

（3）对稽查涉及的税务政策进行咨询，及时自查或主动补税。

（4）主动多提供有利于企业的相关资料，启动企业应急对策。

（5）分析稽查内容涉及的部门与单位，清楚稽查目的。

（6）提出理由，降低处罚金额，尽量少计算滞纳金。

3. 正确应对审理环节

（1）积极准备书面陈述，通过申辩努力降低罚金。

（2）企业关键人员要求听证。

（3）根据实际情况进行复议。

（4）明确征管单位的管理责任，减少自身责任承担份额。

（5）准确定位关键性问题，以此展开应对策略。

4. 执行环节避免加罚

（1）切忌转移或隐匿财产，避免处罚加重。

（2）采取自我保管扣押，避免加罚。

（3）根据《中华人民共和国行政处罚法》第七十二条规定，当事人逾期不履行行政处罚决定的，做出行政处罚决定的行政机关可以采取下列措施。

①到期不缴纳罚款的，每日按罚款数额的百分之三加处罚款，加处罚款的数额不得超出罚款的数额；

②根据法律规定，将查封、扣押的财物拍卖、依法处理或者将冻结的存款、汇款划拨抵缴罚款；

③根据法律规定，采取其他行政强制执行方式；

④依照《中华人民共和国行政强制法》的规定申请人民法院强制执行。

针对以上政策结合实际情况努力避免加罚。

5. 行使陈述、申辩权

企业在税务稽查执行后可以行使陈述、申辩权，可以向检查人员、实施处罚或处理的税务机关、税务机关领导三者进行陈述、申辩，但陈述、申辩过程中需要注意以下4点。

（1）企业会计、税务人员必须以企业身份陈述、申辩。

（2）陈述、申辩前准备好有利于企业的合同、业务处理资料、相关章程资料等书面资料。

（3）以相关法律法规条文为基础进行陈述、申辩。

（4）必须在收到税务行政处罚告知书后的3日内行使陈述、申辩权。

13.2 企业预防接受税务稽查

接受税务机关的税务稽查是企业不愿出现的情况，及时做好税务稽查的预防工作可以减少这类情况。这需要企业全面了解税务稽查的相关内容并采取针对性措施。

13.2.1 税务稽查的重点行业

2021年4月29日，国家税务总局稽查局发布了《税务总局贯彻〈关于进一步深化税收征管改革的意见〉精神，要求：以税收风险为导向精准实施税务监管》，该文件要求针对农副产品生产加工、废旧物资收购利用、大宗商品（如煤炭、钢材、电解铜、黄金）购销、营利性教育机构、医疗美容、直播平台、中介机构、高收入人群股权转让等行业和领域进行重点稽查。

13.2.2 税务稽查的重点内容

2021年5月，国家税务总局黑龙江省税务局根据国家税务总局印发的《推进税务稽查随机抽查实施方案》发布了2021版"近100个常见涉税风险点"，其中提到的以下内容正是近年来税务稽查的重点内容。

（1）《中华人民共和国增值税暂行条例》中对"进项税额不得从销项税额中抵扣"进行明确规定，其中包括用于非增值税应税项目，免征增值税项目，集体福利和个人消费，非正常损失的货物（劳务），非正常损失的在产品、产成品所耗用的购进货物（劳务），非正常损失的购进货物及相关的应税劳务等。这些内容是否按规定做进项税额转出是税务稽查的重点。

（2）用于抵扣进项税额的废旧物资发票是否真实合法。

（3）销售收入是否完整、及时入账：是否存在以货易货、以货抵债收入未记收入的情况；是否存在销售产品不开发票，取得的收入不按规定入账的情况；是否存在销售收入长期挂账不转收入的情况；是否存在收取外单位或个人水、电、汽等费用，不计、少计收入或冲减费用的情况；是否将应收取的销售款项，先支付费用（如购货方的回扣、推销奖、销售费用、委托代销商品的手续费等），再将余款入账作为收入的情况。

（4）是否存在开具不符合规定的红字发票冲减应税收入的情况：发生销货退回、销售折让，开具的红字发票和账务处理是否符合税法规定。

（5）兼营非增值税应税项目的纳税人，是否按规定分别核算货物或应税劳务和非增值税应税项目的销售额；对不分别核算或者不能准确核算的，是否按主管税务机关核定的货物或者应税劳务的销售额缴纳增值税。

（6）增加实收资本和资本公积后是否补缴印花税。

（7）是否存在不予列支的"返利"行为，如接受本企业以外的经销单位发票报销进行货币形式的返利并在成本中列支等。

（8）是否存在超标准列支业务招待费、广告费和业务宣传费未进行纳税调整等问题。

（9）是否存在不予列支的应由其他纳税人负担的费用。

（10）是否存在擅自改变成本计价方法，调节利润等问题。

（11）是否存在计提的职工福利费、工会经费和职工教育经费超过计税标准，未进行纳税调整等情况。

（12）是否存在扣除不符合国务院财政、税务部门规定的各项资产减值准备、风险准备金等支出的情况。

（13）是否存在视同销售行为未进行纳税调整等问题。

（14）是否存在利用往来账户和中间科目，如"预提费用"科目等延迟实现应税收入等情况。

13.2.3　税务稽查的重点税种和环节

2016年国家税务总局印发了《2016年营改增高风险企业开展专项稽查工作方案》，方案中明确提出虚开发票和接受虚开发票是税务稽查的重点环节。

《国家税务总局关于开展增值税发票使用管理情况专项检查的通知》的第一项第二条"检查内容"中明确提出将"纳税人销售货物、劳务、服务、无形资产或不动产，是否以各种理由拒绝开票；是否违反规定要求购买方额外提供证件证明导致开票难；是否随意变更品名等错开票；纳税人开具增值税电子普通发票，购买方当场索取纸质普通发票的，纳税人是否提供"作为检查重点。

13.2.4　稽查案例分析

以案例进行说明。

A公司为一般纳税人，2020年10月，A公司向供应商B公司采购了一批原材料，A公司获得了B公司开具的增值税专用发票，发票中注明的价款为50 000元，增值税税额为6 500元。A公司将原材料验收入库后发现B公司因意外状况被注销工商登记，该款项无须支付。这种情况，A公司这笔应付不付的款项是不是必须做进项税额转出呢？这批材料被折价销售怎么办呢？

根据《中华人民共和国增值税暂行条例》第十条规定，A公司面对的情况属于将货物"用于简易计税方法计税项目、免征增值税项目、集体福利或者个人消费",A公司支付的进项税额不能从销项税额中抵扣。

所以,只要是企业真实发生的交易,无论交易另一方出现何种情况,该企业都可以不做进项税额转出。比如市场出现动荡时,A企业原价值5 000元的材料只能以800元销售,A企业获得收入800元。根据《国家税务总局关于企业改制中资产评估减值发生的流动资产损失进项税额抵扣问题的批复》(国税函〔2002〕1103号)的规定,对于企业由于资产评估减值而发生流动资产损失,如果流动资产未丢失或损坏,只是由于市场发生变化,价格降低,价值量减少,则不属于《中华人民共和国增值税暂行条例实施细则》中规定的非正常损失,不做进项税额转出处理。

以案例进行说明。

A公司用自产成本为1 000元的产品对外投资,这批产品公允价值为2 000元。那么这笔交易应该如何做投资账务处理呢?

在这笔交易中,根据我国增值税税法规定,A公司的货物所有权发生了转移,所以会计需要按照公允价值确认损益。

A公司确认投资时,账务处理为:借记"主营业务收入"科目2 000元,借记"应交增值税"科目260元,贷记"长期股权投资"科目2 260元。

结转交易成本时,财务处理为:借记"主营业务成本"科目1 000元,贷记"库存商品"科目1 000元。

13.2.5 投资税务稽查

以案例进行说明。

A公司是2020年成立，注册资金为300万元的商贸公司。经会计师事务所评估，该公司出资组成为以货币资金出资80万元，以商品出资220万元。2020年该公司商品成本为11万元。2021年税务机关对该公司进行税务稽查，对该公司2020年商品成本11万元不予认可，决定拟调增应纳税所得额11万元，该公司需要补缴企业所得税。

税务机关对A公司做出此处罚决定的原因在于A公司2020年销售商品时没有开具发票，而是于2021年补开发票，税务机关以"跨年度"为由不予认可。

13.2.6 汇算清缴检查流程和检查方法

根据《企业所得税汇算清缴管理办法》相关规定，企业汇算清缴检查需要注意检查流程和检查方法。

1. 检查流程

首先，检查企业年度所得税纳税申报表及附表，检查方法为与企业年度利润表、总账、明细账进行核对，审核账账、账表是否相符。其次，根据企业涉及的会计科目逐项认真审核企业纳税申报表主表中"纳税调整事项明细表"内容。最后，根据检查结果填写企业年度所得税汇算清缴报告。

2. 检查方法

根据企业所得税汇算清缴相关法规规定，汇算清缴检查可以从以下8方面入手。

（1）收入。核查企业收入入账情况，重点核查往来款项中已确认为收入但没有入账的情况。

（2）成本。核查企业成本结转与收入的匹配情况，检查企业成本能否在结转与收入中真实反映。

（3）费用。核查企业费用支出的合法合规情况，认真确认计提费用和税前列支两个项目是否存在超出税法规定的情况。

（4）税款。核查企业各项税款的缴纳是否符合税法规定。

（5）补亏。检查企业前5年的亏损情况，亏损弥补是否合法合规。

（6）调整。根据以上项目的检查情况按照税法规定进行调增和调减，之后正确计算企业本年度应纳税所得额，再计算并缴纳本年度实际应缴纳的所得税税额。

（7）数据分析对比。税务人员可以利用"金税四期"、增值税发票管理新系统对企业税务汇算清缴情况进行分析对比。

13.2.7　企业所得税风险指标分析

1. 企业主营业务收入变动率与主营业务利润变动率配比分析

正常情况下，企业主营业务收入变动率与主营业务利润变动率保持同步增长，且比值接近1。

（1）当二者比值小于1，且相差较大时，若二者都为正数，代表企业可能存在多列成本费用、少计收入、扩大税前扣除范围等问题。

（2）当二者比值为负数，且前者为正数、后者为负数时，代表企业可能存在多列成本费用、扩大税前扣除范围等问题。

2. 主营业务收入变动率与主营业务成本变动率配比分析

正常情况下，二者同步增长，且比值接近1。

（1）当二者比值大于1，且相差较大时，若二者都为正数，代表企业可能存在多列成本费用、扩大税前扣除范围等问题。

（2）当二者比值为负数，且前者为正数、后者为负数时，代表企业可能存在企业多列成本费用、扩大税前扣除范围等问题。

3. 主营业务收入变动率与主营业务费用变动率配比分析

正常情况下，二者基本同步增长，且比值接近1。

（1）当二者比值大于1，且相差较大时，若二者都为正数，代表企业可能存在多列成本费用、扩大税前扣除范围等问题。

（2）当二者比值为负数，且前者为正数、后者为负数时，代表企业可能存在多列成本费用、扩大税前扣除范围等问题。

4. 主营业务成本变动率与主营业务利润变动率配比分析

正常情况下，二者基本同步增长，且比值接近1。

（1）当二者比值大于1，都为正数时，代表企业可能存在多列成本等问题。

（2）当二者比值为负数，且前者为正、后者为负时，代表企业可能存在多列成本费用、扩大税前扣除范围等问题。

5. 总资产周转率、销售利润率、资产利润率配比分析

企业本期资产使用效率的高低主要取决于总资产周转率、销售利润率、资产利润率的变动情况。当出现本期总资产周转率大于上年同期总资产周转率，本期销售利润率小于或等于上年同期销售利润率，本期资产利润率小于或等于上年同期资产利润率时，代表虽然企业本期资产使用效率有所提高，但企业销售利润率下降对企业造成了损失，企业内可能存在隐匿销售收入、多列成本费用等问题。

6. 存货变动率、资产利润率、总资产周转率配比分析

存货变动率、资产利润率、总资产周转率配比分析的重点是企业资产利润率、总资产周转率。当企业本期存货变动率≤0，本期总资产周转率小于或等于上年同期总资产周转率时，代表企业内可能存在隐匿销售收入等问题。

13.2.8 其他税种风险指标分析

与企业经营关联的其他税种主要有城市维护建设税和土地增值税。

1. 城市维护建设税

（1）城市维护建设税纳税人。《中华人民共和国城市维护建设税法》规定："在中华人民共和国境内缴纳增值税、消费税的单位和个人，为城市维护建设税的纳税人，应当依照本法规定缴纳城市维护建设税。"

城市维护建设税的税率如下。

纳税人所在地为市区的，税率为7%；所在地为县城、镇的，税率为5%；所在地不在市区、县城或者镇的，税率为1%。

前述所称纳税人所在地，是指纳税人住所地或者与纳税人生产经营活动相关的其他地点，具体地点由省、自治区、直辖市确定。

（2）计税依据。城市维护建设税以增值税和消费税（以下简称"两税"）的税额为计税依据并与增值税和消费税同时征收。

城市维护建设税的计税依据中有以下几种情况需要重点注意。

①纳税人违反"两税"有关规定被处以罚款或加收滞纳金，不作为城市维护建设税的计税依据。

②纳税人查补"两税"和被处以罚款时，纳税人应同时补缴偷漏的城市维护建设税，并缴纳罚款。

③属于免征或者减征"两税"范围的纳税人，同时免征或减征城市维护建设税。

④对出口产品退还增值税、消费税的，不退还已缴纳的城市维护建设税。

⑤国家税务总局与财政部明确规定，生产企业出口货物全面实行免抵退税办法后，经税务机关正式审核批准的当期免抵的增值税税额应纳入城市维护建设税和教育费附加的计征范围，分别按规定的税（费）率征收城市维护建设税和教育费附加。

（3）税收优惠政策。

根据《财政部、税务总局关于继续执行的城市维护建设税优惠政策的公告（财政部 税务总局公告 2021 年第 27 号）》规定，实施支持和促进重点群体创业就业城市维护建设税减免。规定如下。

自 2019 年 1 月 1 日至 2025 年 12 月 31 日，实施支持和促进重点群体创业就业城市维护建设税减免。具体操作按照《财政部、税务总局、人力资源社会保障部 国务院扶贫办关于进一步支持和促进重点群体创业就业有关税收政策的通知》（财税〔2019〕22 号）、《财政部、税务总局、人力资源社会保障部、国家乡村振兴局关于延长部分扶贫税收优惠政策执行期限的公告》（财政部、税务总局、人力资源社会保障部、国家乡村振兴局公告 2021 年第 18 号）有关规定执行。

2. 土地增值税

（1）纳税义务人。《中华人民共和国土地增值税暂行条例》规定，转让国有土地使用权、地上建筑物及附着物并取得收入的单位和个人，为土地增值税纳税义务人（无论内、外企）。

（2）征税范围。

按照《中华人民共和国土地增值税暂行条例》及其细则的规定，凡有偿转让国有土地使用权、地上的建筑物及其附着物并取得收入的单位和个人，都属于土地增值税的征税范围。

（3）增值额。增值额为纳税人转让房地产取得的收入减除规定扣除项目后的余额。增值额的计算公式为：

$$增值额 = 转让收入 - 扣除项目$$

按照《中华人民共和国土地增值税暂行条例》，有下列三种情况之一的纳税人须按房地产评估价计算征收土地增值税。

①隐瞒、虚报成交价的。

②提供扣除金额不实的。

③转让成交价低于评估价又无正当理由的。

（4）税收优惠。

《中华人民共和国土地增值税暂行条例》和《中华人民共和国土地增值税暂行条例实施细则》规定，纳税人享受土地增值税优惠政策的情况如下。

①纳税人建造普通标准住宅出售，增值额未超过扣除项目金额之和20%的，免征土地增值税。

②因国家建设需要依法征用、收回的房地产，免征土地增值税。

③因城市规划、国家建设的需要而搬迁，由纳税人自行转让原房地产的，免征土地增值税。

（5）申报及缴纳。

按照《中华人民共和国土地增值税暂行条例实施细则》规定，纳税人应当自转让房地产合同签订之日起7日内向房地产所在地主管税务机关办理纳税申报。纳税人因经常发生房地产转让而难以在每次转让后申报的，经税务机关审核同意后，可以定期进行纳税申报，具体期限由税务机关根据情况确定。房地产所在地是指房地产的坐落地。纳税人转让的房地产坐落在两个或两个以上地区的，应按房地产所在地分别申报纳税。

13.2.9 "金税四期"大数据下税务机关关注的重点

（1）购货发票的开票单位是税务机关稽查重点，其中开票单位与货物来源地是否相符是稽查重点。比如发票开设单位位于重庆，但发票显示货物从上海发出，这种情况违反了"五流统一"的相关规定。

（2）进项与销项的品名的背离情况也是税务稽查重点。比如某建材企业的主营业务是建材，但出现了金额巨大的汽油产品发票，这就会引起税局关注。

（3）企业个人所得税工资、薪金所得，社会保险费缴费基数，年金缴费基数等数据的匹配情况也是税务稽查重点。

（4）根据我国税法规定，企业内允许出现实际经营范围之外的发票。比如企业处理固定资产时开具的发票。但这类发票开具次数是税务稽查重点，一旦次数过多，企业就需要变更经营范围。

（5）年终一次性奖金的使用次数。一家企业同一年度年终一次性奖金的使用合理性是税务稽查重点。

（6）办税实名情况。税务机关会对企业法人、财务负责人、办税人员进行证件号码比对，对严重重合情况会展开分析调查。

（7）股东的股权转让行为。税务机关会重点比对企业在股东转让股权的过程中是否按规定履行了个人所得税代扣代缴义务。

（8）税务机关会重点审查企业纳税申报系统中的销售额和防伪税控系统中的开票金额的一致性，以及开票系统中的增值税销项税额与纳税人申报的增值税销项税额的一致性。

（9）税务机关会重点审查企业财务报表的利润总额与企业所得税汇算清缴表上的利润总额是否一致。

（10）税务机关会重点审查企业同行业同类型纳税人的纳税情况并进行对比，一旦出现差距较大的情况，便会展开深入调查。

13.2.10　如何降低国地税合并后的税务稽查风险

随着《国家税务局 地方税务局联合稽查工作办法（试行）》的实施，企业面临更大的税务稽查压力，及时做好以下工作可以有效降低税务稽查风险。

（1）提前对企业税务问题进行针对性书面分析说明，并全面说明各类情况。

（2）就同一业务，企业向不同税务机关提供的资料必须保持一致。

（3）税务稽查进程缓慢属于正常情况，企业应保持耐心以应对长期稽查。

（4）对稽查中出现的问题要进行合理解释，且同一业务的解释要保持统一。

（5）及时测算税务稽查后的补税成本，协调好增值税、企业所得税、个人所得税等关键税种的缴纳情况。

（6）日常经营中增强员工对企业业务法律文件、商业单据的重视性，做好分类保管和处理工作。

第 14 章

增值税常见涉税问题

税务部门开展增值税稽查活动,主要目的是规范企业增值税日常监督管理,防范和查处偷、骗增值税的行为。近年来,增值税稽查力度越来越大,越来越严格,企业必须在提高依法纳税自觉性的同时,选择正确方法,积极应对以控制风险。

14.1 增值税纳税常见涉税问题分析

企业在缴纳增值税的过程中，会因存在以下常见问题，而被税务稽查发现并遭遇处罚。

14.1.1 纳税义务发生时间的常见问题

故意将销售入账的时间推迟，以实现延迟纳税，主要情形分为以下四种。

（1）在以托收承付方式进行销售结算时，推迟托收手续的办理，以降低当期账面销售额或利润。

（2）商品或服务交付或提供后，不立刻进行销售收入入账，以拖延申报纳税。

（3）在以提货交款方式进行销售结算时，企业已收到货款并交付提货单和发票，但利用买方尚未提货的时间差，不入账销售收入。

（4）在代销商品时，故意延迟结算，以减少当期税额。

14.1.2 销售额申报的常见问题

利用减少当期销售额的申报方法，降低销项税额，具体情形如下。

（1）虽在账面记录销售额，但未确认计提销项税额，也未申报纳税额。

（2）虽在账面记录了销售额、计提了销项税额，但少申报或不申报应纳税额。

14.1.3 账面隐匿销售额

企业未按要求及时核算销售额，隐匿收入且未计提销项税额，主要包括以下情形。

（1）将商品销售额直接抵消成本或库存。

（2）采用商品抵换商品的方式进行变相销售，不按法规确定销售收入，也不计提销项税额。

（3）采用商品抵债的方式进行变相销售，未计提销项税额。

14.1.4 收取价外费用的常见问题

企业对向购买方收取的商品或服务价格外的附加费用，不予入账，或者直接冲抵费用，或者采用长期支付与挂往来账等方法，不计入增值税计税依据中。

14.1.5 利用关联企业转移计税价格的常见问题

企业利用关联企业，以明显低于同一时期同行业企业的销售价格，向关联企业提供商品或服务。这种方法导致了计税价格的人为转移。

14.1.6 以旧换新、还本销售的常见问题

采取以旧换新、还本销售方式时，纳税企业常见的与增值税有关的风险有以下两种。

（1）利用还本方式开展销售，但只对还本支出之外的销售额计算纳税额。（依法应按实际销售额计算）

（2）利用以旧换新方式开展销售（金银首饰除外），只按实际收取的销售款项计算纳税额。（依法应按新货物的同期市场价格计算）

14.1.7 出售、出借包装物的常见问题

在出售、出借包装物时,纳税企业存在以下常见问题。

(1)随同商品出售的包装物,进行单独计价,价格不计入或少计入销售收入。

(2)对包装物设定押金,其收入未进行及时纳税。

14.1.8 应税固定资产出售的常见问题

企业对固定资产出售后的收入进行分解,导致应税固定资产部分的账面转让价格低于原值,造成增值税被稽查的风险。

14.1.9 账外经营的常见问题

纳税企业私自设立内、外账簿。即对内记载真实的经营、销售情形,对外则记载虚假情形,造成谎报收入和利润,以达到少缴甚至不缴增值税的目的。这是性质相当恶劣的情形。

14.2 销项税额常见涉税问题

企业在销售产品或提供服务时产生的应交增值税,即销项税额。有关销项税额的问题是企业涉税问题的常见问题,企业应慎重对待。

14.2.1 与销项税额相关的常见涉税问题

企业在处理销项税额时,常见的问题如下。

(1)委托他方代销,但未按规定报税。

（2）企业受委托代销，但未按规定报税。

（3）在不同县（市）间移送货物用于销售，但未按规定报税。

（4）生产、加工用于非应税项目、集体福利和个人消费的产品，但未按规定视同销售报税。

（5）企业出于对外投资、内部分配或无偿赠送目的，生产、加工或购买产品，但未按规定视同销售报税。

14.2.2 主要行业的增值税平均税负率

2021年主要行业的增值税平均税负率如表14.2-1所示。

表14.2-1　2021年主要行业的增值税平均税负率

序号	行业	增值税平均税负率（%）
1	农副食品加工	3.50
2	食品饮料	4.50
3	纺织品（化纤）	2.25
4	建材产品	4.98
5	化工产品	3.35
6	医药制造业	8.50
7	卷烟加工	12.50
8	塑料制品业	3.50
9	金属制品业	2.20
10	电子通信设备	2.65
11	商业批发	0.90
12	商业零售	2.50
13	其他	3.50

14.3　进项税额常见涉税问题

企业在购入产品、劳务、服务、不动产、无形资产时,所应支付或负担的增值税,统称为进项税。进项税额常见涉税问题如下。

14.3.1　购进环节的常见问题

在购进环节中,企业常见的问题如下。

(1)购买固定资产、工程物资时的进项税额不当抵扣。

(2)通过使用农产品收购凭证,将其他费用计入购买价,以抵扣进项税额。

(3)错误使用税率,多计进项税额。

(4)采购中发生非合理损耗,未能按规定计入进项税额。

14.3.2　存货的常见问题

企业存货相关的进项税额的常见问题如下。

(1)在退货或取得折让时,多抵扣而未按规定作为进项税额转出。

(2)产品或服务用于非应税项目,或发生非正常损失,却未按规定转出进项税额。

(3)产品或服务用于免税项目,未按规定转出进项税额。

(4)将内部管理问题导致的材料短缺记为发出数,从而少缴进项税。

(5)盘点中发现的存货亏损,未按规定进行账务处理,导致未转出进项税额。

14.3.3　在建工程的常见问题

企业的在建工程与进项税额相关的常见问题如下。

（1）将工程用料成本直接计入相关成本，从而绕过在建工程账户进行核算，以增加可抵扣的进项税额。

（2）未将工程用料作为进项税额转出，或故意压低工程用料费用，减少进项税额转出。

（3）未对工程耗费的水、电、气等成本进行分配，减少进项税额转出。

14.3.4　返利的常见问题

企业返利事项与进项税额相关的常见问题如下。

（1）将返利部分视为其他应付款或应收款等，未能作为进项税额转出。

（2）将返利冲抵销售费用，未能作为进项税额转出。

14.3.5　运输费用的常见问题

企业运输费用与进项税额相关的常见问题如下。

（1）增加计税的抵扣基数，或错误选择税率。

（2）将非应税项目运费支出作为进项税额抵扣。

第 15 章

企业利润表项目常见涉税问题

　　利润表稽查，是税务稽查的重点。企业应日常检查利润表项目，对其中的风险加以主动规避。

15.1 企业主营业务涉税问题

企业主营业务涉税问题频发且较多,主要包括以下类型。

15.1.1 与收入项目相关的常见涉税问题

企业收入的处理中,有以下涉税问题。

(1)企业主营业务收入计算不准确。

(2)已实现的收入被隐匿。

(3)已实现的收入未及时入账。

(4)未对视同销售的行为进行及时纳税。

(5)未正确处理销售货物的税务问题。

15.1.2 与成本项目相关的常见涉税问题

企业成本的管理经常会出现涉税问题,具体如下。

(1)采取虚开发票、人工费等手段,虚报成本。

(2)一次性将资本性支出计入成本。

(3)将企业基建项目、福利发放所耗费的成本,计入生产成本;将企业对外投资发出的货物,直接计入成本或费用。

(4)无正当理由,变动成本的计价方式,达到调节利润的目的。

（5）企业收入与成本、费用的比例不合理。

（6）错误计量收入、发出和结存的原材料。

（7）企业未按规定的摊销办法对周转材料计算摊销额，将之计入成本、费用。

（8）错误分配成本。

（9）错误核算人工费用。

（10）对销售成本错误核算。

①虚报销售数量、销售成本。

②对销后退回的货物，只冲减销售收入而未冲减销售成本。

③将本企业发出货物中用于基建、福利、赠送和对外投资的部分，也计入销售成本。

15.1.3　与费用项目相关的常见涉税问题

企业费用管理中，常见涉税问题如下。

（1）未能划清费用的界限，主要包括以下类型。

①未划清资本性支出与费用性支出的界限。

②在成本和费用中重复列支同一项支出。

③未划清有扣除标准费用和无扣除标准费用的界限。

（2）管理费用的问题，主要包括以下类型。

①未对业务招待费依据税法规定进行纳税调整。

②擅自扩大技术开发费用的列支范围，以享受税收优惠。

③违反规定，对专项基金加以提取使用。

④违反规定,对企业之间支付的管理费用、企业内营业机构之间支付的费用(如租金、特许权使用费等),进行税前扣除。

(3)销售费用的问题,主要包括以下方面。

①广告费和业务宣传费的超额列支。

②错误处理专设销售机构经费的税务问题。

③虚构未发生的运输及装卸费。

(4)财务费用的问题,主要包括以下类型。

①贷款实际使用企业和利息偿还企业不属同一家企业。

②企业从非金融机构借款后,对其利息支出中超过"按金融机构同期同类贷款利率计算"的部分,未及时进行纳税调整。

③企业从关联方接受债权性投资、权益性投资,其总比例超过规定标准而产生的利息支出部分,未及时进行纳税调整。

④产生汇兑损益后,未正确进行纳税处理。

⑤企业(非银行)内不同营业机构间支付的利息被税前扣除。

15.2 其他业务涉税问题

企业其他业务同样存在涉税风险,不容小觑,主要问题如下。

15.2.1 与税金项目相关的常见涉税问题

企业与税金直接相关的问题主要有 3 种。

(1)对本应资本化的税金,在税前予以扣除。

（2）对应补提补缴的过往年度税金，在税前直接扣除。

（3）对企业所得税额、应由个人负担的个人所得税额等，在税前予以扣除。

15.2.2　与营业外支出项目相关的常见涉税问题

（1）公益救济性捐赠的支出，企业未对其中不符合规定标准的部分进行纳税调整。

（2）企业对因违法经营而被没收的财物，被处以的滞纳金、罚金和罚款等，或赞助等与收入无关的支出，未进行纳税调整。

（3）企业发生非正常损失，未扣除个人赔偿或保险赔款即入账。

第16章

个人所得税稽查与风险控制

通过个人所得税稽查，税务机关能发现并处罚利用该税种进行的税务违法行为。企业应积极应对个人所得税稽查，并对个人所得税相关事项加以风险控制。

16.1 个人所得税稽查项目

个人所得税稽查项目涵盖企业日常经营的多方面，主要如下。

16.1.1 公司章程

公司章程对一家公司的成立、运营意义重大。没有公司章程，公司就缺乏成立基础。

公司章程，是指公司按法律要求，规定公司名称、住所、经营范围、管理制度等事项的基本文件。公司章程不仅规定了公司组织和活动的基本规则，也是股东一致意思的表示。公司章程载有公司组织活动的基本准则，其基本特征为法定、真实、自治、公开。

公司章程的内容主要包括验资证明、资金来源和股东。

验资证明是表明公司注册资本数额的合法证明，由会计师事务所或审计师事务所及其他具有验资资格的机构出具，能证明资金的真实性。

资金来源有时也称为负债，其负责解释公司所拥有的资金从何种渠道取得或形成，如银行借款、应付购货款、专用基金等。公司为了管理、监督和体现不同资金来源的变化情况，要设置不同资金来源的账户，并将账户余额按一定日期、不同来源、规定项目等，列入资金平衡表内。

股东，是指在有限责任公司和股份有限公司内对债务承担有限或无限责任的个人或单位，其持有股票，能享受股息和红利。此处以股份有限公司为例，股东通过出资,向股份有限公司认购股票,并因此拥有权利、承担义务。股东享有权利的大小受其拥有的股票数量和种类影响,具体权利包括:参加股东会、就公司重大事项表决;选举公司董事、监事;参与公司盈利分配并享受股息;发给股票请求权;股票过户请求权;无记名股票改为记名股票请求权等。

16.1.2 增资来源

关于增资来源与个人所得税的关系,法律法规有明确规定。

如国税发〔1997〕198号文件规定:"股份制企业用资本公积金转增股本不属于股息、红利性质的分配,对个人取得的转增股本数额,不作为个人所得,不征收个人所得税。"

国税发〔1997〕198号文件中所表述的资本公积金,是指股份制企业股票溢价发行收入所形成的资本公积金。将此转增股本由个人取得的数额,不作为应税所得征收个人所得税,而与此不相符合的其他资本公积金分配个人所得部分,应当依法征收个人所得税。

16.1.3 个人股东消费性支出和借款

在公司内,个人股东利用公司资金,为本人或他人进行纯粹的消费性支出,如与生产经营无关的购买汽车、住房等支出,则应依法视作公司对个人股东的红利分配,并征收个人所得税。因此,公司的类似消费性支出,不应在企业所得税前予以扣除。

在纳税年度内,股东从公司借款,而到该纳税年度结束时并未归还,且借款并未用于企业的生产经营,则这部分款项也应视为个人股东从公司获得的红利分配,并征收个人所得税。

16.1.4 个人所得税非应税项目

下列项目为个人所得税非应税项目。

（1）按国务院规定所发放的政府特殊津贴，以及其他依规免税的补贴、津贴。

（2）各类福利费、抚恤金、救济金。

（3）按法律法规规定发放给职工的离退休工资、离退休生活补助、安家费、退职费等。

（4）公司和个人按法律法规规定缴付的住房公积金、基本医疗保险费、基本养老保险费、失业保险费等。

（5）个人和用人公司解除劳动关系而获得的一次性经济补偿收入（其中低于本地上年度职工平均工资的3倍数额以内的部分）。

（6）个人因所在公司破产后获得的安置费。

（7）据实报销的通信费用（各地规定的标准不同）。

（8）个人按法规办理代扣代缴税款后获得的手续费收入。

（9）集体所有制企业经过改制成为股份合作制企业后，员工个人所获得的公司股份等量化所有权资产。

（10）托儿补助费、独生子女补贴。

（11）误餐补助、差旅费津贴。

16.2 税务联查社保、个人所得税给企业带来的风险与应对措施

在社保、个人所得税联查的新型稽查模式下，企业应如何在控制好税务风险的同时，降低人力成本和税务成本呢？这需要企业准备充分的应对措施。

16.2.1 税务联查社保、个人所得税给企业带来的影响

税务联查社保、个人所得税给企业带来的风险主要如下。

1. 将个人所得税挂账其他应付款并长期不处理的风险

根据财税〔2003〕158号文件规定,在纳税年度内,个人股东从其投资企业(个人独资企业、合伙企业除外)借款,到该纳税年度结束时既未归还,又没有用于企业生产经营的,其借款未归还部分,可视为企业对个人股东的红利分配,作为"利息、股息、红利所得"项目,计征个人所得税。

2. 个人工资成为稽查重点

国税、地税合并,加上税务联查社保、个人所得税,员工个人工资也成为税务稽查重点。

3. 专项附加扣除证据的风险

个人所得税专项附加扣除包括住房贷款利息、住房租金、子女教育、大病医疗、赡养老人、3岁以下婴幼儿照护等支出,但扣除时需要有明确的证据,否则可能被处罚。

4. 个人账户高额流水风险

企业可能将不需要开具发票的收入,直接打入企业所有者的个人账户。这会直接导致企业自身账户的现金流减少,此时企业会采取从企业所有者那里"借钱"的方法。然而,企业所有者个人账户的高额流水是无法灭失的证据,企业很可能因此被稽查。

实际上,随着税务稽查方式的改变,当税务机关发现企业社保缴费、个人所得税税负、资金流水异常时,就会积极调取相关银行流水账,查找牵涉的税务问题。

5. 银行等机构的案件移交风险

由于国家的反洗钱监控制度日益完善,个人和企业之间大额频繁的资金往来流水,一旦达到预警级别后,相关部门就会介入联查。其中,银行等机构会

将涉及企业社保、个人所得税的案件线索，移交给税务部门。

6. 被举报风险

企业日常经营中，若对员工劳动关系、个人所得税、社保等问题处理不规范，则可能会被员工举报，并引发税务稽查。

7. 失信风险

目前，我国有较完善的信用惩戒体系，加之税务联查社保、个人所得税，企业有可能面临失信风险。

8. 盲区清理风险

随着税收大数据系统征管信息的整合，税务部门对纳税人涉税行为的管理会变得更加集中，并最终实现全面税费监管。通过社保、个人所得税联查，税务部门会对原国税、地税管理领域中的盲区进行彻底清查，这也会对企业形成风险。

9. 历史账面数据追查风险

通过税务联查社保、个人所得税，税务数据将更为公开透明。随着纳税评估日常监管体系的完善，纳税人的财务数据会更加精确、全面，所有数据经分析、抓取和比对后，具有更高的价值，这对企业的历史税务行为带来了追查风险。

16.2.2 企业应对税务联查社保、个人所得税风险的举措

2019年1月起，社保由税务部门统一征收，为应对相关风险，企业应采取以下措施。

1. 防范个人所得税避税风险

企业应端正态度、重视举措，解决个人所得税纳税筹划不规范的问题，具体应防范以下风险。

（1）发票抵税、费用异常。不少企业采用由员工提供发票报销，再由会计

人员将其计入福利费、差旅费的方式进行抵税。这种方式看起来比较简便，但如果长期采用，就会导致企业的期间费用异常。

（2）由于移动支付的普及，很多企业不通过银行卡发放工资。在这些企业中，员工少申报、不申报个人所得税的现象并不鲜见，而这类企业往往会因此承担后果。

（3）由于对税务法规不熟悉，或者由于故意，部分企业选择不将员工的各类补贴与工资合并进行纳税申报。

（4）企业内零申报员工的比例过大，也容易使企业面临风险。通常情况下，企业如果和同地区、同行业的其他企业相比，月收入在5 000元以下的员工比例明显偏大，则面临稽查风险。

（5）企业混淆劳务报酬所得与工资薪金所得，进行纳税申报。以劳务密集型企业为代表，其大量使用的劳务工、临时工、第三方员工等，大都应按劳务报酬所得进行纳税申报，其在实际操作中却按照工资薪金所得进行纳税申报。事实上，根据《中华人民共和国个人所得税法》，如果员工并非在企业全职，就不能按工资薪金所得进行纳税申报纳税。

（6）企业采用外包形式，将员工的部分工资和福利外包给人力资源、管理咨询公司进行变相发放。外包福利虽然表面上绕开了企业本身，但实际上也是变相发放工资，同样需要缴税。

2. 综合管理举措

企业应切实把握社保、个人所得税的相关法规政策，对社保和个人所得税管理加以规范操作。例如，重视社保、个人所得税原始凭证和相关凭证的管理与保存，及时、准确和完整地申报社保、个人所得税，并注重财务报表、纳税申报表之间的数据和逻辑关系。

3. 三管齐下，应对风险

企业应结合目前主流的做法，对不同的个人所得税违规手法，加以有效规避，避免受罚风险。企业应通过"道""法""术"三管齐下，应对风险。

（1）应对之道。企业需积极建立合规意识，纠正已有的个人所得税违规行为，并采取符合法律法规、具有执行性的方法，对风险加以应对。

（2）应对之法。企业可以采取不同方法，应对风险，具体方法如下。

①减员增效。

②用工多样化。企业可以采用不同的用工方式，主要如下。

- 借助劳务派遣关系，转嫁用工成本。
- 借助劳务外包、业务外包或众包形式，将劳动关系转化为商业合作关系，以减少人工支出。企业也可采取返聘方式，发挥退休人员返聘的低成本优势。
- 企业可依据中华人民共和国人力资源和社会保障部《关于支持和鼓励事业单位专业技术人员创新创业的指导意见》，聘用事业单位专业技术人员兼职。
- 企业可根据《职业学校学生实习管理规定》和《高等学校勤工助学管理办法（2018年修订）》等文件精神，加强校企合作，招聘在校生。
- 企业可利用国家、地方促就业的政策，建立见习基地、招聘见习生，享受一定补贴。

③薪酬多样化。企业可以在相关法律法规允许的情况下，将员工薪酬的一部分转化为弹性福利，以不纳入工资的总额。此外，企业也可开展股权激励，让员工变成股东享受分红，以合法合理节税。

④应用科技。企业可以在生产经营各环节加深科技应用程度，以减少用工总量，以降低人工和管理的成本。

（3）掌握必要技巧。在具体应对个人所得税稽查时，企业还需要掌握必要技巧。例如，可以将条件成熟的劳动关系转化，形成新的劳务关系，原有的工资也将作为劳务费发放。此外，企业还可以发挥工会的作用，加强与员工之间的沟通、协调。

第 17 章

企业涉税风险自查

任何一家企业,在经营中都可能面对涉税风险。企业需要对此有清醒的认识,并加强风险自查。

17.1 企业涉税风险自查要点与报告

企业涉税风险自查应根据要点形成定期检查的规律，并制作相关报告。

17.1.1 企业涉税风险自查要点

企业应自查的涉税风险要点如下。

1. 销售类风险

销售类风险主要如下。

（1）企业利用直接收款方式销售，在收取销售款或取得索取销售款凭据当天，未完成销售收入处理。

（2）企业采取托收承付、委托银行收款方式销售，在发出货物、完成手续当天，未完成销售收入处理。

（3）企业采取赊销、分期收款方式销售，在书面合同上约定收款日期的当天，或无约定而发出货物的当天，未完成销售收入处理。

（4）企业采取预收货款方式销售，在货物发出当天（或销售生产工期超过 12 个月的大型工业设备等货物，收到预收款当天）或者书面合同约定收款日期的当天，未完成销售收入处理。

（5）企业委托其他单位代销，在收到代销清单或部分货款当天，未完成销售收入处理。

（6）企业提供应税劳务，提供劳务同时收到销售款或取得索取销售款凭据的当天，未完成销售收入处理。

（7）账面确认销售但未能计提销项税额，也未申报纳税。

（8）账面确认销售并计提销项税额，但少申报或未申报纳税。

（9）采用货物抵偿债务，并未按规定计提销项税额。

（10）以物易物完成后，未按规定确认收入，也未计提销项税额。

（11）未按规定冲减收入，少报销项税额。

（12）向购货方收取各种应缴纳增值税的价外费用，未计提销项税额。

（13）销售货物或提供应税劳务，在无合理理由的情况下，价格明显偏低。

（14）采用还本方式销售，按扣除还本支出后的销售额，计提销项税额。

（15）采用以旧换新方式销售，未按新货物（金银首饰除外）同期销售价格计提销项税额。

（16）对随同产品出售的单独计价包装物，少计或未计为收入。

（17）对应税的包装物押金，少计或未计为收入。

（18）将销售残次品、废品、材料、边角废料等收入，直接冲减原材料、成本、费用等账户，未计提销项税额。

（19）出售应税固定资产，未按规定计提销项税额，或未按征收率计算应纳税额。

2. 货物类风险

货物类风险的具体内容如下。

（1）将货物交付他方代销后，未能视同销售进行纳税处理。

（2）为他人代销货物，未能视同销售进行纳税处理。

（3）纳税企业如设有两个以上营业机构（跨县市）并实行统一核算，将货物在机构间移送以用于销售，而未视同销售进行纳税处理。

（4）将自产或委托加工的货物用于非增值税应税项目，而未视同销售进行纳税处理。

（5）将自产、委托加工的货物，用于个人消费或集体福利，而未视同销售进行纳税处理。

（6）将购进、自产或委托加工的货物，作为投资提供给其他单位、个体工商户，而未视同销售进行纳税处理。

（7）将购进、自产或委托加工的货物，分配给企业股东或投资者，而未视同销售进行纳税处理。

（8）将购进、自产或委托加工的货物，无偿赠送给个人或单位，而未视同销售进行纳税处理。

3. 经营类风险

企业在经营中，也面临不同的纳税风险，主要如下。

（1）企业兼营非应税劳务，未分别核算销售劳务（应税劳务）和非应税劳务，导致未按规定申报缴纳增值税。

（2）对购进货物的非正常损耗部分及相关应税劳务的进项税额，不做进项税额转出处理。

（3）对非正常损耗的在产品、产成品所消耗的购进货物或应税劳务，不做进项税额转出处理。

（4）通过扩大农产品收购凭证适用范围，而将其他费用计入买价以多抵扣进项税额。

（5）将专用于非增值税应税项目、免征增值税项目或集体福利、个人消费的固定资产进项税额进行申报抵扣。

（6）将返利收入计入其他应付款、其他应收款以冲减销售费用，不做进项税额转出处理。

（7）企业向供货方收取的各类返还收入，并未按照平销返利行为的规定，冲减当期增值税进项税额。

（8）企业因进货退出或折让，收回增值税税额，但未从当期进项税额中扣减。

（9）小规模纳税人转为一般纳税人后，未抵扣其之前发生的进项税额。

（10）增值税专用发票未认证或逾期，但对其上注明的税额申报了进项税抵扣。

（11）海关增值税专用缴款书未采集上传信息或逾期，但企业对其上注明的增值税税额申报了进项税额抵扣。

（12）对评估、核查、稽查后调整的应纳税额进行调账处理后，未将调增的税额冲减当期应纳税额。

17.1.2　企业涉税风险自查报告

企业在完成涉税风险自查后，应及时提交涉税风险自查报告。下面是企业涉税风险自查报告范例。

×市×国家税务局稽查局：

根据贵局于××××年×月×日下发的《税务稽查查前告知书》（国税稽告字〔2020〕001号）的相关要求，我公司成立了专门的自查工作小组，并积极组织相关财务人员认真学习。

在自查中，我公司采取了内部自查与聘请税务师事务所专业团队协助的方式，于××××年×月×日至×日，进行企业所得税自查。现将自查结果汇报如下。

1. 自查工作范围

在本次自查中，我公司主要针对××××—××××年度企业所得税缴纳情况进行检查。

2. 自查工作原则

我公司主要遵循以下原则开展自查工作。

（1）充分重视，认真负责。我公司严格按照国家税收的相关法律法规、文件精神，对公司××××—××××年度经营所涉及的各类税种，进行彻底清查，确保不错、不疏、不漏。

（2）把握契机，自查自纠。为了确保认真自查，及时化解税务风险，我公司结合实际情况，对公司内部进行深入全面的税务检查，对违法及不规范的涉税事项加以清理。公司以此为契机，加强各部门税务基础管理工作，力求改善盲点、弱点，提高整体税务工作管理水平。

3. 自查结果

通过为期一周的自查工作，我公司××××—××××年度的税务工作，现已基本符合国家税收及会计的相关法律法规规定，依法申报缴纳了各项税费。

由于工作经验不足，在实际纳税过程中，我公司难免存在疏漏。通过自查发现的问题，主要体现在对权责发生制原则的不够重视，如未能按年分摊所属费用、购买无形资产直接费用化、无须支付的应付款项未计入应纳税所得额等。这些问题已全部予以整改。

通过此次自查发现，我公司××××—××××年度应补缴的企业所得税为××元，其中，××××年应补缴企业所得税××元，××××年应补缴企业所得税××元。具体情况如下。

（1）××××年度。该年度内，我公司所得税问题主要集中在未能按权责发生制原则，按年分摊所属费用，导致申报缴纳企业所得税时，少调增应纳税所得额××元，应补缴企业所得税××元。

（2）××××年度。该年度内，我公司所得税自查问题主要反映在购买无形资产直接费用化、无须支付的应付款项未计入应纳税所得额。这些问题导致我公司在申报缴纳企业所得税时，合计少调增应纳税所得额××元，应补缴企业所得税约为××元。

①购买无形资产直接费用化问题。本公司于××××年×月购入××财务软件，价格为××元，直接计入当期费用。根据规定，应将该无形资产分期摊销，调增应纳税所得额××元。

②无须支付的应付款项未计入应纳税所得额问题。我公司无须支付的应付款项为××××年应付××软件公司××元。由于该软件公司已被合并，且未催收该笔款项，根据规定，应调增应纳税所得额××元。

每年3月开始，税务机关会要求上一年度税负存在异常的企业开展自查，如果企业处于异常名单中，就很可能被要求自查。

然而，什么样的税负才算异常呢？这并没有具体标准。部分资料显示，某些地区税务稽查局将企业自查后上报的税负正常线定为上一年度纳税总额的1.5%。企业实际经营中，若管理者非法降低税负，便会导致企业进入自查名单，一旦被要求自查，企业就会面临补税甚至加收滞纳金的压力。因此，企业应进行合法的纳税筹划。

尽管自查意味着企业可能会补税，但它是企业自主纠错的机会。如果自查无法通过，企业就会面临税务稽查。为此，企业应当在自查环节中注意以下事项。

1. 重视税务检查、自查

企业要充分重视税务检查、自查，尤其应衡量自身在当地所处的地位，例如是不是纳税重点企业、是不是行业领先者等。如果答案是肯定的，企业就很可能成为税务检查、自查的重点对象。

2. 检查财务报表

企业应对在财务报表中体现的税款进行自查。这是因为税务检查中，税务机关关注的重点内容之一便是企业财务报表，因其能准确反映企业是否存在税务问题，所以企业自查时必须重点关注财务报表。

3. 对照自查提纲进行审查

自查提纲是税务机关向企业提供的自查工具。提纲内容是税务机关根据历年检查相关行业所发现的税务问题，所总结出的具有普遍代表性的问题，能指导相关企业进行税务自查。

但是，企业在自查时，又不能只审查自查提纲提及的内容。企业应在自查提纲的基础上，结合自身实际情况进行自查，从而最大限度地避免疏漏。在提交涉税风险自查报告前，企业应积极和税务机关充分沟通，在其指导下重新梳理涉税风险自查报告，避免产生新的遗漏。

总之，企业的涉税风险自查应严格按照税法规定，对全部生产经营活动进行全面检查。自查内容应涵盖与企业生产经营相关的全部税种，以确保万无一失。

17.2 企业涉税风险自查涉及的主要税种

企业自查涉税风险，应根据不同税种进行。

17.2.1 增值税

增值税涉税风险自查内容，主要包括进项税额和销项税额两类。

1. 进项税额

企业应从以下角度，自查进项税额。

（1）对能抵扣进项税额的增值税专用发票，应检查是否真实合法，着重关注是否存在开票单位与收款单位不一致、票面所记载货物与实际入库货物不一致等问题。

（2）对允许申报抵扣进项税额的运费发票，检查是否真实合法。同时还应检查是否存在以下问题。

①以与购进和销售货物无关的运费，进行申报抵扣。

②以购进固定资产发生的运费、销售免缴增值税的固定资产发生的运费，进行申报抵扣。

③以国际货物运输代理业务发票、国际货物运输发票，进行申报抵扣。

④以开票方与承运方不一致的运输发票申报抵扣，以项目填写不齐全的运输发票申报抵扣。

（3）企业应自查是否存在未按规定开具农产品收购统一发票申报抵扣进项税额的情形。例如向经销农产品的单位和个人收购农产品，开具农产品收购发票；或者将农产品范围扩大，导致非免税农产品被开具成免税农产品；又或者虚开农产品收购统一发票，包括数目、单价、抵扣税款等的虚开。

（4）自查抵扣进项税额的废旧物资发票，是否有虚开风险。

（5）自查抵扣进项税额的海关完税凭证，是否真实合法。

（6）自查已发生退货或取得折让的货物，是否已按规定完成进项税额转出。

（7）自查用于非应税项目、免税项目、非正常损失的货物，是否已按规定做进项税额转出。

（8）自查是否将返利计入了其他应付款、其他应收款等，以冲减销售费用而不做进项税额转出。

2. 销项税额

企业应就以下事项，自查销项税额。

（1）自查销售收入是否完整及时入账，主要有以下情形。

①是否在以货易货交易后，或在以货抵债收入后，未确认收入。

②是否已完成销售但未开发票，导致取得收入未按规定入账。

③是否对销售收入长期挂账，而不确认收入。是否将已收取的销售款项，用于支付费用，如购货方的折扣、奖励、手续费等，再将余款入账、确认收入。

（2）自查是否存在视同销售行为，但未按规定计提销项税额。其主要包括以下情形。

①是否将自产、委托加工的货物用于非应税项目、集体福利或个人消费，以少计或不计应税收入。

②是否将自产、委托加工或购买的货物用于投资、分配、捐献等，以少计或不计应税收入。

（3）自查企业内是否有开具不符规定的红字发票，以冲减应税收入的现象。同时，也要自查在销货退回、销售折扣或折让情形中，所开具的红字发票和账务处理是否符合税法规定。

（4）自查是否存在将购进的材料、水、电、气等，用于对外销售、投资、分配及赠送后，少计或不计应税收入的情况。企业是否收取外单位或个人的水、电、气等费用，少计或不计收入，或冲减费用。企业是否将外购材料改变用途，进行销售、投资、分配及赠送后，未按视同销定计税。

（5）自查企业在向购货方收取了各种价外费用，如手续费、补贴、集资费、返还利润、奖励费等后，是否按规定进行纳税。

（6）如果企业设有两个以上的机构并实行统一核算，应自查将货物从一个机构移送到其他机构（非同一县市情形）用于销售后，是否视为销售进行纳税处理。

（7）企业应自查对逾期未收回的包装物押金，是否已按规定计提了销项税额。

（8）企业应自查免税货物是否已依法核算，主要有以下情形。

①企业对免征增值税的货物或应税劳务的核算，是否符合税法的有关规定。

②福利、校办企业，其免税范围是否符合税法的规定。

③企业兼营项目的免税额或不予抵扣的进项税额的计算过程和结果是否准确。

17.2.2　企业所得税与个人所得税

针对企业所得税和个人所得税，企业应自查各项收入是否全部按法规缴税，也要检查各项成本费用是否按税前扣除办法的规定进行列支。

在实践操作中，企业的自查项目至少包括以下内容。

1. 收入方面

企业应针对收入，自查应纳税所得额的准确性。其中，重点情形如下。

（1）资产经评估后的增值，是否并入了应纳税所得额。

（2）对境外企业投资而取得的所得，是否并入了当期应纳税所得额。

（3）持有上市公司的非流通股份，并在解禁后出售股份而取得的收入，是否计入了应纳税所得额。

（4）企业取得的不同收入，是否均按所得税权责发生制原则进行了计税确认。

（5）企业是否利用往来账户延迟确认应税收入，或调整企业利润的真实情况。

（6）在取得非货币性资产收入或权益后，是否及时计入应纳税所得额。

（7）在视同销售行为发生后，是否及时进行纳税调整。

（8）在获得各种减免流转税、各项补贴或奖励后，是否按规定计入应纳税所得额。

（9）在接受了货币或非货币性资产的捐赠之后，是否计入了应纳税所得额。

（10）在获得分回投资收益后，是否及时依据地区差补缴了企业所得税。

2. 成本费用方面

成本费用的自查，需要避免以下问题。

（1）利用虚开发票、虚列人工费等方式，虚增成本。

（2）使用违反税法规定的发票及凭证列支成本费用。

（3）将资本性支出一次性计入成本费用，或在成本费用中一次性列支达到固定资产标准的物品，却未进行纳税调整。此外，对于管理系统软件等无形资产，其成本费用也在销售费用中一次性列支，而未进行纳税调整。

（4）内资企业的工资费用，未按计税工资标准扣除。与工效挂钩的工资基数，未上报税务机关备案确认。

（5）计提的职工福利费、工会经费和职工教育经费等，超过计税标准后，未进行纳税调整。

（6）计提的基本养老保险、基本医疗保险、失业保险和住房公积金等，超过计税标准后，未进行纳税调整。

（7）擅自改变成本计价方法，以调节账面利润。

（8）对固定资产折旧和无形资产摊销的超标准计提。

（9）对业务宣传费、业务招待费和广告费等，超标准列支。

（10）擅自扩大技术开发费用列支范围，以享受税收优惠。

（11）未按规定对专项基金进行提取、使用。

（12）对企业间支付的管理费用、企业内营业机构之间支付的租金和特许权使用费，进行税前扣除。

（13）扩大计提范围，以多计提不符规定的准备金，而未进行纳税调整。

（14）企业从非金融机构借款的利息支出，超过按金融机构同期贷款利率计算的数额，未进行纳税调整。

（15）企业向关联方借出超过注册资金50%的金额，其超出部分的利息支出未在税前扣除。

（16）企业资产中存在已进行损失处理，或部分或全部收回的情况，但未进行纳税调整。

（17）企业的开办费用摊销期限违背税法规定，但未进行纳税调整。

（18）企业做出不符合条件或超过标准的公益救济性捐赠，但未进行纳税调整。

（19）企业在无批复文件的情况下，支付给总机构管理费，或未按批准比例和数额扣除，或提取后未上交，均未进行纳税调整。

（20）企业用融资租赁方式租入固定资产，但视同经营性租赁以多摊费用，而未进行纳税调整。

3. 关联交易方面

企业应检查关联交易方面的涉税风险，主要检查在企业与其关联企业之间的业务往来中，是否存在未按独立企业业务往来收取费用或通过支付价款、费用来减少应纳税所得额，均未进行纳税调整的情形。

4. 个人所得税

企业在排查个人所得税风险时，应注意以各种形式向员工发放的工资薪金是否已依法扣缴个人所得税，重点检查内容如下。

（1）为员工建立的年金。

（2）为员工购买的各种商业保险。

在必要情况下，企业应进行所得税风险自查，并形成自查总结。下面是具体的总结模板。

涉税风险自查总结

我公司是于20××年在××省××市登记注册的有限责任公司，属于××行业，经营范围为××××的生产与销售。经营地址为×××××，注册资金为×××万元，法定代表人为×××。

我公司于20××年正式生产运营，设有供应、生产、物流、营销、财务等部门，遵循企业会计核算方法，设置总账、明细账等，目前使用金蝶软件，我公司纳税申报按照要求统一进行网上申报，各年度申报税种及附加有增值税、城市维护建设税、房产税、教育费附加、个人所得税等，均为自行申报，没有聘请税务等代理机构。我公司每年都聘请某税务师事务所的人员对我司所得税汇算清缴、年度审计工作进行核实检查并出具报告，现将我公司的自查情况汇报如下。

我公司用于抵扣进项税额的增值税专用发票是真实合法的，没有将开票单位与收款单位不一致或票面所记载货物与实际入库货物不一致的发票用于抵扣的情形。

用于抵扣进项税额的运费发票是真实合法的，没有以与购进和销售货物无关的运费申报抵扣进项税额；没有以购进固定资产发生的运费或销售免纳增值税的固定资产发生的运费抵扣进项税额；没有以国际货物运输代理业务发票和国际货物运输发票抵扣进项税额；不存在以开票方与承运方不一致的运输发票抵扣进项税额；不存在以项目填写不齐全的运输发票抵扣进项税额等情况。

我公司取得的增值税普通发票、通用机打发票、手工发票等，已经国家税务总局全国增值税发票查验平台查询，查询信息与票面均一致。

不存在购进房屋建筑类固定资产申报抵扣进项税额的情况。

不存在购进材料、电、汽等货物用于在建工程、集体福利等非应税项目而未按规定转出进项税额的情况。

发生退货或取得折让已按规定做进项税额转出。

用于非应税项目和免税项目、非正常损失的货物按照规定做进项税额转出。

销售收入完整及时入账：不存在以货易货交易未计收入的情况；不存在以货抵债交易未计收入的情况；不存在销售产品不开发票，取得的收入不按规定入账的情况；不存在销售收入长期挂账不转收入的情况。不存在视同销售行为、未按规定计提销项税额的情况。

不存在开具不符合规定的红字发票冲减应税收入的情况：发生销货退回、销售折扣或折让，开具的红字发票和账务处理符合税法规定。

营业收入完整及时入账，现金收入按规定入账；给客户开具发票，相应的收入按规定入账。按相关法规规定的时间确认收入，准时完成纳税义务。

不存在各种减免流转税及各项补贴、奖励，未按规定计入应纳税所得额的情况。

不存在利用虚开发票或虚列人工费等虚增成本、使用不符合税法规定的发票及凭证，以及在成本费用中一次性列支达到固定资产标准的物品未做纳税调整的情况；不存在达到无形资产标准的管理系统软件，在销售费用中一次性列支，未进行纳税调整的情况。

不存在计提的职工福利费、工会经费和职工教育经费超过计税标准，未进行纳税调整的情况；不存在计提的基本养老保险、基本医疗保险、失业保险和住房公积金超过计税标准，未进行纳税调整的情况；不存在计提的补充养老保险、补充医疗保险、年金等超过计税标准，未进行纳税调整的情况。

不存在擅自改变成本计价方法，以调节账面利润的情况。

不存在超标准计提固定资产折旧和无形资产摊销的情况：计提折旧时固定资产残值率低于税法规定的残值率或电子类设备折旧年限与税法规定有差异的，已进行了纳税调整；计提固定资产折旧和无形资产摊销年限与税法规定有差异的部分，已进行了纳税调整。

不存在超标准列支业务宣传费、业务招待费和广告费、擅自扩大技术开发费用的列支范围，以享受税收优惠的情况。

企业以各种形式向职工发放的工资薪金已依法扣缴个人所得税。

基于上述总结，我公司已在税收专项检查纳税自查中，及时、准确地完成了自查工作。

×××××公司

20××年×月

17.3　纳税人自查

纳税人自查，是指在税务机关开展税务稽查前，由纳税人进行自查自纠。采取这种形式主要有两方面原因：一方面是税务机关力求避免为检查而检查的被动情形，另一方面也是为了维护纳税人的利益。企业需要将纳税人自查视为重要契机，定期或不定期检查漏洞，保证涉税资料的准确完整，并进一步健全企业内部的管理流程。

17.3.1　纳税人自查的性质

纳税人自查，又称为纳税人自查自纠，是指纳税人通过自查程序，针对过往纳税行为进行自我检查核对。自查完成后，纳税人应在规定期限内，根据自查结果，向税务机关报告少缴、未缴税款的情形，并补缴税款、滞纳金，接受税务机关有可能进行的审查和处理。

纳税人自查，是由税务机关组织的企业自查行为，属于税务稽查程序的重要组成部分。从国家税务总局层面来看，通常会以通知、公告等形式，要求各地税务局组织纳税人自查。近年来，各地税务部门强调应以纳税人自查为先导的方式，开展税收专项检查。

目前，已有多地税务机关制定了纳税人自查规范，规定了纳税人自查的适用范围和非适用范围。一般而言，纳税人自查范围较大，主要主体为税收检查涉及的所有纳税人，包括税务稽查立案前的纳税人；自查内容为除了举报、上级交办、督办、批办等案件，或税务机关认为不宜开展自查的案件外的其他纳税案件。

17.3.2 纳税人自查补税行为是否缴纳滞纳金

税务机关对纳税人给予"自查修正免罚"，是以纳税人完全补缴税款、滞纳金为前提的。实际操作中，大多数纳税人也较好地遵守了现行《税收征收管理法》第三十二条的规定，针对自查中发现的违法情形，补缴税款和滞纳金。因此，纳税人自查补税行为，通常需要缴纳滞纳金。

17.3.3 纳税人自查补税行为是否应受行政处罚

纳税人自查发现违法问题后，补缴税款、滞纳金，虽有很大可能获得免罚机会，但并不能改变其之前行为的违法性。例如，其违反申报期限、未能如实申报，违反纳税义务发生时间和税款缴纳时间的规定，扰乱税收征管秩序等。这些行为在《税收征收管理法》中都有相应惩处规定，如第六十二条、第六十三条、第六十四条分就分别规定了不按规定期限办理纳税申报、偷税、编造虚假计税依据、不进行纳税申报等行为的法律责任。法律并没有区分非主观过错和主观过错而给予不同责任，也没有硬性规定补缴了税款、滞纳金就能免除行政处罚。

正因如此，在现行法律下，纳税人出现违法行为，经主动修正后，也有可能受到行政处罚。

在实际操作中，一方面，当纳税人通过自查完成补税行为后，税务机关可以依据《中华人民共和国行政处罚法》第三十二条、第三十三条，解决纳税人自查完成补税行为后的行政处罚减免问题。另一方面，纳税人在自查补税后，其纠错行为是否符合《中华人民共和国行政处罚法》上述法条所规定的从轻、减轻或不予处罚条件，由税务机关结合案件的主、客观情况进行综合认定。

17.3.4　纳税人自查补税行为是否应该承担刑事责任

纳税人完成自查补税行为后，是否应承担刑事责任呢？这应根据其是否满足不予追究刑事责任的构成要件来分析。

2009年公布的《中华人民共和国刑法修正案（七）》，对原有的偷税罪进行重大修改，将其修改为逃避缴纳税款罪。该法规以概括表述和叙明罪状的模式确定该罪行的结构，并且首次规定了"不予追究刑事责任"及其除外条款（亦称初犯免罚）。

逃避缴纳税款罪的不予追究刑事责任的构成要件如下。

（1）经税务机关依法下达追缴通知。

（2）纳税人补缴应纳税款，缴纳滞纳金。

（3）纳税人已受行政处罚。

（4）纳税人在近五年内没有因逃避缴纳税款受过刑事处罚。

（5）纳税人在近五年内没有因逃避缴纳税款被税务机关给予二次以上行政处罚。

通过刑法修正案的方式形成不予追究刑事责任的规定，不仅体现了监管部门鼓励纳税人积极补救税务违法行为的意图，也能将激励和威慑合二为一，继续保留刑事责任追究体制的作用。

第 18 章

企业税务风险分析与化解对策

当前,经济形势复杂,企业面临的税收环境变幻莫测,企业需要更重视相应的风险分析与化解对策。企业管理层应进一步熟悉和掌握税法的相关知识,在相关标准范围内,合理强化税务风险防范意识,形成化解对策。

18.1 企业税务风险分析

企业发展进程中，税务风险时常出现，也是企业必须承担的。企业为降低税务风险，必须及时采取一定措施，增强对税务风险的了解和认知，分析自身存在的涉税问题。

18.1.1 企业利润被人为操控引起的税务风险

人为操控企业利润，很容易引起税务风险。资料显示，不少规模较大的企业，在发行股票之前会通过重组资产瞒报实际经营业绩，从而规避企业退市可能遭受的风险。这就造成了企业利润人为降低的税务风险。

同样，也有些企业为配合市场营销，利用不同手段控制利润。例如，利用会计手段编制虚假报告、采用关联交易方式等手段，进行利润操控。这种方式必然会导致企业会计信息存在虚假部分，并被税务稽查机关发现，如企业账面收入虚假、成本预算和结算的真实性不足等。

18.1.2 企业依法纳税意识薄弱

企业实际发展中，管理者通常都会对各环节，如生产、销售、研发等环节的工作给予充分重视，而对依法纳税等相关风险缺乏重视。虽然管理者认同企业应依法纳税，但在实际经营中，部分管理者为了企业更快地发展、更好地参与竞争，为了能让经济效益明显提升，很容易出现纳税意识薄弱的情况，忽视法律法规的明确限制，进而导致企业未依法履行纳税义务。

企业必须将依法纳税作为生产经营中的重要工作，使高层管理者予以充分重视，强化其风险防范意识，并以此带动和影响其他员工。这将能在很大程度上促使企业税务风险水平的降低。

18.1.3 税务工作人员的专业水平低下

由于我国税务法律法规较为复杂，且内容更新较为频繁，所以不少企业的相关工作人员并没有真正熟练、全面、深入地掌握这些法律法规，也就难以合理、合法、熟练地应对税务有关的业务。当然，大部分企业的税务工作人员，经常会获得财会方面的培训机会，但在税务方面所获得的培训机会不足。这些都导致他们"底气"不够、"见识"不够、"工具"不够，一旦遇到与税务风险相关的棘手问题，他们的工作就容易出现问题。

此外，各地的税务政策也有区别，如果企业税务工作人员不能及时了解相关政策变动，就会在实际工作中错过正确处理税务问题的机会。

尽管企业税务工作人员主观上并没有产生恶意偷漏税的想法，但由于上述问题的普遍存在，企业还是有可能面临税务风险，遭遇经济损失。

18.1.4 企业整体管理效率方面的税务风险防范

企业管理事务并非各自独立，而是有机的共同体。企业的税务管理水平高低，受到企业整体管理效率的影响。如果企业整体管理效率低下，管理团队就可能疏于管理税务风险，也无法很好地采纳和执行税务风险管理举措。同样，整体管理效率较低的企业，从生产、研发到经营环节，也往往无法积极针对税务环境变化而做出反应。例如，出口退税费率的调整，就会对出口型企业未来的盈利、纳税情况产生重要影响，企业需要进行深入分析、精准应对，需要实时关注和了解出口退税费率，并对相关变化引发的税务风险进行分析，以根据实际情况预判企业纳税义务的变化。

18.2　企业税务风险化解对策

作为影响企业生存发展的重要因素，企业税务风险不仅在企业经营管理中占据重要地位，也被社会各界关注。因此，针对企业税务风险的问题，企业应加强对税务风险的管控，建立一套完整的、科学的、系统的税务风险制度，以保证企业持续、健康运营。

18.2.1　构建税务风险管控体系

现阶段，我国企业正处于税务风险管理的初始阶段，且大部分企业未设立专门管理税务的部门，税务风险管理处于空白状态。而小部分企业虽设立了专门的税务风险管理部门，但是税务相关工作人员税法知识的欠缺和企业税务风险管控体系的不科学、不完善，也使得税务相关工作人员察觉和应对企业税务风险的能力较弱，不利于企业规避税务风险。因此，要想让企业税务风险得到有效管控，企业应当加强对税务相关工作人员税务风险知识的培训，并在税收法律法规的基础上构建科学、系统的税务风险管控体系，以确保企业税务工作的正常开展。

18.2.2　提高企业税务相关工作人员的素质

企业税务风险管控的关键在于企业税务相关工作人员，因此，企业应该定期对企业税务相关工作人员进行税务风险知识培训，可邀请专门机构的讲师对税务风险知识，特别是税务问题和应对方法等重点知识进行详细、全面的讲解，以加深企业税务相关工作人员对税务专业知识的理解。同时，企业应该加强对企业税务相关工作人员业务素质的培训，以避免因人为失误而导致税务风险发生。

此外，企业在组织税务相关工作人员培训时，应注意按照企业税务相关工作人员的职位进行分类培训。一般情况下，企业税务相关工作人员由上到下分为税务总监、税务经理、中层税务经理和税务操作员等层级。层级不同，企业税务相关工作人员的专业能力和业务素质要求也有所差异，并由上到下呈现降低趋势。因此，企业在组织税务风险知识培训时，应以层级为标准展开。企业管理者在安排税务风险管控的工作时，也应基于"能者多劳，劳者多得"的观点，按照层级进行工作分配。

18.2.3 强化企业税务风险意识

税务是影响企业生存发展的重要因素，在提高企业税务相关工作人员业务素质的基础上，企业应加强自身对税务风险的意识。企业可通过税务风险分析评估报告，对企业涉税情况、内部税务风险管控情况、可能存在的风险等问题进行综合分析，并在分析结果的基础上，根据企业的具体情况及时制定出科学、有效的税务风险应对措施，保证企业健康发展。

例如，如果在某一项目中企业的付出和回报不成正相关关系，或者企业无法控制、承担项目中产生的风险，那么企业应该根据自身承受能力，以及该项目的收益等实际情况，选择回避或放弃。

因此，企业要想预测有可能发生的税务风险，将其遏制在萌芽阶段，加强企业税务风险意识是一项重要措施。

第 19 章

企业纳税风险控制

　　风险与机遇始终同步存在。企业进行纳税筹划的同时，还要关注纳税风险，在运营过程中始终关注关键风险点，避免出现不当行为而被税务机关处罚。尤其是在大数据技术广泛应用的今天，企业更应做好纳税管理，从意识上、制度上、行动上做好纳税规范，建立纳税风险控制体系，保证企业健康有序地发展。

19.1　纳税风险的认识与理解

纳税筹划工作充满风险，如果企业不能正确认识风险的存在，那么制定的纳税筹划方案就有可能与相关法律法规违背，最终导致企业必须接受法律的惩罚。所以，企业必须充分认识纳税风险，才能真正做好纳税筹划。

19.1.1　什么是纳税风险

所谓纳税风险，是指企业没有按照相关税法的规定，正确进行纳税，导致企业的正常运营与未来利益产生损失。简而言之，纳税风险就是影响企业纳税准确性的不确定因素。它会导致企业少缴税、漏税，遭受税务机关的处罚，甚至影响企业的正常运营；或导致企业多缴税，即企业没有充分理解和使用相关税法的规定，造成企业成本增加，税负过高，利益减少。

通常来说，企业涉税行为主要分为3类：税收政策遵从、纳税金额核算、纳税筹划。其中，税收政策遵从的核心就是了解企业需要缴哪些税；纳税金额核算就是根据相关税法规定，测算企业需要缴多少税的过程；纳税筹划则是在合法合规的前提下，如何将税负降至最低。

可以看到，这3类行为中，税收政策遵从决定了纳税金额核算，二者又共同决定了最终的纳税筹划。制定纳税筹划方案的起点是纳税政策，相关人员只有深入了解纳税政策，才能制定合理合法的纳税筹划方案。企业应了解自身需要缴纳哪些税和具体金额。企业因纳税风险而带来的利益损失更多是和税收政策遵从和纳税金额核算有关。

目前不少企业，或是存在没有吃透税收政策就匆忙制定纳税筹划方案的现象，导致因为违反相关税收政策而被裁定为偷税漏税，因为纳税违规问题要补缴金额不菲的罚款和滞纳金；或是没有深入分析税收政策，对于纳税筹划仅仅停留在概念的阶段，部分税务工作人员的专业能力不足，导致企业要缴纳的税费居高不下，但税务工作人员无力解决问题，造成企业资金压力非常大，原本可以享受免、减或延迟缴纳的税收优惠，在无形之中被浪费。

19.1.2 企业可能存在的5种纳税风险

企业的规模不同、所处行业不同，产生的纳税风险也不尽相同。企业产生的纳税风险既受客观因素影响，也会受企业内部主观因素影响。大致上来说，企业存在的纳税风险主要有以下5种。

1. 交易风险

所谓交易风险，是指企业的各种商业交易行为和交易模式，因本身特点可能影响纳税准确性，导致未来交易收益损失的不确定因素。这是纳税风险中较为常见的一类。

例如，企业涉及较为重要的投资，但缺少事务部门的全程参与，在交易完成后再进行税额核算，导致全程把控严重不足；或是针对重要交易，缺乏适当的程序评估和监控交易。这些行为都会产生交易风险。

随着我国税务体系的逐渐完善，目前，税务机关对企业交易过程的资料审核越来越严格，不在是仅仅关注财务账簿。正因为此，一旦出现交易风险，就会对企业产生一系列严重的影响。

（1）企业进行兼并交易，但是没有对被兼并对象的纳税情况进行充分的尽职调查，导致兼并结束后，财务人员才发现这家企业存在严重的偷税漏税问题，企业不得不承担被兼并对象的补税和罚款。

（2）企业的采购活动管理混乱，缺少财务人员的参与，导致如汽油、办公用品等没有取得相应的增值税专用发票，少抵扣进项税，企业成本和税负增加。

（3）企业在重新改组销售模式的过程中，没有进行纳税评估，结果是新的销售模式产生了更大的增值税税负，导致企业不仅没有获得更多的利润，反而呈现收入下滑的趋势。

只要企业进行交易，势必会产生相应的税负。越是不经常发生的交易行为，越容易被财务人员忽视，导致纳税风险增大，如兼并、资产重组等事项。而这类交易涉及的金额往往较高、关联方较多，一旦忽视了纳税风险，企业就有可能需要承担巨大的成本压力和法律风险。

2. 遵从风险

遵从风险，是企业纳税风险中常见的风险。所谓遵从风险，是指企业的经营行为未能有效适用税收政策而导致未来利益损失的不确定因素。

近年来，关于税负的法律、法规、条例、通知在不断更新，如果企业财务人员没有及时了解相关动态信息，依然遵从过去的经验，就很容易造成遵从风险的不断累积。例如，企业未能及时更新最新可适用税收政策系统；企业缺乏外部机构对自身纳税义务的指导性重新检讨制度；企业发生内部变化，没有用适用的税收政策进行判断和调整。

遵从风险一旦爆发，就有可能令企业出现以下现象。

（1）企业经过数年生产经营后，仍不知道自己可以享受相应的低税率优惠，导致多年按照高税率缴纳企业所得税。

（2）企业虽邀请专家进行技术指导和培训，但忽视了个人所得税，结果是不仅被要求补缴税款，还需要缴纳相应罚款。

（3）新的通知已经下发，但企业并没有及时获知，依然按照过去的方式错误地缴纳增值税。当税务机关发现后，企业需要补缴各类税款，缴纳罚款。

3. 核算风险

核算风险，是指企业未能准确核算应纳税款而导致未来利益损失的不确定因素。

出现核算风险的原因有很多。例如,企业会计核算的规定与税收政策之间存在差异,但这一差异没有被内部人员发现;企业缺乏完善的内部控制机制,导致最终的数据并不真实。企业若存在明显的核算风险,就有可能造成以下影响。

(1) 企业已销售产品,但未收回货款而未计收入,导致少缴增值税和企业所得税,与相关税法规定违背。

(2) 企业在计算固定资产折旧时,使用了低于税收政策中规定的固定资产残值率,导致多列支成本,少计企业所得税。

(3) 企业购入了一批固定资产,但按照低值易耗品进行纳税。

以上这些核算风险,一旦被税务机关发现,企业就必须补缴税款,且缴纳相应的罚款。

4. 管理风险

部分企业在纳税方面问题频发,这某种程度上说明了其内部存在严重的管理风险,尤其是对财税岗位员工的管理存在巨大漏洞。存在税务问题的企业,往往都有以下现象:

(1) 税务岗位员工频繁变动;

(2) 未留存相关纸质资料;

(3) 缺乏定期的员工技能培训制度。

这些现象说明:企业在内部管理上存在巨大的风险,从员工招聘到实际工作管理都存在不足。这不仅会导致纳税风险居高不下、税务问题频发,还会直接造成企业损失利益。

5. 信誉风险

信誉是企业发展的基石。信誉风险,指外界因企业税务违规行为而对其信誉产生怀疑并导致企业未来利益损失的不确定因素。企业想要建立更多的合作，在市场形成较好的口碑，就必须有良好的信誉，这样才能让合作方、消费者信任。否则，企业就没有发展的可能性。

然而，部分企业的唯一目的就是追求利润最大化，为此不惜逃税、漏税、偷税，导致被税务机关连续处罚。在企业诚信体系、个人信用体系不断完善的当下，做不到依法纳税，势必会给企业、个人带来较高的信誉风险。

严格意义上来讲，信誉风险属于道德范畴，这种风险是无形的。从法律层面上来说，纳税人违法将被相关机关处罚，会遭受经济损失；这一行为最终会造成道德损失，包括信誉、商誉和名誉损失。其他有关经济主体会因为纳税人的偷税等违法行为而对该纳税人的信用产生怀疑，不愿与其合作。在这个供应链极其重要的时代，企业没有合作关系，就意味着企业的运转将遭遇重重困难。所以，信誉风险，在很多时候甚至比有形的罚款损失更加严重。

以上风险都是企业合法纳税意识不足造成的结果。以更加直观的案例进行说明。

王某是某啤酒品牌的地区代理。在他看来，赚钱是第一原则，对于税费能逃就逃，尽可能做到不缴。所以，王某营业执照没有申报纳税。

很快，税务机关发现王某的商贸公司存在巨大税务问题，并对其进行约谈和调查，结果发现该公司实现销售收入1500万元，应缴未缴增值税税款为45万元。同时，税务机关还发现王某刻意混淆业务，将销售收入申报为劳务收入，公司内部账目极为混乱。公司的财务人员也没有相关资质和能力，仅仅只是其亲戚，对相关税法的了解非常少。

税务机关对王某进行了相关处罚，王某不得不按照规定补缴增值税、滞纳金和罚款。由于数额较大，王某还被检察院起诉，等待他的将是刑事处罚，这一事件很快被该啤酒品牌总部得知，品牌总部取消了王某的代理权，当地商会联盟也将其星级下调。王某这时才意识到自己的行为带来了怎样的后果。

类似的案例还有很多。如果企业只重视经营业绩忽视税务问题，或对纳税抱有侥幸心理，那么纳税风险将会给企业造成严重的后果。

19.2　企业容易出现的纳税风险

企业出现纳税风险，意味着要承担一系列法律、财务方面的处罚和损失，给企业和个人带来巨大的损失。

19.2.1　法律制裁

企业出现纳税风险，首先要接受的就是相关法律的制裁，严重者甚至要承担刑事责任。

我国相关法律法规，对纳税问题的法律制裁有着明文规定。

《中华人民共和国刑法》第二百零一条规定如下。

纳税人采取欺骗、隐瞒手段进行虚假纳税申报或者不申报，逃避缴纳税款数额较大并且占应纳税额百分之十以上的，处三年以下有期徒刑或者拘役，并处罚金；数额巨大并且占应纳税额百分之三十以上的，处三年以上七年以下有期徒刑，并处罚金。

扣缴义务人采取前款所列手段，不缴或者少缴已扣、已收税款，数额较大的，依照前款的规定处罚。

对多次实施前两款行为，未经处理的，按照累计数额计算。

有第一款行为，经税务机关依法下达追缴通知后，补缴应纳税款，缴纳滞纳金，已受行政处罚的，不予追究刑事责任；但是，五年内因逃避缴纳税款受过刑事处罚或者被税务机关给予二次以上行政处罚的除外。

《中华人民共和国刑法》第二百零五条规定如下。

虚开增值税专用发票或者虚开用于骗取出口退税、抵扣税款的其他发票的，处三年以下有期徒刑或者拘役，并处二万元以上二十万元以下罚金；虚开的税款数额较大或者有其他严重情节的，处三年以上十年以下有期徒刑，并处五万元以上五十万元以下罚金；虚开的税款数额巨大或者有其他特别严重情节的，处十年以上有期徒刑或者无期徒刑，并处五万元以上五十万元以下罚金或者没收财产。

单位犯本条规定之罪的，对单位判处罚金，并对其直接负责的主管人员和其他直接责任人员，处三年以下有期徒刑或者拘役；虚开的税款数额较大或者有其他严重情节的，处三年以上十年以下有期徒刑；虚开的税款数额巨大或者有其他特别严重情节的，处十年以上有期徒刑或者无期徒刑。

虚开增值税专用发票或者虚开用于骗取出口退税、抵扣税款的其他发票，是指有为他人虚开、为自己虚开、让他人为自己虚开、介绍他人虚开行为之一的。

《中华人民共和国刑法》第二百零五条之一规定如下。

虚开本法第二百零五条规定以外的其他发票，情节严重的，处二年以下有期徒刑、拘役或者管制，并处罚金；情节特别严重的，处二年以上七年以下有期徒刑，并处罚金。

单位犯前款罪的，对单位判处罚金，并对其直接负责的主管人员和其他直接责任人员，依照前款的规定处罚。

《中华人民共和国刑法》第二百零六条规定如下。

单位犯本条规定之罪的，对单位判处罚金，并对其直接负责的主管人员和其他直接责任人员，处三年以下有期徒刑、拘役或者管制；数量较大或者有其他严重情节的，处三年以上十年以下有期徒刑；数量巨大或者有其他特别严重情节的，处十年以上有期徒刑或者无期徒刑。

《中华人民共和国税收征收管理法》第六十三条规定如下。

纳税人伪造、变造、隐匿、擅自销毁账簿、记账凭证，或者在账簿上多列支出或者不列、少列收入，或者经税务机关通知申报而拒不申报或者进行虚假的纳税申报，不缴或者少缴应纳税款的，是偷税。对纳税人偷税的，由税务机关追缴其不缴或者少缴的税款、滞纳金，并处不缴或者少缴的税款百分之五十以上五倍以下的罚款；构成犯罪的，依法追究刑事责任。

19.2.2 财务损失

除了需要接受相应的法律制裁，企业或个人还要承担相应的罚款，造成进一步的财务损失。

《中华人民共和国刑法》第二百零六条规定如下。

伪造或者出售伪造的增值税专用发票的，处三年以下有期徒刑、拘役或者管制，并处二万元以上二十万元以下罚金；数量较大或者有其他严重情节的，处三年以上十年以下有期徒刑，并处五万元以上五十万元以下罚金；数量巨大或者有其他特别严重情节的，处十年以上有期徒刑或者无期徒刑，并处五万元以上五十万元以下罚金或者没收财产。

《中华人民共和国刑法》第二百零七条规定如下。

非法出售增值税专用发票的，处三年以下有期徒刑、拘役或者管制，并处二万元以上二十万元以下罚金；数量较大的，处三年以上十年以下有期徒刑，并处五万元以上五十万元以下罚金；数量巨大的，处十年以上有期徒刑或者无期徒刑，并处五万元以上五十万元以下罚金或者没收财产。

《中华人民共和国税收征收管理法》第六十条规定如下。

纳税人有下列行为之一的，由税务机关责令限期改正，可以处二千元以下的罚款；情节严重的，处二千元以上一万元以下的罚款：

（一）未按照规定的期限申报办理税务登记、变更或者注销登记的；

（二）未按照规定设置、保管账簿或者保管记账凭证和有关资料的；

（三）未按照规定将财务、会计制度或者财务、会计处理办法和会计核算软件报送税务机关备查的；

（四）未按照规定将其全部银行账号向税务机关报告的；

（五）未按照规定安装、使用税控装置，或者损毁或者擅自改动税控装置的。

纳税人不办理税务登记的，由税务机关责令限期改正；逾期不改正的，经税务机关提请，由工商行政管理机关吊销其营业执照。

纳税人未按照规定使用税务登记证件，或者转借、涂改、损毁、买卖、伪造税务登记证件的，处二千元以上一万元以下的罚款；情节严重的，处一万元以上五万元以下的罚款。

《中华人民共和国税收征收管理法》第六十三条规定如下。

扣缴义务人采取前款所列手段，不缴或者少缴已扣、已收税款，由税务机关追缴其不缴或者少缴的税款、滞纳金，并处不缴或者少缴的税款百分之五十以上五倍以下的罚款；构成犯罪的，依法追究刑事责任。

《中华人民共和国税收征收管理法》第六十四条规定如下。

纳税人、扣缴义务人编造虚假计税依据的，由税务机关责令限期改正，并处五万元以下的罚款。

纳税人不进行纳税申报，不缴或者少缴应纳税款的，由税务机关追缴其不缴或者少缴的税款、滞纳金，并处不缴或者少缴的税款百分之五十以上五倍以下的罚款。

《中华人民共和国税收征收管理法》第六十五条规定如下。

纳税人欠缴应纳税款，采取转移或者隐匿财产的手段，妨碍税务机关追缴欠缴的税款的，由税务机关追缴欠缴的税款、滞纳金，并处欠缴税款百分之五十以上五倍以下的罚款；构成犯罪的，依法追究刑事责任。

《中华人民共和国税收征收管理法》第六十六条规定如下。

以假报出口或者其他欺骗手段，骗取国家出口退税款的，由税务机关追缴其骗取的退税款，并处骗取税款一倍以上五倍以下的罚款；构成犯罪的，依法追究刑事责任。

对骗取国家出口退税款的，税务机关可以在规定期间内停止为其办理出口退税。

《中华人民共和国税收征收管理法》第六十九条规定如下。

扣缴义务人应扣未扣、应收而不收税款的，由税务机关向纳税人追缴税款，对扣缴义务人处应扣未扣、应收未收税款百分之五十以上三倍以下的罚款。

《中华人民共和国税收征收管理法实施细则》第九十一条规定如下。

非法印制、转借、倒卖、变造或者伪造完税凭证的，由税务机关责令改正，处 2 000 元以上 1 万元以下的罚款；情节严重的，处 1 万元以上 5 万元以下的罚款；构成犯罪的，依法追究刑事责任。

（1）合同管理不当导致的涉税风险。

企业经营过程中，各种业务往来都会签订合同，以约定双方的权利与义务，并明确交易数额、交易方式等。合同规定的内容不同，就会产生不同的税负。在实际经营过程中，如果合同管理不当，则会出现涉税风险。

以案例的形式说明。

2016年，江苏A公司与国土部门签订土地出让合同，获得了一块土地的开发权利。在这份合同中，双方并没有明确约定土地的交付时间。直到2018年年初，国土部门才将该土地使用权正式交付给A公司，A公司随后办理了国有土地使用权证。

A公司认为，自己应当承担的城镇土地使用税，应当从国有土地使用权证中记载的日期开始结算，所以其按照该日期进行了缴税。但是随后，税务机关进行税务稽查，认定A公司没有按照规定缴纳城镇土地使用税，除了要求其在限定时间内进行税款补缴，还开出了高达百万元的罚款。

为什么税务机关会做出这样的决定呢？原因是A公司对合同管理不当、对相关法规理解不够，进而违反了相关规定。

《财政部 国家税务总局关于房产税、城镇土地使用税有关政策的通知》（财税〔2006〕186号）规定如下。

二、关于有偿取得土地使用权城镇土地使用税纳税义务发生时间问题
以出让或转让方式有偿取得土地使用权的，应由受让方从合同约定交付

土地时间的次月起缴纳城镇土地使用税；合同未约定交付土地时间的，由受让方从合同签订的次月起缴纳城镇土地使用税。

从这条规定中可以明确：A 公司和国土部门没有约定交付土地使用权的时间，A 公司需要从合同签订的次月起缴纳城镇土地使用税。A 公司选择按照国有土地使用权证中记载的日期计算缴纳城镇土地使用税，显然不符合上述规定。税务机关要求其补缴城镇土地使用税的决定是正确的，所以最终 A 公司接受处罚，补缴了税款与罚款。

类似的案例近年来出现过多起，对合同管理不当，不熟悉城镇土地使用税的相关规定，没有明确土地使用权交付时间，导致企业产生涉税问题。

正确的做法是：如果在合同签订时，并不能确定土地使用权的交付时间，那么应合理预计交付时间，并签订协议；如果交付时间有变动，应签订补充协议。这些协议都是受法律认可的。唯有如此，企业才能避免未实际取得土地使用权而承担不必要的城镇土地使用税。

多数大型企业为了规避经营风险，往往会成立法务办，由多名律师和法律从业人士对合同进行把关。但是对于多数中小企业来说，并没有专业律师对合同进行管理，相关工作人员对税收政策的理解不到位，在合同涉税条款上处理不当，造成企业不必要的税负。所以，对于中小企业来说，可以与专业律师事务所进行合作，尤其是与税务经验丰富的律师事务所合作。较为重要、涉及金额较大、涉及内容较复杂的合同，由律师事务所进行制定、审核，这样既可以帮助企业降低涉税风险，又不至于产生过高的运营成本。

（2）错开发票，导致企业损失巨大。

发票中写明了经济往来的时间、数额和交易类型，它是企业缴税的重要依据。企业一旦出现错开发票的情况，则会造成严重的涉税问题，导致企业损失巨大。

以案例的形式说明。

2016年,山东济南某饭店的财务部门工作人员A在进行账目清算时忽然发现:1月16日的某笔消费,出现了32万元的巨额发票。他立刻找收银员核对,收银员想起当晚有一桌消费414元,打折后为320元。但是因为粗心,将"320.00"错误输入为"320 000.00"。由于客户也没有仔细看账单,所以这家饭店开出了32万元的发票。

发现错开发票后,A急忙通过各种途径寻找该客户,但是由于店内监控只能保存7天,此时已经是2月中旬,相关画面已经无法调取。该饭店不得不与税务部门沟通协商,如果无法找回发票,那么他们不仅要多缴纳1.6万元的税款,还有可能面临税务部门的处罚。

该类事件同样是常见现象,尽管企业可以对错开发票行为进行挽救,但是会因此造成各种成本。如果时间过长,无法挽救,那么企业必须按照开具发票的金额缴税,同时承担相应的罚款。所以,企业只有做好发票的管理、审核,建立完整、科学的发票管理方法,才能避免因错开发票而导致的巨大损失。

那么,如果出现错开发票的情形,企业应当怎样处理呢?

首先,企业要了解相关规定。

《国家税务总局关于修订〈增值税专用发票使用规定〉的通知》(国税发〔2006〕156号)第十三条规定如下。

一般纳税人在开具专用发票当月,发生销货退回、开票有误等情形,收到退回的发票联、抵扣联符合作废条件的,按作废处理;开具时发现有误的,可即时作废。

作废专用发票须在防伪税控系统中将相应的数据电文按"作废"处

理，在纸质专用发票（含未打印的专用发票）各联次上注明"作废"字样，全联次留存。

这就意味着，错开发票可以进行作废处理。那么作废处理的条件是什么呢？

《国家税务总局关于修订〈增值税专用发票使用规定〉的通知》（国税发〔2006〕156号）第二十条规定如下。

同时具有下列情形的，为本规定所称作废条件：

（一）收到退回的发票联、抵扣联时间未超过销售方开票当月；

（二）销售方未抄税并且未记账；

（三）购买方未认证或者认证结果为"纳税人识别号认证不符""专用发票代码、号码认证不符"。

从该规定中可以看到，在当月未入账的情况下才可以作废发票，隔月发票是不可以作废的。所以，企业要加大对发票管理的力度，尽可能第一时间发现问题并进行纠正，如果发现时间超出规定时间，那么必须按照发票金额进行纳税，且承担与之对应的处罚。

（3）账务处理不当导致的涉税风险。

账务处理不当也会导致企业出现涉税风险。通常来说，账务处理不当不是只涉及某一笔交易，而是在较长一段时间内企业内部的账务处理混乱，多笔交易都存在涉税风险。这种现象一旦被税务机关发现，企业面临的将是严重的处罚。

以案例的形式说明。

2019 年，浙江省某税务局针对当地的 A 公司近三年（2016—2018）的纳税情况实施评估，结果发现这家公司的账务处理非常混乱。具体来说，该公司出现了以下问题。

（1）未定期检查是否有未进行账务处理的借支、代垫款或者各种性质的"白条"抵库等现象。该公司出现了股东向公司借款的行为，但在纳税年度终了后股东既未归还借款，又未将其用于公司的生产经营，但公司并没有对此按照"利息、股息、红利所得"项目计征个人所得税。

（2）管理费用没有明细科目、列支混乱。税务人员发现：A 公司的生产材料、存货等后续管理、堆放混乱，无人看管收发，造成库存账实不一致。

（3）工程项目繁多、涉及金额巨大，但并未分项目进行核算和管理。例如，2017 年一笔涉及 400 万元的建设项目，对同一客户的预收、应收不分业务，随意对冲后按余额记账，仅在会计凭证"摘要"栏注明"清账"二字，甚至无摘要。

（4）外购货物货到票未到，未及时暂估及核销；未取得合规的发票而将相关成本费用列支。

最终，税务人员经过不断的排查，确认该公司存在 23 个涉税风险疑点，需补缴增值税、企业所得税等各种税费 363.49 万元，并加收滞纳金 19.15 万元，同时该公司还要承担百万元的罚款。

发生此类案件的企业最终的补税金额、罚款金额往往都非常高，给企业带来非常严重的后果。在承担相应处罚后，企业的口碑还会因此迅速下滑，部分合作企业选择放弃与企业的合作，最终导致企业面临严重的经营危机。

出现账务处理不当的企业，往往在涉税管理、合同管理、发票管理等内部管理方面存在明显的漏洞。以 A 公司为例，其原财务主管是兼职会计，并不长驻公司，只是偶尔到公司处理一下账目。而公司负责人对此也并没有加以特别多的关注，把时间和精力都放在业务拓展上。2016—2018 年，该公司会计组人员变动非常大，员工的最长在职时间不超过 5 个月。在这种管理方式下，公司自然无法做好账务处理，最终导致纳税问题。

对于这类问题，较好的处理方式就是：加强企业财务监管，任用稳定、专业的财务人员，不断对财务人员加强培训，将财务工作作为企业的重要内容，强化内部控制机制建设。这样企业才能规避财务处理不当的现象，实现长久发展。

19.3　企业如何进行纳税风险控制

针对每一次的业务往来、每一项收支、每一个项目的开展，企业都需要进行纳税筹划。更重要的是企业要建立一套完善的纳税风险控制体系，这样才能保证企业所有经营活动产生的税负合法、合规。

19.3.1　纳税风险管理的主要目标

纳税风险管理是企业风险管理的重要组成部分，它涉及企业各种经济活动而产生的会计核算，以及由此直接发生的税务核算。对于纳税风险管理，要实现以下目标。

1. 符合目标与税法规定

纳税筹划的目的是为了有效节税，为企业降低压力。但它的前提是符合税法规定，不存在任何偷税漏税行为。所以，纳税风险管理的第一点，也是最重要的一点，就是合法、合规、科学。如果不能遵守这 3 个原则，那么即便企业一时实现了"节税"，但是一旦被税务机关发现，等待企业的将是严厉的处罚，相关责任人甚至还要承担刑事责任，反而得不偿失。

2. 各种经营活动符合税法规定

企业的各类经营活动都会产生税负。所以，企业开展任何一个经营活动，小到基本的办公器材采购，大到与其他企业的兼并，都应当引入纳税筹划，在符合税法规定的情况下进行合理节税。风险往往存在于不起眼的地方，如企业办公用品采购管理混乱，存在供应商不开票、随意开票的情况。这些经营活动涉及的数额虽然不大，但积少成多，也会造成较大的纳税风险。

3. 财务人员的专业性

企业纳税方面的工作由财务人员负责，其专业能力的强弱直接影响纳税风险的高低。合格的财务人员在处理相关事务时会严格遵守相关会计法律法规；优秀的财务人员具有丰富的经验，能处理繁杂的纳税项目。不少企业往往选择代理机构进行账目核算，这样做尽管成本较低，但风险很大：代理机构对企业内部的具体情况了解不足，仅按照常规方式进行纳税处理，很容易出现遗漏，导致纳税风险的爆发。所以，企业应尽早建立自己的财务体系，招聘专业财务人员负责相关工作。

4. 相关记录保存完整、符合规定

随着税务体系的不断完善，目前，税务机关对于企业的税务监控，不再仅仅停留在"审核报表"的表层工作上。一旦发现隐患，税务机关会要求企业提供完善的业务往来合同、业务往来记录和证据等，稽查的力度和广度不断加大和增加。所以，企业内部要建立完善的纳税记录保存系统，由专人负责档案管理；如果采用的是数字化管理系统，还要做到定期备份，刻录光盘留存。税务登记、账簿凭证管理、税务档案管理以及税务材料的筹备和报备等涉税事项应吻合税法规定，这样才能应对税务机关的稽查。

19.3.2 建立企业纳税风险管控机制

为了将企业的纳税风险降至最低,企业内部应建立完善的纳税风险管控机制,具体方法如下。

1. 构建纳税风险管理体系

企业纳税风险形成的原因既有主观、客观原因,也有内部、外部原因,所以为应对纳税风险,企业必须建立完善的管理体系,使全员参与,而非只依靠财务人员。企业在日常经营过程中,要进行全员纳税风险培训,让每一名员工了解税务风险,并建立目标设定、事项识别、风险评估、风险应对、控制策略、信息沟通、问题监察体系,对企业的所有环节实行管理。

同时,企业财务人员还要及时了解最新的税法规定,并及时进行编制,分门别类地下发至相关部门。保障企业税务管理系统与国家法律规范的标准的一致性,以此来构建科学的、全面的企业纳税风险管理体系,使每一个部门、每一名员工对依法纳税都有深刻的认识,这样才能有效降低风险。

2. 按照规定建立风险控制流程

纳税风险的控制,不仅是企业的工作,也是税务机关提出的要求。2009年发布的《税务总局关于印发〈大企业税务风险管理指引(试行)〉的通知》,明确指出了企业纳税风险管理的目标,并且针对一些具体的纳税风险问题提出了解决方案和措施,企业应按照相应规定,建立规范的风险控制流程,根据政策制订纳税计划。

《税务总局关于印发〈大企业税务风险管理指引(试行)〉的通知》(国税发〔2009〕90号)的相关规定如下。

1.6 税务风险管理由企业董事会负责督导并参与决策。董事会和管理层应将防范和控制税务风险作为企业经营的一项重要内容,促进企业内部管理与外部监管的有效互动。

1.7 企业应建立有效的激励约束机制，将税务风险管理的工作成效与相关人员的业绩考核相结合。

1.8 企业应把税务风险管理制度与企业的其他内部风险控制和管理制度结合起来，形成全面有效的内部风险管理体系。

…………

2.3 企业税务管理机构主要履行以下职责：

制订和完善企业税务风险管理制度和其他涉税规章制度；

参与企业战略规划和重大经营决策的税务影响分析，提供税务风险管理建议；

组织实施企业税务风险的识别、评估，监测日常税务风险并采取应对措施；

指导和监督有关职能部门、各业务单位以及全资、控股企业开展税务风险管理工作；

建立税务风险管理的信息和沟通机制；

组织税务培训，并向本企业其他部门提供税务咨询；

承担或协助相关职能部门开展纳税申报、税款缴纳、账簿凭证和其他涉税资料的准备和保管工作；

其他税务风险管理职责。

2.4 企业应建立科学有效的职责分工和制衡机制，确保税务管理的不相容岗位相互分离、制约和监督。税务管理的不相容职责包括：

税务规划的起草与审批；

税务资料的准备与审查；

纳税申报表的填报与审批；

税款缴纳划拨凭证的填报与审批；

发票购买、保管与财务印章保管；

税务风险事项的处置与事后检查；

其他应分离的税务管理职责。

2.5 企业涉税业务人员应具备必要的专业资质、良好的业务素质和职业操守，遵纪守法。

2.6 企业应定期对涉税业务人员进行培训，不断提高其业务素质和职业道德水平。

3. 重点关注企业的重大事项

企业的重大事项包括企业战略规划、重大经营决策、重要经营活动等。这些业务涉及复杂的资金来源与流向，往往数额较大、关联方较多，产生的纳税风险也较高。例如，企业战略规划包括全局性组织结构规划、产品和市场战略规划、竞争和发展战略规划等。企业战略规划的调整，很可能涉及整个企业的架构、股东，有可能会带来税务风险。重要经营活动指关联交易价格的制定，包括跨境经营业务的策略制定和执行，它涉及非常多的纳税问题，企业稍有不慎就有可能违反所在国（地区）的税法，承受巨大的风险。

以案例说明关联交易涉及的税务问题。

2018年，银川经济技术开发区税务局收到企业申请，D公司申请税收协定待遇。税务人员对此进行核查，结果发现境内企业A公司由于涉及股权转让，分别与D公司、E公司签订了两份合同，并且数额较大。A公司与D公司、E公司分别约定：D公司就该股权交易提供咨询服务，E公司根据股权交易提供财务分析。

税务人员认为，两份合同内容重合，且属于同一笔股权转让，于是约谈 A 公司。A 公司财务人员表示：虽然两份合同都涉及提供财务分析内容，但侧重点不同，A 公司与 D 公司、E 公司也不存在关联关系。

为了确认 A 公司的答复是否属实，税务人员进行了更加深入的调查。结果发现 D 公司注册地在香港，注册资本为 1 万港元，通过查阅该公司的网络公开信息和业务开展情况，税务人员发现该公司的规模和能力远远没有达到享受税收优惠的标准。

与此同时，还有一个问题引起了税务人员的注意：按照约定，D 公司代表 A 公司就该交易与对方谈判。通常来说，股权交易是企业非常重要的业务，涉及金额较大，为何 A 公司会授权 D 公司处理相关事宜呢？

这些问题让税务人员决定进一步调查。通过互联网，税务人员发现：A 公司审计报告披露，F 集团是 A 公司的最终控股方；D 公司提供该项咨询服务的工作人员是 F 集团的高管；D 公司法定代表人，即该公司唯一董事，同时担任 F 集团的高管。

随后，税务人员再次约谈 A 公司财务人员。A 公司在各类证据面前，终于承认了 A 公司与 D 公司之间存在关联关系，且 D 公司无实质性经营活动。

最终，银川经济技术开发区税务局就 A 公司存在的特别纳税调整风险向公司下发《税务事项通知书》，A 公司按照已税前扣除的金额调增应纳税所得额 550 万元，补缴税款 137.5 万元。

如何确认关联关系呢？企业需要通过相关法规进行了解。

《国家税务总局关于完善关联申报和同期资料管理有关事项的公告》（国家税务总局公告 2016 年第 42 号）第二条规定如下。

企业与其他企业、组织或者个人具有下列关系之一的，构成本公告所称关联关系：

（一）一方直接或者间接持有另一方的股份总和达到25%以上；双方直接或者间接同为第三方所持有的股份达到25%以上。

如果一方通过中间方对另一方间接持有股份，只要其对中间方持股比例达到25%以上，则其对另一方的持股比例按照中间方对另一方的持股比例计算。

…………

（二）双方存在持股关系或者同为第三方持股，虽持股比例未达到本条第（一）项规定，但双方之间借贷资金总额占任一方实收资本比例达到50%以上，或者一方全部借贷资金总额的10%以上由另一方担保（与独立金融机构之间的借贷或者担保除外）。

借贷资金总额占实收资本比例＝年度加权平均借贷资金÷年度加权平均实收资本，其中：

年度加权平均借贷资金＝i笔借入或者贷出资金账面金额×i笔借入或者贷出资金年度实际占用天数÷365

年度加权平均实收资本＝i笔实收资本账面金额×i笔实收资本年度实际占用天数÷365

（三）双方存在持股关系或者同为第三方持股，虽持股比例未达到本条第（一）项规定，但一方的生产经营活动必须由另一方提供专利权、非专利技术、商标权、著作权等特许权才能正常进行。

（四）双方存在持股关系或者同为第三方持股，虽持股比例未达到本条第（一）项规定，但一方的购买、销售、接受劳务、提供劳务等经营活动由另一方控制。

上述控制是指一方有权决定另一方的财务和经营政策，并能据以从另一方的经营活动中获取利益。

（五）一方半数以上董事或者半数以上高级管理人员（包括上市公司董事会秘书、经理、副经理、财务负责人和公司章程规定的其他人员）由另一方任命或者委派，或者同时担任另一方的董事或者高级管理人员；或者双方各自半数以上董事或者半数以上高级管理人员同为第三方任命或者委派。

上述案例中，F集团是A公司的最终控股方；D公司提供该项咨询服务的工作人员是F集团的高管；D公司法定代表人，即该公司唯一董事，同时担任F集团的高管。A公司与D公司符合上述第五条，两者之间存在关联关系，应当适用特别纳税调整的法律法规及有关规定，而不能适用香港公司的税收协定待遇。这些内容，企业一定要特别注意。战略规划、重要经营活动，都关系着企业的发展，也涉及纳税风险、经营风险、管理风险、人员风险等诸多方面。对于这类重大事项，企业纳税风险部门不但要在事前分析、识别、防范风险，还应着重跟踪、监控纳税风险，保证每一步都符合法规，最大限度地为企业降低风险、降低税负。

4. 严格遵循企业纳税风险管理体系的原则

及时准确申报、按时缴纳、绝不拖欠税款，这是降低纳税风险最有效的方式，也是企业纳税风险管理体系最核心的原则。只要能够做好这3点，那么企业的纳税风险就会得到有效控制。在此基础上，企业还应遵循成本效益、全面性、可操作性、目标导向性以及有效性等原则，形成管理体系的正向循环。

5. 提高财务人员对纳税风险管理的认识水平

纵观出现纳税问题的企业，多数都有一个现象：企业财务人员普遍风险意识薄弱，对纳税问题不够重视。企业财务人员是进行纳税风险管理的核心，如果他们缺乏责任心、自身专业能力不足，就会给企业带来严重的纳税隐患。所以，企业必须加强对财务人员的管理，提供丰富的培训，并强化企业员工的主人翁意识，避免"谋私利""中饱私囊"等现象出现，不断提高员工的风险意识，最大限度降低纳税风险带给企业的损失。

19.3.3　企业纳税风险评估管控制度

对于纳税风险评估，要建立事前、事中、事后的管控制度，在每一个环节中都要保证纳税的合理和科学。具体来说，企业纳税风险评估管控，主要由风险规划、风险识别、风险评估、监控评价4个环节组成。

1. 风险规划

纳税风险评估管控的第一步是进行风险规划，确定企业的纳税方向，明确纳税风险管理的主要目标、主要原则，确立风险管理的主要流程、主要内容。

在这个阶段，企业需要根据自身实际发展状况进行环境分析，确定未来即将开展的业务，明确各级部门可能会出现的涉税问题，提前进行规划。如项目较为重大，企业财务人员应当全程跟踪，明确税务问题，确认重点风险。

2. 风险识别

完成风险规划后，接下来需要进行风险识别。风险识别主要通过因素分析法进行动因分析，根据确定的主要、根本风险动因，对涉税行为进行全面诊断，对所面临的以及潜在的风险加以判断、归类整理，并对风险的性质进行鉴定，确定风险点的管理活动。

例如，企业可能需要签订一份土地使用权转让合同，具体以何形式转让、转让时间是否确定，这些都会对最终的税负产生明显影响。企业财务人员要根据具体业务确认具体纳税风险，提前做出规划，并将相关说明提交至与本次业务产生关联的部门，以及企业高层。

风险识别环节关键的工作是识别引起风险的因素有哪些，哪些是主要因素，以及这些风险的分布情况。风险识别需要保证合理适度，重点是进行工作流的梳理和分析，对可能产生的纳税风险建立关键节点，并对此进行岗位、人员匹配。

3. 风险评估

在风险识别的基础上，企业需要根据概率论和数理统计等方法，确定风险评估系数。企业应尽可能量化风险等级并对其进行排序。风险评估是纳税风险评估管控的事中阶段。

企业涉及的业务越复杂，关联方越多，那么风险就越高。所以，在进行风险评估时，一定要确认项目的时间跨度、合作方数量、合作模式、技术要求等。企业可以将风险评分划分为5个等级，级别越高，风险越大，级别越低，风险越低。高等级的风险，企业应重点关注，并委派专业能力强的财税人员和律师进行共同管理；低级别的风险，企业只需做好数据的监控和复查即可。

4. 监控评价

监控评价是风险评估管控的事后过程，主要工作就是进行跟踪监控和对管理效果进行评价。监控评价应以企业财务部门为主体，监控各层级、各部门、各岗位是否对规范的风险应对策略和既定的风险应对方案贯彻执行，了解履行过程中存在哪些偏差，并及时予以指出和调整。

当风险应对结束后，企业还应对预期管理目标和实际进行契合度的分析，评断该方案是否具有较强的科学性、适应性和收益性。如果契合度不高，那么应全面反思制度、流程、方法等方面存在的不足和薄弱环节，并不断完善。

19.3.4　企业纳税信息数据管控制度

随着数字化技术的不断发展，企业纳税也呈现信息化、数字化管理的特点，尤其是大数据、人工智能技术的引入，让企业纳税信息管理更加快捷、高效，同时避免了人工计算导致的失误。所以，信息数据化发展，已经成为企业纳税管理的主流。

对于这些信息数据，企业也应建立完善的管控制度，让数字化信息技术真正帮助到企业的纳税工作。尤其对于面对消费市场的企业，发票需求较大，通过引入信息数据系统，会大大提高工作效率、准确度，避免错开发票的情况出现。

以案例进行说明。

A企业主营灯具销售，主打电商平台，在天猫平台开设旗舰店。每个月，A企业都需要开票5万笔以上，到了"双十一"等高峰期，甚至达到每天10万笔的开票需求。

最初，A企业采用传统开票方式，每次购买几万张发票，需要用卡车拉，还需要用库房保存发票。电商平台主打效率，所以开票人员多次因为着急填写，出现错开发票的情况，企业为此承担了不必要的税费。

2018年，A企业引入税务数字化信息数据应用系统，这些问题终于得以解决。借助该系统，A企业的纳税信息得到了有效管控。

1. 应用信息系统带来的改变

A企业引入税务数字化信息数据应用系统，带来了以下明显的改变。

通过应用信息系统，A企业取得以下管理效果。

（1）增值税普通发票由纸质发票改为电子发票。电子发票管理系统可以有效对接电商平台，实现电子普通发票的自动开具、自动统计管理，每一笔交易都可以自动完成发票的开具，不再需要烦琐的人工模式。应用电子发票管理系统，不仅避免了纸质发票的购买、保管、打印、寄送等环节，还有效规避了与之相关的涉税风险。

（2）利用数字化信息平台，企业可以实现与税务机关系统对接，取得相关进项发票的信息，实时与企业进项发票的认证、抵扣和入账信息进行比对。这样，企业就可以实时发现问题，并及时进行调整。

（3）强化销项发票开具过程管理。企业通过电子发票管理系统协同ERP

系统，不仅实现了 ERP 销售数据到开票的信息共享，而且通过和 ERP 销售数据的比对分析，可对销售业务的开票进度进行预警和分析，避免超销售范围虚开发票或发票与销售业务不符等违规事项的发生，有效规避了与之相关的涉税风险。

（4）对进项发票进行核对、智能认证、自动抵扣，通过与税务机关系统的对接，实时反馈已（抵扣）入账的进项发票状态，如是否被红冲（作废）等。

（5）自动生成税务申报报表，实现自动上报、自动缴款。

（6）进项发票信息与电子发票平台、企业报销平台、光学字符识别（Optical Character Recognition，OCR）平台协同，实现进项发票信息的零手工维护。支持个人（部门）进项发票夹，可将个人（部门）所有已报销、未报销的进项发票（包括电子普通发票、增值税专用发票、定额发票及其他非制式普通发票）进行统一管理。

（7）预警分析实时提示。系统会对企业开票信息进行实时监控，如果出现明显问题，系统就会发出警报，如超开（虚开）发票预警、发票异常状态（红冲、作废）预警、重票预警等，可以有效避免相关涉税风险。

信息数据管理逐渐成为企业纳税管理的主流。未来，随着相关平台的进一步完善、企业系统与税务机关系统的关联进一步加强、人工智能技术的发展，以及系统内部相关法律法规的同步自动更新，纳税筹划将会实现全数字操作，这会大大提高纳税筹划的科学性与效率。

2. 对于纳税信息数据的管控

数字化信息平台尽管会大大提高工作效率与准确性，但是软件是服务于人的，它依然以人的操作为主导。虽然数字化信息平台是好用的工具，但企业不可过度依赖，企业必须做好对纳税信息数据的管控，才能真正发挥它的作用。

（1）购买正版税务数据管理平台。目前，市面上的税务数据管理平台已经有了多个品牌，为了保证系统的安全性，企业一定要购买正版税务数据管理平台。只有正版平台才能保证数据的安全、可靠，与税务机关数据关联。部分非法软件，存在后台漏洞的情况，导致企业财务信息被不法窃取。

（2）加强人员培训。数字化信息平台同样离不开人的操作和监控，所以，必须加强相关人员的技术培训。企业可以定期邀请平台方到企业内开展平台使用、平台维护培训课程，保证相关人员可以牢牢掌握相关技巧，避免操作不当、操作不熟而导致纳税风险爆发。

（3）及时更新系统。近年来，国家关于税务方面的法律法规更新频繁，一旦忽视更新条例，很有可能造成纳税筹划出现偏差。专业的数字化信息平台会不断升级更新法律数据库，所以操作人员要养成及时更新系统、平台的习惯，保证第一时间将最新法律法规引入数据库。

（4）加强对计算机的管理。企业纳税管理是非常重要的内部管理，而数字化信息平台依赖计算机运转，所以日常管理中，必须加强对计算机的管理。对于纳税工作，企业应购买专用计算机进行操作，除纳税工作外，该计算机不得有其他任何用途；同时，保证只有操作人员拥有登录账号和密码，且实行动态密码登录机制，保证每一次登录、每一步操作都可以精准到每个人，杜绝无关人员随意进入系统。

19.4　税务稽查新方法和应对新理念

近年来，我国税收法律法规在不断更新，尤其是新的《中华人民共和国个人所得税》实施、增值税税率降低、社保费率下调，以及《中华人民共和国民法典》的颁布与实施，这意味着税率的调整。

这代表着国家税务机关进一步加强了对企业纳税行为的管理。对于偷税漏税行为，惩罚力度将会进一步加大。随着大数据技术在税务系统内得到广泛应用，税务机关将会以大风控为基础、大稽查为震慑的现代税收征管大格局实施

"双随机、一公开"抽查全覆盖。

所谓"双随机、一公开",就是随机抽查检查对象、随机选派执法检查人员,抽查情况及查处结果及时向社会公开。税务机关会随时对企业的税务问题进行调查,且调查人员也是随机的,并将发现的问题立刻公开通报。

具体来说,税务稽查的新方向,主要侧重以下方面:

零申报的企业极有可能被税务机关抽查到;

享受税收优惠政策的企业;

个人所得税申报的工资要与企业所得税申报的工资比对;

企业个人所得税、社保申报数据的比对;

增值税抵扣,特别是农产品的抵扣;

劳务派遣行业;

法人、实控人、负责人个人账户。

在新的税务稽查思路和方法下,不少企业的违法行为都暴露无遗。

2020年4月,莱州市人民法院判罚当地一起案件。2015年,经营石料场的王某只进行部分税额纳税申报,逃避缴纳税款达1万余元,未缴税款占应缴税款的比例为17.66%;2016年王某未进行税额纳税申报,逃避缴纳税款17余万元,未缴税款占应缴税款的比例为38.88%。

当地税务机关经过调查,发现以上事实后,立刻采取行动,下达追缴通知书,但王某并未积极行动。随后,当地检察院提起公诉。莱州市人民法院审理认为,王某逃税的事实及罪名成立。案发后,王某接民警电话通知到案,如实供述自己的罪行,认定为自首,可依法对其从轻处罚。后王某已全额补缴应纳税款、滞纳金和罚款,酌情从轻处罚。依照《中华人民共和国刑法》第二百零一条、第六十七条第一款、第七十二条第一款之规定，判决被告人王某犯逃税罪，判处有期徒刑一年，缓刑一年，并处罚金5万元。

从上述案例中可以看到，虽然王某的逃税行为已经过去多年，但税务机关并没有忽视，而是不断深挖，直至将相关企业和当事人绳之以法。税务机关稽查的力度可见一斑。

所以，面对新的税务稽查方法，企业更应当建立正确的税务思维。一方面，国家为了鼓励经济的发展，不断调整税负，减轻企业的压力，为企业创造更好的发展环境；另一方面，企业产生的税费必须按照规定缴纳，这是企业应尽的义务和责任。国家通过税收，进一步优化经济环境、民生环境，促进企业的健康发展。所以，企业必须建立完善的纳税思维，打造合法的纳税管理体系，提升财务人员的专业能力和素养，借助合法、合规、科学的纳税筹划，降低税负和减轻经营压力。唯有如此，企业才能在享受国家税收红利的同时，不断促进自身的发展！